权威·前沿·原创

皮书系列为

“十二五”“十三五”“十四五”时期国家重点出版物出版专项规划项目

智库成果出版与传播平台

广州社区志愿服务发展报告（2022）

ANNUAL REPORT ON THE DEVELOPMENT OF COMMUNITY VOLUNTARY SERVICE IN GUANGZHOU (2022)

主　编／广州市民政发展研究中心
广州市志愿者协会
广州志愿服务联合会

社会科学文献出版社
SOCIAL SCIENCES ACADEMIC PRESS (CHINA)

图书在版编目(CIP)数据

广州社区志愿服务发展报告. 2022 / 广州市民政发展研究中心，广州市志愿者协会，广州志愿服务联合会主编. --北京：社会科学文献出版社，2022.12
（广州志愿服务蓝皮书）
ISBN 978-7-5228-0594-8

Ⅰ.①广… Ⅱ.①广… ②广… ③广… Ⅲ.①志愿者-社会服务-研究报告-广州-2022 Ⅳ.①D669.3

中国版本图书馆 CIP 数据核字（2022）第 154787 号

广州志愿服务蓝皮书
广州社区志愿服务发展报告（2022）

主　　编 / 广州市民政发展研究中心　广州市志愿者协会　广州志愿服务联合会

出 版 人 / 王利民
责任编辑 / 刘　荣
文稿编辑 / 王　娇
责任印制 / 王京美

出　　版 / 社会科学文献出版社（010）59367011
　　　　　地址：北京市北三环中路甲 29 号院华龙大厦　邮编：100029
　　　　　网址：www.ssap.com.cn
发　　行 / 社会科学文献出版社（010）59367028
印　　装 / 天津千鹤文化传播有限公司

规　　格 / 开 本：787mm×1092mm　1/16
　　　　　印 张：20.5　字 数：305 千字
版　　次 / 2022 年 12 月第 1 版　2022 年 12 月第 1 次印刷
书　　号 / ISBN 978-7-5228-0594-8
定　　价 / 198.00 元

读者服务电话：4008918866

本报告由广州市福利彩票公益金、第八届
广州市社会组织公益创投活动资助出版

《广州社区志愿服务发展报告（2022）》
编　委　会

摘　要

2021年是中国共产党成立100周年，也是“十四五”规划的开局之年，党中央、国务院对促进共同富裕、加强基层治理体系和治理能力现代化做出重要战略部署，为发展志愿服务事业提供了根本遵循。《广州市国民经济和社会发展第十四个五年规划和2035年远景目标纲要》提出，深化全域文明创建，广泛开展志愿服务关爱行动，建设“志愿之城”。在承上启下的关键之年，广州社区志愿服务力量在疫情防控、特殊困难群体兜底保障、文明城市创建、乡村振兴等一系列重大任务中切实为群众办实事、解难事、做好事，广州社区志愿服务发展也呈现一些新的态势，主要包括：地方性社区志愿服务政策供给走在全国前列；社区志愿服务党建引领作用不断加强；社区志愿者的组织化程度不断提升；社区志愿服务在社区应急中的作用不断强化；社区志愿服务聚集助老服务。

进入新发展阶段，广州社区志愿服务从注册数量提升阶段向高质量服务供给阶段转型工作正在稳步推进，社区志愿服务需立足新发展阶段要求，锚定新的定位和目标，激发社会向上向善的正能量，为此，本报告提出以下建议：一是发挥党建引领作用，推动多元主体参与；二是加快推进社区志愿服务组织建设；三是发挥枢纽型志愿服务组织作用，推动社区志愿服务生态系统建设；四是创新社区志愿服务品牌。

关键词： 社区志愿服务　“志愿之城”　广州市

目录

Ⅰ 总报告

Ⅱ 分报告

Ⅲ 专题报告

Ⅳ 附 录

皮书数据库阅读**使用指南**

总 报 告

General Reports

B.1

构建社区志愿服务新格局，助力基层社会治理现代化

——广州市社区志愿服务发展2021年度综述

广州市民政发展研究中心*

摘　要： 党的十八大以来，社区志愿服务得到高度重视。进入新发展阶段，社区志愿服务迎来新的发展机遇，志愿服务加快融入基层社会治理，社区志愿服务作为中国特色志愿服务体系的重要组成部分，是社区治理的重要抓手。本文立足广州市社区志愿服务发展现状，从组织体系、内容体系、资源体系和保障体系四个维度分析社区志愿服务体系，并提出以下建议：发挥党建引领作用，推动多元主体参与；加快推进社区志愿服务组织建设；发挥枢纽型志愿服务组织作用，推动社区志愿服务生态系统建设；创新社区志愿服务品牌。

关键词： 社区志愿服务体系　基层社会治理　广州市

* 广州市民政发展研究中心，广州市民政局下属正处级公益一类事业单位。

一 “十四五”规划中的志愿服务

（一）促进志愿服务在社会文明建设中发挥基础性作用

志愿服务是现代社会文明进步的重要标志。国家及广东省“十四五”规划提出，推进公民道德建设，广泛开展志愿服务关爱行动。① 《广州市国民经济和社会发展第十四个五年规划和 2035 年远景目标纲要》提出，深化全域文明创建，广泛开展志愿服务关爱行动，建设“志愿之城”。②

从国家到广东省、广州市的“十四五”规划，均强调了志愿服务对社会文明建设和提升公民文明素养的重要性，进一步凸显了志愿服务在社会文明建设中发挥的基础性作用。志愿服务以自愿、无偿为原则，为他人和社会提供服务，体现公民的社会责任感和奉献精神，对构建现代化文明社会具有极大的促进作用。

（二）志愿服务加快融入基层社会治理创新体系

国家及广州市“十四五”规划提出，发挥群团组织和社会组织在社会治理中的作用，畅通和规范市场主体、新社会阶层、社会工作者和志愿者等参与社会治理的途径。③ 广东省“十四五”规划提出，建立完善以党建为引领、社区

---

① 《中华人民共和国国民经济和社会发展第十四个五年规划和 2035 年远景目标纲要》（新华网，2021 年 3 月 13 日，http：//www. xinhuanet. com/2021－03/13/c_ 1127205564. htm）第三十四章第四节提出，推进公民道德建设，广泛开展志愿服务关爱行动。《广东省国民经济和社会发展第十四个五年规划和 2035 年远景目标纲要》第十五章第一节也提出，加强公民道德建设，广泛开展志愿服务关爱行动。

② 《广州市国民经济和社会发展第十四个五年规划和 2035 年远景目标纲要》第十二章第一节提出，深化全域文明创建，健全志愿服务体系，加强志愿服务社会组织培育发展、阵地建设，保障志愿者基本权利，广泛开展志愿服务关爱行动，建设“志愿之城”。

③ 《中华人民共和国国民经济和社会发展第十四个五年规划和 2035 年远景目标纲要》第五十一章第三节提出，发挥群团组织和社会组织在社会治理中的作用，畅通和规范市场主体、新社会阶层、社会工作者和志愿者等参与社会治理的途径。《广州市国民经济和社会发展第十四个五年规划和 2035 年远景目标纲要》第十五章第六节也提出，发挥好群团和社会组织作用，鼓励志愿者参与社会治理。

为平台、专业社工为骨干、社会组织和志愿者为补充、基本民生保障和基本社会服务为内容的“一核四社”城乡社区共建共治工作机制。[①] 特别强调社会组织和志愿者加入“一核四社”的城乡社区共建共治工作。

国家及广东省、广州市的“十四五”规划明确将志愿服务融入基层社会治理创新体系，为志愿服务在“十四五”时期的发展提供了战略方向。将志愿服务融入基层社会治理，能够广泛激发基层社会治理活力，是建设人人有责、人人尽责、人人享有的社会治理共同体的重要手段。

（三）志愿服务被纳入城市及区域重大发展战略

广州市作为国家中心城市和省会城市，“十四五”时期是其加快实现老城市新活力、“四个出新出彩”，巩固提升城市发展位势的关键阶段。广州市将志愿服务纳入城市重大发展战略，创新性提出建设“志愿之城”。此外，广州市“十四五”规划提出，全力推进粤港澳大湾区高质量建设，为港澳青年人提供参与志愿工作的机会。[②] 这意味着广州市将志愿服务融入粤港澳大湾区建设。建设“志愿之城”、粤港澳大湾区等重大发展战略，为志愿服务发展提供了广阔平台，志愿服务组织应主动作为，发挥积极作用。

（四）推动志愿服务在各领域、各方面发挥作用

志愿服务在促进社会融合、增进民生福祉、推动经济健康发展等各方面发挥着积极作用。广东省及广州市“十四五”规划均指出，实施退役军人志愿服务工程，营造爱国拥军、尊重军人的社会氛围。[③] 广州市“十四五”规划强

---

① 《广东省国民经济和社会发展第十四个五年规划和2035年远景目标纲要》第十九章第四节提出，建立完善以党建为引领、社区为平台、专业社工为骨干、社会组织和志愿者为补充、基本民生保障和基本社会服务为内容的“一核四社”城乡社区共建共治工作机制。

② 参见《广州市国民经济和社会发展第十四个五年规划和2035年远景目标纲要》第八章第一节。

③ 《广东省国民经济和社会发展第十四个五年规划和2035年远景目标纲要》第十八章第三节提出，完善社会保障体系，实施退役军人志愿服务工程。《广州市国民经济和社会发展第十四个五年规划和2035年远景目标纲要》第十五章第三节也提出，健全退役军人工作体系和保障制度，实施退役军人服务中心能力提升行动和退役军人志愿服务工程。

调，壮大乡村振兴人才队伍，做好“三支一扶”志愿服务。[①] 同时，提出带动来穗人员积极参与社会治理，加强来穗人员志愿者队伍建设。[②] 因此，“十四五”时期，继续扩大志愿服务在各领域、各方面的影响力是重要发展任务之一。

（五）更加重视志愿服务组织的培育、发展和建设

推动志愿服务制度化发展和高质量发展，关键在于培育和发展高质量的志愿服务组织。国家“十四五”规划提出，支持和发展社会工作服务机构和志愿服务组织，壮大志愿者队伍，搭建更多志愿服务平台，[③] 为志愿服务组织发展提供重要战略指引。广州市“十四五”规划指出，加强志愿服务社会组织培育发展、阵地建设，保障志愿者基本权利，体现了对志愿服务组织发展的重视和支持，进一步明确了志愿服务组织建设的具体内容。在新的发展阶段，加强志愿服务组织的建设是新的发展任务。

二 广州市志愿服务组织发展现状

（一）志愿服务组织的成立时间

根据广州社会组织信息公示平台数据，截至 2021 年 12 月 31 日，在广州市、区两级登记注册的社会组织名称中含有“志愿”“义工”“义务工作者”字样的共有 107 家。1995 年，广州青年志愿者协会成立，成为广州市第一家登记注册的志愿服务组织。从 2013 年开始，志愿服务组织数量增长明显加快。其中，2021 年登记注册的志愿服务组织共 10 家（见图 1）。

① 参见《广州市国民经济和社会发展第十四个五年规划和 2035 年远景目标纲要》第十章第二节。

② 参见《广州市国民经济和社会发展第十四个五年规划和 2035 年远景目标纲要》第十五章第六节。

③ 参见《中华人民共和国国民经济和社会发展第十四个五年规划和 2035 年远景目标纲要》第五十一章第三节。

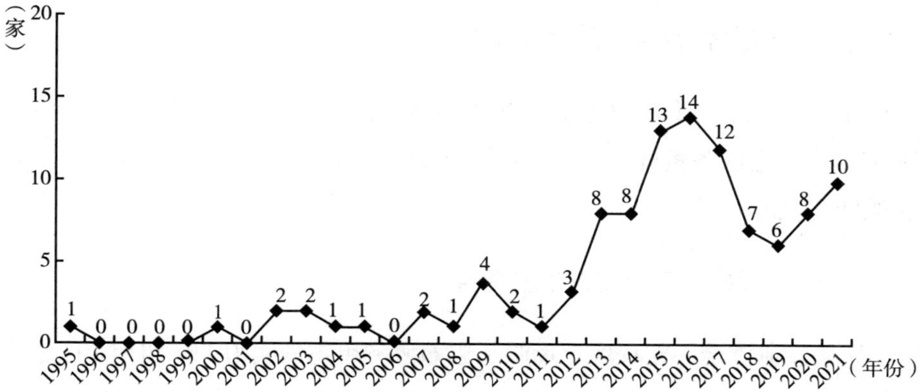

图 1　广州市志愿服务组织的成立时间

资料来源：广州社会组织信息公示平台，http：//mzj. gz. gov. cn/gznpo/。

（二）志愿服务组织的区域分布

数据显示，在 107 家志愿服务组织中，广州市本级登记注册的志愿服务组织有 22 家，占比 20. 56%；在各区登记注册的志愿服务组织共 85 家，占比 79. 44%，其中，南沙区登记注册的志愿服务组织数量最多，达到 16 家，其次为从化区，数量为 15 家（见图 2）。

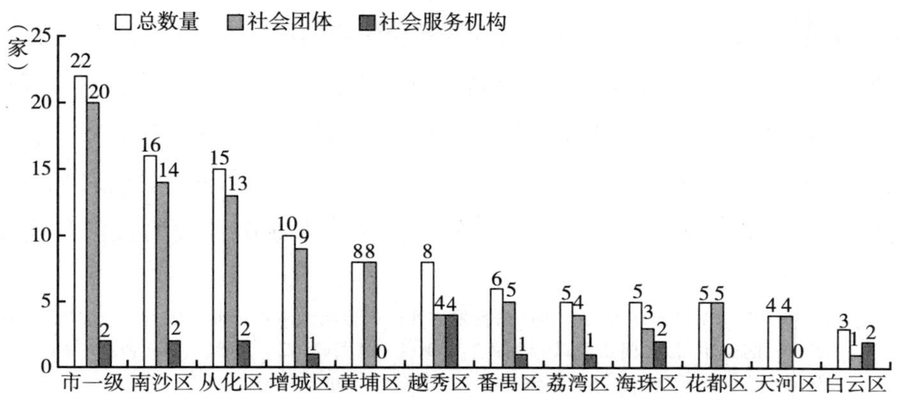

图 2　2021 年度广州市志愿服务组织的数量及区域分布

资料来源：广州社会组织信息公示平台，http：//mzj. gz. gov. cn/gznpo/。

（三）志愿服务组织的组织形式

进一步分析广州市志愿服务组织的组织形式，社会团体 90 家，占比 84.11%；社会服务机构 17 家，仅占 15.89%。社会团体是志愿服务组织的主要组织形式。

（四）志愿服务组织的注册资金

原始注册资金一定程度上反映了志愿服务组织的实力。广州市 107 家志愿服务组织平均注册资金为 2.53 万元，大部分志愿服务组织的注册资金为 0~3 万元。其中，有 39 家志愿服务组织注册资金为 0 元，注册资金最高的志愿服务组织为广州市天廷救援志愿服务队和广州市和众泽益志愿服务中心，注册资金均为 30 万元。

三　广州市社区志愿服务发展态势分析

（一）地方性社区志愿服务政策供给走在全国前列

2021 年，广州市民政局印发《广州市培育发展社区社会组织专项行动实施方案（2021—2023 年）》，从社区社会组织的培育发展计划、能力提升计划、作用发挥计划和规范管理计划等四大行动计划出发，大力推进社区社会组织的发展。[①] 为促进社区社会组织规范化发展，2021 年，广州市社会组织管理局出台《广州市社区社会组织管理办法（试行）》[②]，明确对社区社会组织进行分类管理。社区志愿服务组织作为志愿服务类的社区社会组

① 《广州市民政局关于印发〈广州市培育发展社区社会组织专项行动实施方案（2021—2023 年）〉的通知》，广州市民政局网站，2021 年 10 月 25 日，http://mzj.gz.gov.cn/zwgk/zfxxgkml/zfxxgkml/bmwj/qtwj/content/post_7856799.html。

② 《广州市社会组织管理局印发广州市社区社会组织管理办法（试行）的通知》，广州市民政局网站，2021 年 3 月 18 日，http://mzj.gz.gov.cn/gkmlpt/content/7/7138/post_7138192.html#345。

织，以社区居民需求为服务导向，是社区社会组织培育的重点。2021 年 6 月，《广州市慈善促进条例》出台，强调大力发展社区慈善，联动志愿服务组织等单位，设立社区慈善基金，开展社区慈善活动（见表 1）。[①] 此外，《广州市志愿服务条例》被纳入广州市人大常委会 2022 年立法工作计划的正式项目。广州市出台的系列社区志愿服务相关政策，为社区志愿服务组织的发展提供了重要政策保障和依据。

表 1　2021 年广州市出台的社区志愿服务相关政策（部分）

名称	出台时间	制定部门	相关内容
《广州市培育发展社区社会组织专项行动实施方案（2021—2023 年）》	2021 年	广州市民政局	实施广州市社区社会组织培育发展计划、能力提升计划、作用发挥计划和规范管理计划等四大行动计划
《广州市社区社会组织管理办法（试行）》	2021 年	广州市社会组织管理局	明确对社区社会组织进行分类管理；进一步降低达到登记条件的社区社会组织的登记要求；探索加强对未达到登记条件的社区社会组织的扶持措施
《广州市慈善促进条例》	2021 年	广州市民政局	大力发展社区慈善，联动志愿服务组织等单位，设立社区慈善基金，开展社区慈善活动

（二）社区志愿服务党建引领作用不断加强

2017 年 6 月，《中共中央　国务院关于加强和完善城乡社区治理的意见》强调，要“把加强基层党的建设、巩固党的执政基础作为贯穿社会治理和基层建设的主线，以改革创新精神探索加强基层党的建设引领社会治理的路径”。[②] 该文件是第一份以中共中央、国务院名义出台的关于社区治理的纲领性文件。党建引领基层社会治理成为当前社区治理创新的重要路径。广州

① 《广州市慈善促进条例》，广州市民政局网站，2021 年 6 月 11 日，http：//mzj. gz. gov. cn/zwgk/zfxxgkml/zfxxgkml/bmwj/qtwj/content/post_ 7328494. html。

② 《中共中央　国务院关于加强和完善城乡社区治理的意见》，中国政府网，2017 年 6 月 12 日，http：//www. gov. cn/xinwen/2017-06/12/content_ 5201910. htm。

市在推进社区志愿服务过程中，特别注重发挥党建引领作用。2019 年，广州市委组织部印发《关于组织全市在职党员回社区报到并开展服务的通知》《在职党员回社区开展服务指南》，推动全市在职党员参与社区志愿服务。① 据广州公益“时间银行”统计，截至 2021 年 12 月 24 日，在广州公益“时间银行”注册的党员志愿服务队共 916 支，占注册志愿者团队的 24.82%。党员志愿服务队规模扩大，有效促进了志愿服务在社区的拓展。

（三）社区志愿者的组织化程度不断提升

广州市志愿服务信息系统建设工作走在全国前列，依托“志愿时”、广州公益“时间银行”及“i 志愿”等综合管理平台，完成志愿服务的信息化管理。广州公益“时间银行”是管理社区志愿服务的重要信息平台，有助于建立完善全市社区志愿服务数据库，促进社区志愿服务的信息化、组织化发展。据广州公益“时间银行”统计，截至 2021 年 12 月 24 日，共有 2036 支社区志愿服务队伍在平台注册，占平台志愿者团队注册数量的 59.08%。② 整体上，广州市社区志愿者的组织化呈现不断增强趋势。

（四）社区志愿服务在社区应急中的作用不断强化

在 2021 年广州市抗击本土突发新冠肺炎疫情中，社区志愿服务组织积极投身疫情防控之中，为疫情防控筑起第一道防线。2021 年 5 月 29 日，广州市志愿者协会发布《关于参与疫情防控社区志愿服务的倡议》，号召社区志愿服务组织（团队）、社区志愿者自觉服从疫情防控大局，积极配合当地党委、政府加强疫情防控工作，坚持党建引领社区志愿服务工作，充分发挥社区志愿服务力量，主动为社区独居孤寡长者、低保低收入对象、残障人士、困境儿童、困难隔离人员及其家属等特殊困难群体提供志愿服务。③ 据

① 《广州深入开展“不忘初心，牢记使命”主题教育活动》，南方网，2019 年 7 月 27 日，https：//news. southcn. com/node_ 54a44f01a2/5e8acb08d7. shtml。

② 参见广州公益“时间银行”平台数据库。

③ 参见广州市志愿者协会官微。

统计，截至2021年6月14日，广州公益“时间银行”累计发布了550场次志愿服务活动，组织13774人次社区志愿者参与疫情防控相关志愿服务活动，服务社区居民3301534人次，开展疫苗接种与宣传、社区防疫宣传倡导、疫情防控值守、核酸筛查、困难群体关爱等多类志愿服务项目。[①] 为进一步做好常态化疫情防控工作，广州市在2021年6月底，启动各级公共卫生委员会建设，在市、区、镇（街）、村（居）委设立公共卫生委员会。[②] 通过村（居）民委员会设立村（社区）公共卫生委员会，统筹协调基层医疗卫生机构、社区志愿者和专业社会工作者等不同专业背景人员，协同参与城乡社区疫情防控工作，充分发挥居民自治作用，为疫情防控工作取得重大成果贡献力量。基于疫情防控实践经验，社区应急志愿服务得到越来越多的重视，社区应急志愿服务队的建设也加快推进。

（五）社区志愿服务聚焦助老服务

广州公益“时间银行”的数据显示，截至2021年12月24日，广州市社区志愿者参与率最高的社区志愿服务活动类型为“助老服务”，其次为“文明实践”“垃圾分类”“青少年服务”“困难群体帮扶”等（见图3）。根据《广州市第七次全国人口普查公报［1］（第四号）——人口年龄构成情况》，截至2020年11月1日，广州市常住人口中，老年人口（60岁及以上）213.06万，占比11.41%。[③] 广州市是我国步入老龄化社会较早、老龄化程度较高的代表城市。为积极应对老龄化，广州市积极创新养老服务模式，以社区志愿服务为切入点之一，搭建起多主体参与、多层次支持的养老服务体系。通过打造广州公益“时间银行”平台，创设“初老服务老老”模式，建立志愿服务时间积分用于兑换包括社区居家养老服务在内的社区服

① 符畅、廖培金：《疫情防控全员上阵 民生保障不落一人》，《羊城晚报》2021年6月21日，第A9版。

② 《广州宣布成立公共卫生委员会》，人民网，2021年7月10日，http：//gd. people. com. cn/n2/2021/0710/c123932-34814156. html。

③ 《广州市第七次全国人口普查公报［1］（第四号）——人口年龄构成情况》，广州市统计局网站，2021年5月18日，http：//tjj. gz. gov. cn/tjgb/glpcgb/content/post_ 7286028. html。

务机制，充分调动社区资源，鼓励志愿者特别是低龄健康活力老年志愿者为高龄老人提供志愿服务，实现志愿服务的“二次公益”，打造养老事业的“广州模式”。

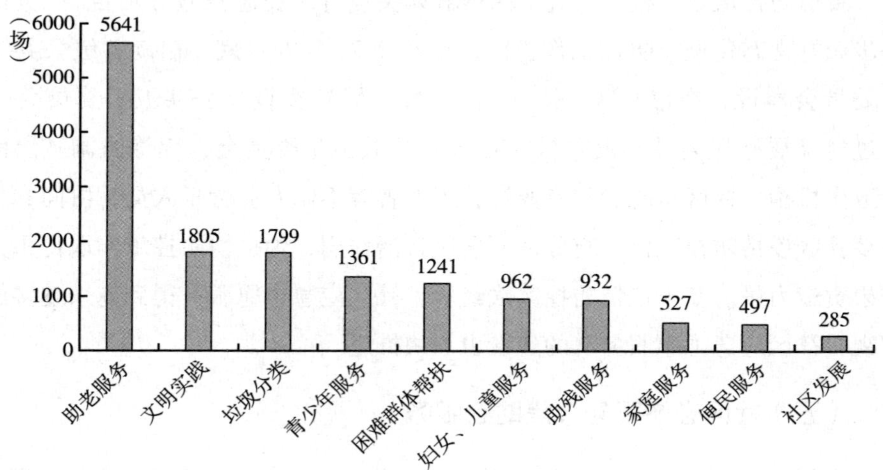

图 3　2021 年度广州市志愿者参与社区志愿服务活动类型

资料来源：广州公益“时间银行”平台数据库。

四　社区志愿服务体系的构建

国家及广东省、广州市“十四五”规划均提出“健全志愿服务体系”要求。志愿服务体系指在一个行政区域内，各种志愿服务要素按照一定的秩序组合而成的整体。志愿服务体系的构成要素主要有志愿服务组织（团队）、志愿服务项目、志愿服务对象、党委和政府志愿服务管理部门、志愿服务组织孵化基地、志愿服务网络平台、志愿服务制度、志愿服务文化等各种与志愿服务发展有关的要素。① 结合上述志愿服务体系的要素分析，本文从组织体系、内容体系、资源体系和保障体系等四个维度分析社区志愿服务体系。

① 张祖平：《关于健全志愿服务体系的思考》，《精神文明导刊》2020 年第 3 期，第 1 页。

（一）社区志愿服务组织体系

社区志愿服务组织是加强基层治理体系和治理能力现代化建设的重要抓手。构建社区志愿服务组织体系既要重视组织内部治理，又要注重与外部相关组织联动。

在社区志愿服务组织的内部治理方面。首先，需要发挥党组织的政治核心作用，保证社区志愿服务组织的政治方向。因此，在建立社区志愿服务组织时，应该注重吸纳党员志愿者。其次，需要完善社区志愿服务组织决策、执行、监督制度，提高社区志愿服务组织运作效率。最后，需要完善社区志愿服务组织信息公开披露制度，主动对组织的财务收支、服务内容等信息进行公开。

在社区志愿服务组织的外部治理层面，强调社区多元主体参与，为社区志愿服务提供支撑。首先，社区两委作为社区“掌门人”，应充分发挥统筹协调作用，以社区社会组织为载体，调动社区居民，以社区场景为切入点，开展社区志愿服务活动。其次，善用专业志愿服务组织的资源，尤其是发挥好枢纽型志愿服务组织的作用，为社区志愿服务组织提供组织管理、业务指导、人才培训等支持。此外，“社工+志愿者”联动是广州市社区志愿服务的特色模式，社工服务站在社区志愿服务队伍培育与组建、专业服务模式打造方面提供专业的支持，是社区志愿服务组织体系中的重要支持力量。最后，社区志愿服务组织的可持续发展离不开社区资源，包括公益创投资金、社区居民和社区企业捐赠资金、社区慈善空间等资源，通过充分运用社区资源，开展社区志愿服务活动，服务本社区居民，形成“由社区来，到社区去”的资源内循环模式。

（二）社区志愿服务内容体系

社区志愿服务在提供社区服务、扩大居民参与、培育社区文化、促进社区和谐等方面发挥着积极作用。梳理社区志愿服务内容体系，明确社区居民参与社区志愿服务的具体路径，有助于进一步提升社区居民对社区志愿服务组织的感知度和认可度，推进社区志愿服务成为基层社会治理的重要力量。

1. 社区特殊困难群体兜底保障志愿服务

2021 年 1 月，《广东省民政厅关于深入推进民政领域志愿服务工作的通知》发布，要求民政领域志愿服务活动聚焦低保对象、特困人员、临时救助对象、生活无着的流浪乞讨人员、孤儿、事实无人抚养儿童等民政服务对象。[①] 广州市民政局主动响应政策，开发特殊困难群体兜底保障的供需对接平台，开创“群众点单—平台派单—志愿者接单—群众评单”的“微心愿”服务模式，对接特殊困难群体的个性化需求。广州市慈善会发起了“微心愿 · 善暖万家”项目，联动企业志愿者、社区志愿者、党员志愿者，关心帮扶全市低保低收入对象、特困人员、困境儿童、留守老人、孤寡老人、贫困重度残疾人等困难群体家庭。此外，根据特殊困难群体的需求具有综合性、复杂性等特征，为其提供多层次、专业化的社区志愿服务。例如，针对流浪乞讨人员的救助服务，组建具有专业技能的志愿救助服务队伍，为社区流浪乞讨人员开展巡查劝导、寻找亲属、心理辅导、法律援助、就业指引等志愿服务。[②] 针对残疾人的志愿服务，引入“专业助残力量+志愿者”模式，为残障人士提供心理康复、技能提升、社会融入、创业就业及自我保护等志愿服务。[③] 针对困境儿童的需求，广州市志愿者协会发起“家社童行”社区志愿服务，为困境儿童提供疫情防控、关爱帮扶、成长教育等服务。

2. 社区助老志愿服务

根据第七次全国人口普查数据，2020 年，我国 65 岁及以上人口为 1.91 亿，占比 13.50%，人口老龄化程度快速加深。[④] 国家“十四五”规划提出，实施应对人口老龄化国家策略，以“一老一小”为重点完善人口服务体系，促进人口长期均衡发展，凸显国家对老龄化问题的重视。

---

① 《广东省民政厅关于深入推进民政领域志愿服务工作的通知》，广东省民政厅网站，2021 年 1 月 13 日，http：//smzt.gd.gov.cn/zwgk/tzgg/content/post_ 3171525.html。

② 参见广州市民政局官微。

③ 《十年助 7000 残障人士融入社会！广州青年助残志愿服务纪录片〈携手〉发布》，《广州日报》2021 年 5 月 13 日，https：//www.gzdaily.cn/amucsite/web/index.html#/detail/1562897。

④ 张车伟、蔡翼飞：《从第七次人口普查数据看人口变动的长期趋势及其影响》，新华网，2021 年 5 月 21 日，http：//www.xinhuanet.com/politics/2021-05/21/c_ 1127472961.htm。

广州市是我国步入老龄化社会较早、老龄化程度较高的代表城市，其在应对老龄化问题上，积极引入志愿服务力量参与助老服务。针对留守老人、孤寡老人，打造“金秋送暖”志愿服务品牌项目，组织志愿者探访空巢长者等社区困难群体。此外，在广州市民政局指导下，广州市志愿者协会搭建广州公益“时间银行”平台，通过建立志愿服务时间积分兑换服务和资源的机制，引导社区低龄老人为高龄老人提供服务，打造“初老服务老老”模式，推进广州市社区助老志愿服务可持续发展。

3. 社区应急救援志愿服务

志愿服务应对突发事件时，在社会动员、资源调动与分配上发挥积极作用。2021 年是汶川地震 13 周年，汶川应急抗震救灾志愿行动是我国历史上规模最大的一次志愿者行动，志愿者在救援、安置和重建过程中发挥了重要作用。2020 年新冠肺炎疫情发生后，中共广州市委宣传部第一时间印发《关于开展疫情防控应急志愿服务活动的通知》，统筹调动党员志愿服务队、青年志愿者、民间社会组织等，主动下沉街道社区开展疫情防控应急志愿服务。[①]

从汶川抗震救灾到新冠肺炎疫情防控，应急志愿服务从松散性、无序性逐渐向专业化、规范化发展。2015 年，政府首次将志愿服务组织等社会力量参与救灾工作纳入规范体系，出台《关于支持引导社会力量参与救灾工作的指导意见》[②]，着眼于减灾工作的全过程，划定了志愿服务的救援范围，完善相关制度供给。同时，逐步建立应急救援服务体系，将应急救援服务细分为应急知识的宣传普及和突发事件隐患排查的预防工作、应急救援辅助和专业心理援助的干预工作、灾后恢复重建的修复工作。2013 年 11 月，广州市在全国范围内率先启动首家应急救援志愿服务站，以服务站所在社区为服务点，应急志愿者为社区居民提供应急知识宣传普及和应急救援辅助服务。

4. 社区治安防控志愿服务

中共中央办公厅、国务院办公厅《关于加强社会治安防控体系建设的

① 张姝泓：《穗市直机关发出战“疫”最强音》，《广州日报》2020 年 2 月 2 日，第 A2 版。

② 《民政部制定印发〈关于支持引导社会力量参与救灾工作的指导意见〉》，中国政府网，2015 年 10 月 10 日，http：//www. gov. cn/xinwen/2015-10/10/content_ 2944638. htm。

意见》特别提出，发展壮大平安志愿者、社区工作者、群防群治队伍等专业化、职业化、社会化力量；发挥市场、社会等多方主体在社会治安防控体系建设中的协同协作、互动互补、相辅相成作用。[①] 国家“十四五”规划提出，坚持和发展新时代“枫桥经验”，坚持专群结合、群防群治，健全社会治安防控体系。社区治安防控志愿服务是维护社会治安的重要力量。广州市在治安防控工作中形成了具有地方特色的实践经验，“广州街坊”在广州市委政法委直接指导下成立，由专业力量、半专业力量、行业力量和志愿力量四种社会治理力量组成。作为群防群治的重要力量，“广州街坊”主要开展信息收集与上报、安全巡逻防控、矛盾纠纷调解、平安法治宣传等志愿服务活动。

5. 社区文化体育志愿服务

国家“十四五”规划提出，完善公共文化服务体系，广泛开展群众性文化活动。[②] 发展社区文化体育志愿服务，是提高城市居民文化水平、增强居民体质、建设社会主义精神文明的重要途径。中办、国办《关于加快构建现代公共文化服务体系的意见》提出，大力推进文化志愿服务，构建参与广泛、内容丰富、形式多样、机制健全的文化志愿服务体系，探索地方性特色或行业特色志愿服务模式。[③] 国办印发的《体育强国建设纲要》提出，建立全民健身志愿服务组织体系。[④]

社区文化体育活动作为丰富群众精神文明和提升群众健康水平的重要抓手，通过与志愿服务相结合，能够广泛动员社区居民参与，丰富社区文化，逐步形成全民健身运动氛围。社区文化体育志愿服务一般以兴趣爱好为基础，具有较强的自主性。根据文化部《文化志愿服务管理办法》，文化志愿

① 《中共中央办公厅、国务院办公厅印发〈关于加强社会治安防控体系建设的意见〉》，中国政府网，2015 年 4 月 13 日，http：//www.gov.cn/xinwen/2015-04/13/content_ 2846013.htm。

② 《中华人民共和国国民经济和社会发展第十四个五年规划和 2035 年远景目标纲要》第三十五章第二节提出，完善公共文化服务体系，创新实施文化惠民工程，提升基层综合性文化服务中心功能，广泛开展群众性文化活动。

③ 《中办、国办印发〈关于加快构建现代公共文化服务体系的意见〉》，中国政府网，2015 年 1 月 14 日，http：//www.gov.cn/xinwen/2015-01/14/content_ 2804240.htm。

④ 《国务院办公厅关于印发体育强国建设纲要的通知》，中国政府网，2019 年 9 月 2 日，http：//www.gov.cn/zhengce/content/2019-09/02/content_ 5426485.htm。

者在基层主要开展文艺演出、辅导培训、展览展示、阅读推广等公益性文化活动。此外，文化志愿者参与基层文化设施建设管理和群众文化活动组织等工作。[①] 社区文化体育志愿服务致力于建立健全全民健身志愿服务组织体系，在动员全民健身和整合社区公共资源方面发挥重要作用。

6. 社区环保志愿服务

广州市以“垃圾分类”为切入点，推动环保志愿服务在社区落地。2019 年，广州市社会组织联合会向全市社会组织发出垃圾分类行动倡议书，广州市志愿者协会积极响应，依托全市 188 个社区志愿服务阵地和广州公益“时间银行”，积极推动开展“垃圾不落地”志愿服务项目。通过广州公益“时间银行”线上平台和“文化大篷车”线下载体，引导社区居民参与垃圾分类工作。[②] 2020 年，《广州市社会组织管理局关于进一步引导和动员社会组织参与生活垃圾分类工作的通知》印发，强调开展垃圾分类志愿服务，广泛动员志愿者进乡村、进社区、进基层送服务，开展常态化垃圾分类志愿服务活动。同时，广泛开展专业培训，鼓励社区社会组织、志愿服务组织、公益慈善组织开设形式多样、趣味生动的培训课程，充分调动社会组织尤其是社区社会组织和志愿服务组织等社会力量参与垃圾分类工作。[③]

（三）社区志愿服务资源体系

社区志愿服务的可持续发展需要建立在一定的资源支持之上。社区志愿服务资源体系包括资金资源、志愿者人才资源、物理空间资源。广州市为推进社区志愿服务组织的健康持续发展，提供了多元化的资金支持。首先，以社区慈善基金为资源平台，通过广泛动员社会力量，为社区志愿服务项目开

① 《文化部关于印发〈文化志愿服务管理办法〉的通知》，中国政府网，2016 年 7 月 14 日，http：//www. gov. cn/gongbao/content/2017/content_ 5189209. htm。

② 潘彦晖：《（花城 FM）垃圾分类，广州社会组织在行动!》，广州市民政局网站，2019 年 9 月 9 日，http：//mzj. gz. gov. cn/dt/mtgz/content/post_ 3108602. html。

③ 《广州市社会组织管理局关于进一步引导和动员社会组织参与生活垃圾分类工作的通知》，广州市民政局网站，2020 年 2 月 28 日，http：//mzj. gz. gov. cn/gk/zdlyxxgk/shzzxx/content/post_ 5681430. html。

展筹集资金。其次，“青苗计划”社区志愿服务培育项目，通过公益创投模式，重点资助专业社区志愿服务项目，为“拔尖”的社区志愿服务项目提供专项资金支持。同时，通过品牌效应，为社区志愿服务项目引流更多资金资源。最后，社区志愿服务组织的资金还可以依托社区慈善捐助站点，面向社区成员开展恒常化募捐，取之于社区，用之于社区，为社区志愿服务活动开展提供持续性资金支持。

志愿者人才队伍是保障社区志愿服务组织持续运行的重要资源。社区志愿服务组织由于大多数结构松散，人力资源结构具有不稳定性，在人力资源体系构建上，需要从人力资源引进和留住两个层面入手。首先，充分发挥党员志愿者在社区中的模范带头作用，培育其成为社区领袖，带动更多社区居民参与社区志愿服务；其次，注重发掘社区居民自组织资源，联动社区自组织举办志愿服务活动，以活动吸引社区居民参与；最后，需要注重专业社区志愿者的能力建设，可以采用“外引内驱”的方式建设专业社区志愿者队伍，引入社区外特定领域的专业人才，为社区志愿者提供有针对性的知识和技能培训，使其能够运用专业技能解决社区问题，提高其自我认同感和责任感。

此外，社区志愿服务的物理空间资源是社区志愿服务活动开展的基础条件。社区志愿服务的物理空间资源包括社区慈善捐助站点、党群服务中心等固定物理空间资源。此外，社区内学校、公园、商业广场、图书馆等也是潜在的社区志愿服务物理空间资源。社区志愿服务组织可根据社区居民需求和活动性质，充分发掘社区内公共场所、商用空间等资源，以物理空间为载体开展形式丰富的社区志愿服务。

（四）社区志愿服务保障体系

社区志愿服务保障体系可分为物质保障和精神保障两个部分。根据《志愿服务条例》规定，在开展社区志愿服务过程中，应充分保障志愿者各项合法权益。[①] 社区志愿服务组织应多渠道筹资为社区志愿者购买保险，积

① 《志愿服务条例》，司法部网站，2017 年 9 月 6 日，http：//www. moj. gov. cn/pub/sfbgw/flfggz/flfggzxzfg/201709/t20170906_ 350637. html。

极与保险公司合作，设计开发符合社区志愿服务特点、适合社区志愿者的险种，保障社区志愿者的基本权益。在社区志愿者的身份认定上，应该充分利用广州公益“时间银行”等社区志愿服务平台，认定社区志愿者身份，增强社区志愿者的归属感。同时，通过记录志愿服务时数，用数据科学客观地评估社区志愿服务价值。此外，通过持续开展社区志愿服务年会，表彰优秀社区志愿者、优秀社区志愿服务队伍、优秀社区志愿服务项目等，提升社区志愿者的荣誉感，构建以精神激励为主、物质激励为辅的社区志愿服务保障体系。最后，社区志愿者的能力建设是构建社区志愿服务保障体系的重要内容，应通过定期开展能力培训，提升社区志愿者的服务水平。

五 “十四五”时期推动广州市社区志愿服务发展的建议

从国家层面到地方性的“十四五”规划均提出，支持和发展志愿服务组织，壮大志愿者队伍，搭建更多志愿服务平台，健全志愿服务体系，推进志愿服务加快融入基层社会治理创新体系，为“十四五”时期社区志愿服务发展指明了新的道路和方向。广州市在建设“志愿之城”和“慈善之城”的过程中，社区志愿服务也在不断发展与创新。为推动“十四五”时期广州市社区志愿服务实现新发展新作为，本文提出以下建议。

（一）发挥党建引领作用，推动多元主体参与

由于社区志愿服务组织的松散性、非正式性，社区志愿服务的规模化和规范化发展相对滞后。因此，应充分发挥党组织的核心引领和组织协调作用，通过党员“双报到”机制，建立党员志愿服务队，号召社区居民、社区企业、社区社会组织等多元主体共同参与社区志愿服务，进而扩展社区志愿者队伍，完善“家门口”服务体系。以党群服务中心、新时代文明实践中心（所、站）等作为重要服务阵地，以社区居民需求和问题为出发点，制定服务清单，开展社区志愿服务，以此构建多元主体参与的社区志愿服务格局。

（二）加快推进社区志愿服务组织建设

2021 年，《广州市培育发展社区社会组织专项行动实施方案（2021—2023 年）》《广州市社区社会组织管理办法（试行）》等关于支持和发展社区社会组织的政策陆续出台，社区志愿服务组织是社区社会组织的重要组成部分，应紧抓当前社区社会组织的政策支持机遇，加快推进社区志愿服务组织的成立和建设。“邻里守望”主题的志愿服务活动是民政部、广东省民政厅及广州市民政局均大力推进的，社区志愿服务组织应以此为契机，开展有特色、有实效的主题志愿服务活动，重点为社区内低保对象、特困人员、空巢老人、农村留守人员、困境儿童、残疾人、进城务工人员及其随迁子女等困难群体提供亲情陪伴、生活照料、心理疏导、法律援助、社会融入等各类关爱服务，通过开展社区志愿服务活动树立口碑，拓展组织规模。

为进一步加快社区社会组织规范化建设，广州市对社区社会组织实行分层管理模式，按照是否满足登记条件、规模大小以及机构松散程度进行分层，根据不同层次的社区社会组织制定不同管理措施，并创新探索出针对未达到登记条件的社区社会组织的扶持措施，明确未达到登记条件的社区社会组织可以属地镇（街）社区社会组织联合会名义申报社会组织公益创投项目。[①] 社区志愿服务组织作为志愿服务类的社区社会组织，应根据自身实际情况，在未达到登记条件时实行备案管理措施，以加快推进自身建设。

（三）发挥枢纽型志愿服务组织作用，推动社区志愿服务生态系统建设

枢纽型志愿服务组织一般在民政、团委、妇联等部门的直接指导和支持下成立，在区域志愿服务中发挥枢纽、协调等作用。枢纽型志愿服务组织在

---

① 《广州市社会组织管理局印发广州市社区社会组织管理办法（试行）的通知》，广州市民政局网站，2021 年 3 月 18 日，http：//mzj. gz. gov. cn/gkmlpt/content/7/7138/post_ 7138192. html#345。

资金支持、项目品牌化、人才培养、政策倡导等各个方面都发挥着重要作用。随着公益慈善事业的快速发展，公益生态成为行业关注的热点，公益生态建设离不开良好的政策环境，同时，需要资金、人才、工具和数据的支持。志愿服务作为公益慈善事业的重要一环，也需要重视建设生态系统，枢纽型志愿服务组织是社区志愿服务生态系统建设的重要推动者，应发挥统筹协调、资源对接、人才培养、能力建设、规范管理方面的作用。

第一，支持枢纽型志愿服务组织开展志愿服务公益创投活动，通过项目资助或配捐等方式，支持社区志愿服务组织立足社区居民的需求，开展多样化的志愿服务活动。第二，发挥枢纽型志愿服务组织在培育志愿服务人才方面的作用，以社区需求为基础，结合志愿者兴趣爱好和专业背景，为志愿者提供通识培训和岗位所需的专业技能培训，特别是加强对专才志愿者的培养。第三，充分支持枢纽型志愿服务组织搭建信息平台，促进服务转介与资源对接。通过“互联网+志愿服务”，促进志愿者、志愿者团队、志愿服务需求以及社会多元资源之间的有效对接，为社区志愿服务生态系统建设提供信息化工具。

（四）创新社区志愿服务品牌

创新社区志愿服务品牌可从品牌项目和品牌组织两个方面入手。在广州市，以群防群治为核心的“广州街坊”社区志愿服务项目成为社区志愿服务的鲜活案例。面对社区居民对志愿服务的多元化、个性化需求，创新社区志愿服务品牌项目成为社区志愿服务组织回应居民需求的有效途径，这也是“十四五”时期广州市社区志愿服务发展的重要方向。打造社区志愿服务品牌项目，需要积极推动多方力量协同合作。首先，相关政府部门加快制定关于社区志愿服务品牌化建设与创新的政策，增强传播力量，扩大社区志愿服务品牌项目的社会影响力和政策影响力。其次，联动社会力量，建立资金池，投入相应的项目经费，支持重点社区志愿服务品牌项目创新研发。最后，需提升社区志愿服务团队内部人员的项目管理能力，促进社区志愿服务品牌项目创新。

当前，广州市正在大力实施社会组织品牌战略。2016 年，广州市民政局出台《广州市社会组织品牌战略实施方案》，2020 年，广州市出台全国首个品牌社会组织评价指标地方标准《品牌社会组织评价指标》，推动广州市社会组织由数量规模型向质量效能型深度转变。[①] 广州市志愿者协会作为市级枢纽型志愿服务组织，可参考《品牌社会组织评价指标》中“品牌基础”“品牌管理”“品牌价值”相关内容，结合自身实践经验，总结和建立关于社区志愿服务的团体标准，推动广州市社区志愿服务走在全国前列。

① 《广州出台全国首个品牌社会组织评价指标地方标准》，广州市民政局网站，2020 年 3 月 23 日，http://mzj.gz.gov.cn/dt/gggs/content/post_5740498.html。

B.2
“十四五”时期广州市社区志愿服务发展展望

邵振刚*

摘　要： 本文基于广州市社区志愿服务发展特点的分析结果，对“十四五”时期推动广州市社区志愿服务进一步发展提出相应的建议，包括：强化社区党建引领，提升志愿者群体获得感；加快配套政策建设，提升组织运行管理能力；持续回应民生需求，丰富智慧服务手段；着力构建供需对接平台，推动社会资源整合；充分发挥群团组织优势，深化各类志愿者社区参与；建构项目化运作的社区志愿服务发展模式；加强社区志愿者激励宣传，拓展培训工作与理论研究。

关键词： 社区志愿服务　社区服务　社会治理　广州市

志愿服务作为“十四五”时期社会治理和社区服务的重要环节，有助于健全各地基层党组织领导的基层群众自治制度，有利于推进城镇发展和乡村振兴，有益于社区公共事务和社会公益慈善事业的持续发展。广州市社区志愿服务源自20世纪90年代的萌芽探索，历经21世纪初期的成长壮大、2010年广州亚运亚残运会的快速发展和党的十八大以来的体系化建设，成为广州市社会民生建设与城乡社区发展的重要组成部分。[①] 面对新冠肺炎疫

---

* 邵振刚，广州市团校（广州志愿者学院）社会学助理研究员、社会工作师，主要研究领域为志愿服务基础理论、志愿服务组织运行管理、大型赛会志愿服务实务等。

① 涂敏霞、陈建霖、沈杰主编《广州志愿服务组织发展报告（2018）》，社会科学文献出版社，2018。

情，广州市社区志愿服务在疫情防控阻击战的社区应急服务行动开展以及常态化疫情防控的不同阶段，都发挥着重要作用和现实价值。2021 年是“十四五”规划开局之年，按照《中共广州市委关于制定广州市国民经济和社会发展第十四个五年规划和二〇三五年远景目标的建议》的总体部署，广州市应提高城市文明程度，建设“志愿之城”。根据新形势下发展广州市志愿服务事业的现实需要和城乡社会治理的民生需求，以社区志愿服务为对象，总结发展特征，探究“十四五”时期发展趋势和工作展望，提供对策与建议，具有一定的决策参考意义和理论研究价值。

一　广州市社区志愿服务发展的特点

（一）呈现队伍规模化与来源多样化的新态势

1. 从管理体系来看

目前，广州市社区志愿服务队伍主要由两个体系负责统筹，这两个体系负责统筹的队伍均进入规模化发展阶段。一是由广州市志愿者协会统筹指导全市各级民政直属志愿服务队伍建设，广州市志愿者协会 2019 年 8 月发布了社区志愿服务综合性支撑平台——广州公益“时间银行”，截至 2020 年 12 月，注册志愿者达 15.6 万人；二是由广州青年志愿者协会依托“志愿时”综合管理系统，统筹指导全市青年志愿服务，截至 2020 年 12 月，实名注册志愿者 380 万人、志愿服务组织及团体 1.5 万个，累计志愿服务时长超过 1.5 亿小时，[①] 其中，不少广州市青年志愿服务队伍积极投身到各类社区志愿服务行动中。广州市社区志愿服务组织是社区志愿服务的主体力量，也是社区发展的重要参与者和推动者。

2. 从来源人员来看

公开资料显示，当前，广州市社区志愿服务队伍以社区居民志愿服务团

① 张姝泓：《广州注册志愿者人数达 380 万　注册志愿服务组织及团体 1.5 万个》，大洋网，2021 年 1 月 22 日，https://news.dayoo.com/guangzhou/202101/22/139995_53764547.htm。

队为主，其中常态化开展服务的长者志愿服务队伍较为显著，此外还有以下三方面的人员来源。一是党员志愿者，在党建引领和“双报到”机制下，各社区党员常态化参与志愿服务，越秀、荔湾、海珠等老城区社区以退休党支部的老党员为主，党员在社区志愿服务中发挥了先锋模范作用。二是社区爱心妈妈，不少社区拥有闲暇时间相对充裕的家庭主妇，她们发挥自身优势，成为海珠区南石头街、花都区秀全街等社区的志愿服务骨干。三是辖区内外的学生群体，既有家庭带动加入的，也有学校对接加入的。同时，机关事业单位、各类型的企业也是广州市社区志愿者的重要输出方。目前遍布广州市各街道的社工服务站以“社工+志愿者”的模式，通过链接社区内外志愿服务队伍等社会资源，参与社区志愿服务行动实践。在广州市社区志愿服务团队、社区居委会、社区社工、团组织等多方力量推动下，核心志愿者成为志愿服务组织骨干，帮助较为成熟的志愿服务团队成为社区社会组织，较为独立地为社区居民服务，开拓更多岗位吸引志愿者加入，提高志愿服务团队和志愿者对于社区基层治理的参与程度。

（二）逐步表现出阵地多元化与内容多样化的新特征

广州市社区志愿服务的重点群体是低保对象、低收入家庭、特困人员、空巢老人、孤寡老人、困境儿童、流动儿童、贫困残疾家庭等特殊困难群体。[①] 此外，在天河区猎德街、白云区三元里街等部分外籍人士聚居的国际型社区，社区志愿服务对象还涉及在穗工作生活的外籍家庭，因而呈现服务阵地多元化以及服务内容多样化等新特征。

1. 实体阵地多方发力

一是在社区公共文化空间开展各类志愿服务。例如，天河区猎德街“猎德人家”、荔湾区“西关人家”、越秀区北京街社工服务站、增城区中新镇社工服务站等各类社区公共文化空间，成为志愿者开展社区志愿服务的主

① 广州市社区服务中心、广州市志愿者协会、广州志愿服务联合会编《广州市社区志愿服务发展报告（2020）》，中国社会出版社，2020。

要阵地。二是以社区公共服务场所拓展志愿服务场地资源。社区志愿服务组织依托党群服务中心、社区公共服务站、业主公共活动场地等，常态化地开展社区志愿服务。例如，员村街党群服务中心、林和街天誉社区公共服务站等志愿服务阵地的日常运用。三是依托遍布全市的2852个新时代文明实践中心（所、站）和14个巾帼志愿服务基地，以及社区周边公交服务点等固定场所开展志愿服务，共同构建起全覆盖的志愿服务实践阵地。四是结合广州市垃圾分类、旧楼电梯加装、疫情防控等专项工作，在社区环保服务阵地、社区物业楼宇和社区出入场所，开展站岗守桶、协助调解、测温登记等社区志愿服务。此外，广州市持续发力加强社区志愿服务阵地建设，通过“志愿驿站+”共建共治共享社会治理模式，以77个志愿驿站、170个康园工疗站为支撑，建立起一个个“志愿服务门店”。这些志愿服务阵地，成为开展社区志愿服务的常态化阵地。此外，不少社区还联动辖区内的企事业单位、养老院等，实现资源和阵地共享，就近开展志愿服务活动。

2. 互联网阵地蓬勃发展

当前广州市社区志愿服务借助网络信息技术，充分发挥“互联网+志愿服务”的优势。一方面，通过“i志愿”、“志愿时”、广州公益“时间银行”等志愿服务信息管理系统的大数据技术，推动志愿服务时数登记的智能化与专业化，完善志愿服务信息平台，实现社区志愿服务登记的网络化；另一方面，借助互联网平台发布社区志愿服务活动信息，优化“党员i志愿”“广州街坊”等微信小程序，依托信息化手段做好广州市志愿者的招募培训、上岗服务、保障激励、传播分享等全流程管理工作，有效实现了社区志愿服务科学发展，扩大了社区志愿服务的社会影响力。

3. 民生兜底保障与社区公共服务的内容兼具

一是社区“左邻右里”探访服务类志愿服务，慰问社区特殊困难群体。例如，北京街社区从2017年开始至今，常态化地开展上门探访独居老人及家居清洁卫生服务，通过初老志愿者（70岁以下）关爱照顾高龄长者的服务方式，通过健康测量、上门探访、策划生日会等服务内容，打造“友偈倾、友饭食、友茶饮、友得玩”的“四友”社区志愿服务，形成“左邻右里友伴计划”服务品牌。此外，关爱困难家庭青少年志愿者、帮扶残障人士并协助残疾人家庭子女往返学校接送、社区爱心义剪等服务，逐渐成为广州市不少社区志愿服务组织的常规服务内容。许多社区创新性地开展“青少年服务儿童、初老服务老老”的志愿服务，不定期在社区开展430课堂、手机学堂等关爱帮扶服务，分别为社区中小学生提供课后的学业辅导与兴趣培育，为社区长者提供通过手机运用新媒体技术等课程。二是社区垃圾分类、巡河环保宣传等社区环境改善类志愿服务。例如，海珠区南石头街沙溪社区、天河区猎德街猎德社区等，在开展垃圾分类志愿服务方面成效尤其明显。其中，开展垃圾分类宣传、指引、督导、知识普及等全市行动，尤其在没有物业管理的旧楼，社区志愿者们坚持晚上“站桶”指引居民分类投放垃圾，带动了居民垃圾分类意识的提升，为社区环境卫生贡献了爱心力量。三是参与社区内外周边公共事务。例如，倡导文明养狗、旧楼电梯加装协调、乱摆放共享单车整理、社区平安巡逻、参与辖区的志愿驿站、公共交通文明引导等宣传与服务，参与社区社会矛盾调解，深入参与社区治理，受到社区及居民们的欢迎。四是主动参与防疫志愿服务工作。在新冠肺炎疫情防控期间，不少社区志愿者在社区出入口进行体温检测等防疫志愿服务。天河区广粤社区、越秀区华乐街社区等国际化社区还成立了翻译志愿服务小组，上门协助辖区内的外籍人员排查工作，投身防疫志愿服务行动。在复工复产时期，积极开展协调辖区内专业市场租赁纠纷的法律专业志愿服务。

（三）资源整合助推社区志愿服务可持续发展

1. 志愿服务平台促进社区资源链接

首先，广州市志愿者协会在2019年推动实施的广州公益“时间银行”，探索深化“公益慈善+社会工作+志愿服务”的融合发展模式，加强自身对人财物的集聚效应，推动社区资源不断积累发展。同时，“i志愿”“志愿时”等志愿服务信息管理系统的运用，对广州市各类社区志愿服务资源整合发挥着重要的支持作用。其次，社区社工服务站对不同类型志愿者资源的链接，成为其运行服务的标配之一，“社志联动”以及“三社联动”成为社区志愿服务的普遍模式。个别社区甚至已逐步开展“五社联动”，在广州市社区社会工作的评估中，志愿服务工作占比有所增加，而社区志愿者群体是极其重要的人力资源和达标条件。最后，全市各区志愿者协会、青年志愿者协会以及相关志愿服务工作管理部门，都在不同层面支持社区志愿服务资源发展。

2. 社区志愿服务组织积极挖掘社区资源

有效实施资源整合，是社区志愿服务科学发展的重要支撑，深挖广州市社区各类资源，可以维持社区各类志愿服务行动开展，应对社区志愿服务组织资源匮乏，同时激发社区居民的社会参与意识、责任感和归属感。例如，越秀区北京街盐运西社区通过社工服务站，持续开展社区居民志愿者招募和系列培训，提升社区志愿服务队伍素质和社区志愿服务质量，满足社区志愿服务发展的人力资源服务需求。另外，因受新冠肺炎疫情持续影响，商家、企业对社区志愿服务资助和支持力度相应减小了，北京街、员村街等社工服务站和社区志愿服务队伍，通过与辖区内的企业达成共建，链接企业资源，联动企业职工志愿者面向社区特殊困难群体开展“公益仓”等系列志愿服务行动。客观而言，广州市社区志愿服务组织的发展程度，依赖于社区资源的丰富程度，发展规模比较大的社区志愿服务组织，所在社区资源相对比较丰富。例如，海珠区保利花园社区志愿服务队、花都区花港社区“秀全大妈”志愿服务队、天河区天福社区志愿服务队等队伍，都能获得不错的社区资源支持。

（四）防疫背景下产生的社区志愿服务新变化

1. 志愿服务需求端变化

一是线上服务形式相应增加。例如，新冠肺炎疫情防控期间的困境儿童（低保低收入家庭儿童、特殊儿童等）开拓知识、生活帮扶等主要志愿服务内容，通过网络声音、线上绘本等形式增多。经过新冠肺炎疫情社区防控行动，不少社区居民志愿者、党员志愿者的人数增加，学习类网络线上服务需求也增加了，新进志愿者的网络基础培训相应增加，但专业培训仍然依靠线下进行，更符合社区服务需求。二是服务需求产生扩展。留守老人、孤寡老人的服务需求，受疫情持续发展影响，在日常生活服务需求的基础上，新增了心理服务的需求，由此产生了社区志愿服务需求的新转变。三是服务内容产生变化。受新冠肺炎疫情影响，在复工复产时期，部分社区内的专业市场发生多起租赁纠纷、劳务纠纷，天河、荔湾等社区志愿者积极联同司法所律师、场地经营方进行多方协调。其中，荔湾区岭南街平安促进会和南源街平安促进会等志愿服务组织还承接了市场管理方的购买服务，开展协助争议场地纠纷处理、专业市场平安巡逻等服务。

2. 志愿服务供给端变化

一是社区志愿者报名人数增多。疫情所产生的服务需求和服务岗位，使广州市社区志愿者规模化发展，间接带来人数增长。历经新冠肺炎疫情防控，社区居民对社区服务有了重新认识，对社区志愿服务有所了解并呈现积极参加的现象。广州市社区居民参与志愿服务意愿提升，社区志愿服务成为青年人人际交往方式、亲子家庭沟通形式和老年人体现自身服务价值的行为习惯。二是社区志愿服务队伍结构转变为以社区居民为主。受 2020 年至 2021 年的新冠肺炎疫情影响，不少广州市社区志愿服务组织的志愿者构成开始产生新变化，由过去以招募发展高校大学生群体为主，转向大力发展本社区居民群体成为志愿者，以增强社区志愿者人员的稳定性和持续性。毕竟，不少广州市地区高校志愿者因学校疫情防控封闭式管理，不能轻易外出参与社区志愿服务。三是志愿服务活动人员规模有所缩减。抗击新冠肺炎疫情已成为常态化疫情防控工作，同时也相应增加了志愿服务的难度，广州市社区志愿者每次服务的参与规模也受到限制，转而相应增加网络线上服务，因此，整体的社区志愿服务显示度相比过往要略低。此外，志愿者培训内容相应增加社区防疫应急服务、公共卫生等方面的知识，这与过去常规志愿者培训课程有着明显不同。

二　推动广州市社区志愿服务进一步发展的策略建议

社区志愿服务在丰富和发展新时代中国特色志愿服务、促进社区资源优

化配置、助推基层社会治理发展等方面发挥着不可或缺的作用。党的十九届四中全会明确提出了健全志愿服务体系要求，党的十九届五中全会明确指出“十四五”时期要努力实现“社会治理特别是基层治理水平明显提高”的目标[①]，为社区志愿服务在新时代发展指明方向。2021 年 7 月，《中共中央 国务院关于加强基层治理体系和治理能力现代化建设的意见》指出，完善社会力量参与基层治理激励政策，创新社区与社会组织、社会工作者、社区志愿者、社会慈善资源的联动机制，支持建立乡镇（街道）购买社会工作服务机制和设立社区基金会等协作载体，吸纳社会力量参加基层应急救援，完善基层志愿服务制度，大力开展邻里互助服务和互动交流活动，更好满足群众需求。[②] 2021 年 8 月召开的中共广州市委十一届十五次全会强调，“加强和创新基层社会治理，不断增强群众获得感幸福感安全感”[③]，体现志愿服务在社会治理中的作用凸显，彰显志愿者在基层社区治理中的角色价值。进一步创新发展“十四五”时期广州市社区志愿服务，亟须着重做好以下内容。

（一）强化社区党建引领，提升志愿者群体获得感

社区基层党组织、居委会、街道办事处/乡镇政府均代表国家政权在基层治理中发挥引导作用。因此，建议在当前广州市自上而下的组织化扩展、行政化发动基础上，主动发挥社区基层党组织与社会组织党组织的区域化共建优势，以及“社区吹哨，党员报到”的制度优势，发挥党建资源汇聚效应以及在职党员志愿者专业力量，整合社区各类服务资源，进一步彰显党建在社区志愿服务创新发展中的引领力，建好“朋友圈”、打好“组合拳”，推动广州市社区发展长效机制在“十四五”时期的科学实践。此

① 郁建兴：《实现基层治理水平明显提高　让基层公权力“就范”》，半月谈网站，2021 年 2 月 3 日，http：//www. banyuetan. org/jczl/detail/20210203/1000200033136021612317620346103063 _ 1. html。

② 《中共中央　国务院关于加强基层治理体系和治理能力现代化建设的意见》，中国政府网，2021 年 7 月 11 日，http：//www. gov. cn/zhengce/2021-07/11/content_ 5624201. htm。

③ 《中共广州市委十一届十五次全会召开》，搜狐网，2021 年 8 月 10 日，https：//www. sohu. com/a/482591547_ 121106875。

外，一方面要提升党员志愿者在广州市社区居民、广州市志愿者群体中的获得感，尤其是2020年至今的社区防疫志愿服务中，所展现的基层社区治理良好形象；另一方面要提升青年志愿者等服务群体在投身广州市社区志愿服务过程中的获得感，包括提炼其爱心服务后所带来的育人功能。只有持续提升这两方面的获得感，不断深化广州市社区志愿服务效能和社会影响力，方为广州市社区志愿服务提质增效的创新发展所在。①

（二）加快配套政策建设，提升组织运行管理能力

作为改革开放的前沿地区和中国特色志愿服务的代表城市，广州市在制定和执行志愿服务法律法规、规章条例等方面，一直走在全国其他地区的前面，但在社区志愿服务领域，目前暂无相关细则。建议尽快完成修订《广州市志愿服务条例》，厘清并完善广州市社区志愿服务工作体系，推进“广州市社区志愿服务工作规范”等配套文件出台，指引广州市社区志愿服务进一步有效运作和科学管理。

从社区志愿服务组织的功能发挥来说，其服务行动在很大程度上弥补了政府服务和市场服务的不足，在广州市基层社区治理中发挥着不可或缺的作用。因而，建议“十四五”时期，着力提升广州市社区志愿服务组织在项目策划、招募培训、团队管理、服务实施、经验总结、宣传推广等工作环节的能力建设水平，一方面要通过定期培训和实践锻炼，提高广州市社区志愿服务组织的团队管理能力和整体服务水平，另一方面要继续深化“社会工作机构+志愿服务组织”联动机制和“五社联动”协作机制，更好地完善广州市社区居民志愿服务队伍、党团员志愿服务队伍、专业志愿服务队伍等组织建设。

（三）持续回应民生需求，丰富智慧服务手段

作为广州市“幸福社区”建设的有机组成部分，“十四五”时期的广州

① 邵振刚、巫长林：《“十四五”时期推动广州社区志愿服务高质量发展路径探析》，《中国社会工作》2021年第22期，第30~31页。

市社区志愿服务，要立足于社区防疫常态化服务、解决社区民生需求和兜底保障特殊困难群体，从服务内容、服务方式、服务频率、服务效能等方面出发，更好地发挥现实作用。广州市民政局2020年5月出台《关于做好特殊困难群体兜底保障志愿服务的方案》，强调要以社区特殊困难群体为重点，依托广州公益"时间银行"和各社工服务站，探索"慈善+社工+志愿服务"的融合发展模式，广泛凝聚社会力量，为特殊困难群体提供常态化关爱志愿服务，协同发力织密织牢特殊困难群体兜底保障网，这为"十四五"时期广州市社区志愿服务的新发展指明了方向，亟须广州市社区志愿服务工作持续发力，久久为功。助老志愿服务一直是广州市社区志愿服务的重点工作之一，多年来孕育了"爱心待餐""金秋送暖""妈妈私房菜""长者心声热线"等优秀品牌志愿服务项目。鉴于当前广州市社区养老服务主要由社工机构、敬老院、公司企业等组织承接，建议广州市社区志愿服务组织在"十四五"时期进一步发挥自身特色优势，结合现代网络信息技术，让广州市社区长者等群体掌握网络使用技能、构建社区邻里守望的互助网络和开设科技服务网络云课堂，充分利用智慧服务、智能社区的志愿服务手段，深化自身能力建设，如参考"夕阳再晨""智汇——中国社区治理智慧生态的首创者"等全国志愿服务项目大赛获奖项目的实践经验。另外，还可依托社区治理的智能设备平台以及网络新媒体平台，创新性开展社区青少年关爱服务和其他民生兜底保障志愿服务，增强智慧服务的志愿帮扶力量。

（四）着力构建供需对接平台，推动社会资源整合

第三次分配是促进全体人民共同富裕的重要手段，要充分发挥公益慈善和志愿服务的第三次分配作用，缩小贫富差距，在高质量发展中实现共同富裕，这离不开志愿服务供需的有效对接以及资源整合，它们将成为"十四五"时期广州市乃至中国志愿服务提质增效的重要指标。

伴随广州市创新社会治理和社会服务向基层社区深入推进和持续扩展，人们对社区公共服务和志愿服务的匹配性和作用性的要求越来越高。然而，

社区志愿服务的供需并不是完全一致的，有时会产生错位现象，主要表现在：一方面是社区服务部门和困难群体希望有满足需求的社区志愿服务，却苦于需求信息无法有效地公开传播给志愿服务团队，或者找不到匹配合适的专业志愿服务队伍，毕竟社区志愿服务需求具有差异性、时效性、周期性和个性化等特征，并不是简单的临时性志愿服务活动可以解决的；另一方面是不少拥有闲暇时间或者专业优势的志愿者，难以完全参与到社区志愿服务供给行动中，毕竟志愿服务信息系统发布的社区服务需求信息，并不能全部涵盖各种具体需求，而且社区志愿服务组织及其志愿者不一定能够完全迅速响应，尤其对于不太熟悉网络信息运用的社区长者志愿服务队伍来说，信息不对称的现象更为突出。上述两方面的现实矛盾，凸显了社区志愿服务供需有效对接和社会公众参与社区志愿服务的平台渠道问题，在当前广州市经济社会加速发展和常态化疫情防控“两手抓”的大背景下，亟待科学构建社区志愿服务供需对接平台。建议通过广州市社区各类服务平台、网格化管理体系空间、新时代文明实践阵地等，提升广州市社区志愿服务组织及其志愿者的社会传播度和服务显示度，让社区各类志愿服务需求得到更直接、更迅速、更有效的供给对接，让社区志愿服务供需对接平台和联动响应机制给予精准化、科学化的有效匹配。

广州市各个社区都经历了新冠肺炎疫情防控工作考验，亦带动了不少党团组织、社区居民、爱心企业、高校团体、社会组织等参与到社区各类防疫志愿服务中，这无形中为广州市乡镇村居、街道社区的应急处理和公益志愿服务带来发展契机，为未来社区开展更多志愿服务行动储备了和丰富了各类服务资源。在“十四五”时期，建议通过主动开展广州市居民群众喜闻乐见的社区志愿服务活动，进而引导其关注所在社区问题，激发社会参与意识，同时积极对接有意开展社区志愿服务的社会组织、机关单位、企业媒体等外部资源力量，通过争取行政资源支持、链接多元化公益资源、构建可持续发展资源载体等方法技巧，整合广州市社区志愿服务人力、资金、场地、信息、文化和媒体等资源要素，这既是广州市社区志愿服务创新着力点，亦是整体发展趋势。

（五）充分发挥群团组织优势，深化各类志愿者社区参与

群团组织作为党和政府联系群众的重要桥梁与重要纽带，在凝聚人心、积聚力量上具有重要作用。工青妇等群团组织在“十四五”时期的广州市社区志愿服务工作中，可以发挥自身组织优势，统筹安排青年志愿者、巾帼志愿者、工会志愿者、助残志愿者等社会群体，科学有序地投身广州市社区志愿服务发展进程，同时推动社区成为广州市未来实施志愿服务的主场景。例如，公开资料显示，青年志愿者是广州市社区志愿服务重要力量，在2021年5~7月的全市各社区防疫志愿大行动中，广州青年志愿者协会统筹组织了青年志愿者23.5万人次参与辖内社区核酸检测、疫苗接种等防疫志愿服务，开展秩序指引、信息录入、防疫宣传等志愿服务工作，累计服务时长超117万小时，参与社区防疫志愿服务的规模和成效整体比过往有了显著改善。由此及彼，进而推广，建议推动广州市各类志愿者、志愿服务队伍的统筹协作，科学结合广州市在组织化和社会化方面的融合发展经验，进一步开展高质量的社区志愿服务，日渐提升“十四五”时期各类志愿者社区志愿服务参与度和持续度。

（六）建构项目化运作的社区志愿服务发展模式

以项目化运作为发展模式的社区志愿服务，可以将资金、阵地、人力、文化等资源优势带到社区项目化运作中，发挥集聚效应，从而更充分地进行志愿服务资源的再整合和再分配，有利于促进更多符合社区需求的志愿服务项目、有社会意义和社会价值的社区志愿服务项目不断产生，形成全周期管理体系。因此，建议在贯彻落实全省兜底民生服务社会工作“双百工程”广州实践，推进全市镇街、社区的社工服务站承接政府购买服务工作时，统筹兼顾广州市社区志愿服务项目化运作的指标融合和考核评估，并在每年广州市乃至广东省各类公益创投、志愿服务项目大赛和志愿服务交流会等专项活动资助中，适当扶持有服务特色、有培育潜力的社区志愿服务项目，让广州市社区志愿服务发展更加焕发新光彩。此外，还建议发挥广州

市青年群体创意、创新的普遍特点，鼓励其策划更多可操作性强、实效性强的社区志愿服务活动和服务项目，通过广州市当前推进建设的社区基金会，进行资助扶持等，为项目化运作的社区志愿服务发展带来生生不息的青春力量。

（七）加强社区志愿者激励宣传，拓展培训工作与理论研究

社区志愿者是广州市社区志愿服务的活动主体，社区志愿者的参与度、专业化水平、可持续参与性影响着广州市社区志愿服务的显示度，对其进行科学激励和宣传激励，是增强志愿服务意识、体现志愿服务精神的重要方式。

针对目前广州市社区志愿服务存在激励不充分、激励机制不完善等问题，建议尽快修订完善《广州市志愿服务条例》，完善社区志愿者激励制度。从纵向层面，构建市级、区级、街道社区级以及志愿服务组织层面的社区志愿者激励制度；从横向层面，制定对社区志愿者进行精神表彰、志愿积分兑换、发放志愿文创产品、守信联合激励等多元化激励措施。另外，在互联网信息时代，开展广州市优秀社区志愿服务者和优秀社区志愿服务事迹的宣传，对于志愿者的激励作用也日益凸显。建议通过完善回馈激励机制，更好地提升社区志愿者活跃度，进一步激发社区志愿者广泛参与广州市社区志愿服务的动力，推动“十四五”时期社区志愿服务工作，让广州市社区志愿服务在社会治理中发挥更大的作用。

加大对广州市社区志愿者系列培训和专业志愿服务队伍培育的力度，可在社区防疫志愿服务知识培训的基础上，结合广州市“幸福社区”建设和社会治理的服务需求，拓展社区志愿者培训课程体系，依托广州志愿者学院、广州社区学院、广州社会组织学院、广州市志愿者协会等师资力量，拓展社区志愿者培训工作。同时，建议加强广州市社区志愿服务理论研究，梳理广州市社区志愿服务历史经验和成果，进一步提供智力支持，丰富完善“十四五”时期广州市社区志愿服务理论体系，加快广州市建成“志愿之城”伟大进程。

分报告

Topical Reports

B.3

广州市社区志愿服务政策演变与发展趋势*

黄晓星**

摘　要： 本文对广州市社区志愿服务从自发自主逐步走向规范化、制度化的发展历程进行了梳理，对广州市社区志愿服务政策演变阶段和社区志愿服务现状进行了分析，对广州市社区志愿服务的特征进行了总结：其一，党建引领特色突出，志愿服务网络逐步完善；其二，社区志愿服务机制初显成效；其三，社区志愿服务内容广泛、精细化，受益范围大。在此基础上，对广州市社区志愿服务政策的发展趋势进行了概括，即四级志愿服务网络纵深发展和服务更为顺畅、专业化、规范化。

关键词： 社区志愿服务　“社工+志愿者”　广州市

---

* 本文为国家社会科学基金项目“治理现代化背景下社区志愿服务发展模式研究”（批准号：20ASH003）的阶段性研究成果。

** 黄晓星，厦门大学社会与人类学院教授、博士研究生导师，主要研究领域为社区志愿服务、城市社会学等。

志愿服务是社会文明的标志，党的十八大以来，志愿服务发展迅速。2019 年 1 月 17 日，习近平总书记在天津考察时充分强调志愿者事业的重要性，“志愿者事业要同‘两个一百年’奋斗目标、同建设社会主义现代化国家同行”。[①] 2020 年 10 月 29 日，中国共产党第十九届五中全会指出，“健全志愿服务体系，广泛开展志愿服务关爱行动”。[②] 志愿服务发展是我国提高社会文明程度的制度性要求，与我国的社会经济发展紧密联系在一起，同时也与人民对美好生活的向往联系在一起。在共建共治共享的社区治理格局中，志愿服务更是发挥着不可缺少的功能。

社区志愿服务不能仅靠社区居民的爱心奉献，还需要通过各种制度安排来实现，志愿氛围的营造、志愿者激励制度等的完善都非常重要。[③] 志愿服务只有与社区服务密切联系在一起，才能更好回应社会的需求。随着中国社会的整体变化，人们的需求越发多样化，社区人口结构越发异质化，社会矛盾也越发激烈化。社区成为回应需求、解决问题的第一道防线。在此背景下，我国社区治理体系逐步健全完善，志愿服务也被进一步要求下沉社区。广州市社区志愿服务从 1987 年开始自发自主发展，从 2008 年开始逐步走向规范化、制度化。中国志愿服务发展呈现“珠江特色”，包括“敢为人先的价值体系，一体多元的组织体系，灵活创新的项目体系，社会聚合的保障体系等等”，呈现较强的典型性。[④] 在新的发展阶段，广州市志愿服务进一步下沉社区，“志愿之城”的目标也将逐步实现。本文将广州市社区志愿服务置于我国社会治理格局构建的情境下，总结概括不同的阶段，对存在的问题进行分析，并探索广州市社区志愿服务未来的建设思路和发展趋势。

---

① 《一项历史性工程——习近平总书记调研京津冀协同发展并主持召开座谈会纪实》，《人民日报》2019 年 1 月 20 日，第 1 版。

② 《中共中央关于制定国民经济和社会发展第十四个五年规划和二〇三五年远景目标的建议》，中国政府网，2020 年 11 月 3 日，http://www.gov.cn/zhengce/2020-11/03/content_5556991.htm。

③ 〔美〕罗伯特·S. 奥格尔维：《志愿服务、社区生活与伦理道德：美国社会的视角》，杨敏译，上海财经大学出版社，2018，第 112 页。

④ 谭建光：《中国志愿服务发展的“珠江特色”》，《北京青年研究》2021 年第 1 期，第 60 页。

一 广州市社区志愿服务政策演变

广州市社区志愿服务从自主探索到逐步有组织、有制度地开展，渐渐形成人人参与的志愿服务氛围。社区志愿服务政策服从整体的志愿服务政策，随着《志愿服务条例》等的制定和修订而调整。从社区志愿服务政策演变来看，以《广州市志愿服务条例》等政策文件的出台为分界点，其可以划分成组织化、制度化和规范化三个阶段。三个阶段并不截然分明，而是一个连贯的发展过程。

（一）1987~2008年：自主探索和组织化

广州市社区志愿服务从青年参与志愿服务开始，从个体化开始，逐步走向组织化，形成志愿服务氛围。[①] 1987 年，全国第一条志愿服务热线[②]在广州市开通，10 多名“学雷锋、做好事”的积极分子成为全国首批志愿者，广州市开始从“学雷锋、做好事”转向现代的志愿服务发展。之后，青年志愿者群体发展壮大，成为志愿服务主力，在学校和社区中提供各类的志愿服务。而后，“手拉手青少年辅导中心”在全市遍地开花，在团市委的指导下开展服务，关注社会转型过程中出现的青少年失序等问题，为青少年解答各式疑惑，成为社区志愿服务的雏形。团市委还开通了法律援助热线、羊城青年热线、扶孤助学热线、健康成长热线等不同热线，不断探索各种志愿服务方式，包括为大型赛事提供志愿服务等。[③] 广州市采取了有别于全国其他地区的模式，在政府引导下青年志愿团队自发成立，政府的支持是

① 雷杰、黄婉怡：《广州社区志愿服务活动》，载魏国华、张强主编《广州志愿服务发展报告（2014）》，社会科学文献出版社，2014，第 178~206 页。

② 中学生心声热线。

③ 林洁、亓树新：《心声热线见证广州志愿服务 20 年》，《中国青年报》2007 年 12 月 5 日，http：//zqb. cyol. com/content/2007-12/05/content_ 1982496. htm。同时可参见涂敏霞、冯英子《广州志愿服务组织发展历程研究》，载涂敏霞、陈建霖、沈杰主编《广州志愿服务组织发展报告（2018）》，社会科学文献出版社，2018，第 25 页。

重要的动力。[①]

一开始，社会对志愿者比较陌生，难以理解志愿服务如何开展。志愿服务在初中期较为短期化，也还未融入社区之中，但人们普遍居住在社区中，问题也多发于社区。单位制解体之后，社区成为人们的主要生活场域，衣食住行等问题也在社区中解决。随着人口老龄化的逐步加剧，多元的社会力量参与问题解决也成为燃眉之急。1995 年，广州团市委成立“广州青年志愿者协会”，以进一步开展志愿服务。志愿服务开始逐步向组织化发展。为了打响志愿服务的名气，同一年，广州青年志愿者协会与媒体共同策划“情暖珠江——失窃单车回家”，结果是一炮打响。之后，实施了“金不换工程”“扶孤助学工程”“松柏工程”“金穗计划”等。同时，青少年法援处、维护青少年权益中心、爱心帮教室等志愿服务机构也开始创办和发展，形成了一批高质量的志愿服务项目，包括“真情在广州”、“文明先锋”、“整治脏乱、创建文明”、“三下乡”活动、“青春社区行—SVS 计划”等。[②] 志愿服务逐步从整个社会层面过渡到社区之中，围绕着居民紧迫强烈的需求而组织进行，一些项目取得了较好的成效，使志愿服务逐步深入人心。此阶段的社区志愿服务以青年志愿服务为主，社会参与面广、参与程度高，也逐步从相对被动型转向主动型，从单一性转向多元化，从集中性转向社区性，从短期性转向持久性，志愿组织逐步发展壮大，资金筹措也逐步社会化，志愿服务氛围开始逐步形成，志愿服务进一步深度化发展。[③]

第一阶段主要是社区志愿服务从自发参与、自主探索到逐步组织化的过程。志愿服务逐步融入社区服务中，成为社区服务的一部分。社区志愿服务与广州市社区服务紧密挂钩，强调在以居委会为主导的社区服务中，

---

① 涂敏霞、冯英子：《广州志愿服务组织发展历程研究》，载涂敏霞、陈建霖、沈杰主编《广州志愿服务组织发展报告（2018）》，社会科学文献出版社，2018，第 25 页。

② 林洁、亓树新：《心声热线见证广州志愿服务 20 年》，《中国青年报》2007 年 12 月 5 日，http：//zqb. cyol. com/content/2007-12/05/content_ 1982496. htm。

③ 郗杰英等：《中国青年志愿者行动研究报告》，《中国青年研究》2001 年第 2 期，第 13~21 页。

居民通过志愿服务参与到社区服务中来。1994 年，广州市人民政府发布了《广州市社区服务工作 1993 年至 1995 年发展规划》，指出："普及居民互助服务，建立和完善社区服务志愿者组织。要积极动员和组织居民群众、社区内各机团单位开展形式多样的互助服务活动，并由居委会把自愿服务者，各类包户服务队伍统一组织起来，成为有组织、有目标、有队伍、有管理的社会化服务序列。要求在 1995 年，市有 90%以上的居委会建有社区服务自愿者组织，居民自愿服务参与户达 20%以上，单位参与率达 30%以上。"① 社区志愿服务在该阶段以"自愿服务"为组织内容，强调队伍的扩大和组织的建设完善，将志愿服务纳入管理。志愿服务被视为社区建设的重要内容，成为构建社区共同体的重要环节。1997 年 8 月 11 日，广州市印发了《广州市社区服务工作 1997 年至 1999 年发展规划》，文件指出："深入开展志愿互助服务活动，逐步实现志愿互助服务的制度化、规范化、专业化。……要求到 1998 年，95%以上的街道、居委会要建立起社区服务志愿者组织，社区居民和社区单位的参与率分别达到 15%和 50%以上。"② 在这些社区服务政策中，社区志愿服务主要服从于居委会的建设，在民政部门的领导下进行，开始与团委组织的志愿服务有所区分，从原先的志愿服务队伍等开始转向正式化的组织运作，也进一步扩大了影响力。广州市该阶段的社区志愿服务与全国也类似，社区志愿服务具有较鲜明的党政领导、服务街道和社区的特征。

2008 年是广州市志愿服务发展的标志性年份，全市志愿服务工作的统筹机构——广州市发展志愿服务事业指导委员会和广州市志愿者行动指导中心相继成立。社区志愿服务组织体系开始逐步健全完善。同时，团市委、广州青年志愿者协会启动"燎原行动"——广州市社区志愿服务项目，社区志愿服务平台开始建立，全市涌现一批社区志愿服务示范点，其起着模范示范作用。志愿服务开始在宠物管理、社区环境卫生整治等方面

① 《广州市社区服务工作 1993 年至 1995 年发展规划》，《广州政报》1994 年第 4 期，第 19 页。

② 《印发〈广州市社区服务工作 1997 年至 1999 年发展规划〉的通知》，《广州政报》1997 年第 18 期，第 5 页。

发挥广泛的作用。[①] 团市委、民政局等在社区志愿服务方面开始走向整合，坚持平台化运作，共同发挥作用。

（二）2009~2018年：人人参与和制度化

2008 年，随着中央文明委相关制度文件的出台，社区志愿服务也进一步调整，文明委、民政部门、共青团等开始形成相对清晰的制度分工。2008 年之后，广州市社区志愿服务开始从原先的自主探索、组织化进入人人参与的阶段，服务范围进一步扩大，覆盖到全市不同区域和不同群体。社区志愿服务也从以青年志愿服务为主转向全年龄段、全民的参与。2009 年 3 月 5 日，《广州市志愿服务条例》正式颁布实施，社区志愿服务朝统一部署规划、制度化的方向发展。随后出台的《广州志愿服务事业发展计划（2009—2010）》对社区志愿服务有着明确的规划："加快服务站点建设。加快推进社区志愿服务站点建设，以'全面覆盖、重点保障、横向到底、纵向到边'为目标，街镇一级必须建立志愿服务中心，支持有条件的社区建立志愿服务中心。发动各单位、公司及学校在节假日及周末提供会议室、活动室、办公室，用于志愿者交流、培训、服务。"社区志愿服务开始全覆盖，各个区将志愿服务作为社区建设的重要环节来重视，志愿服务的参与率也逐步提升。

常态化参与的志愿服务成为重要的治理资源，对社会治理有着极大的促进作用。社区志愿服务强调人人参与，共同解决社区问题。2008~2010 年是广州市社区志愿服务发展的重要时期：一方面，各类政策制度等纷纷出台，规范化志愿服务开展；另一方面，亚运会、亚残运会的筹备和开展给社区志愿服务带来了更大的发展动力，广州市的志愿服务氛围更为浓厚。为了更好推动志愿服务，广州市建设了"西关小屋"等志愿驿站作为志愿服务的抓手，给参赛队伍、观众、社区居民等提供便民服务。这些志愿驿站在大型赛

① 《"燎原行动"首个志愿服务站点昨挂牌成立》，广东共青团网站，2008 年 7 月 28 日，https：//www.gdcyl.org/Article/ShowArticle.asp？ArticleID=36935。

事之后，也慢慢转型为辐射周边的社区志愿服务驿站，成为志愿服务在社区中开展的重要抓手和阵地，使志愿服务能够进一步下沉社区。2013 年 3 月，广州市成立广州志愿驿站联合会，志愿驿站从站点进一步转变为服务机构的组成部分，推动了社区志愿服务发展。在政策层面上，为了巩固亚运会、亚残运会带来的志愿服务发展成果，2011 年 12 月 4 日，广州市委、市政府出台《关于进一步发展广州志愿服务事业的意见》，在该意见中，社区志愿服务阵地、社区资源整合、社区志愿服务站等是关键词，“社工+志愿者”是社区志愿服务的工作机制，“志愿时”也逐步被引入社区志愿服务管理体系中。志愿服务时间管理等规定的出台标志着社区志愿服务逐步规范化，也使社区志愿服务融入整体的志愿服务中。

在该阶段，广州市的社会管理创新也给志愿服务创造了较大的发展空间。2009 年 9 月 28 日，《中共广州市委　广州市人民政府关于学习借鉴香港先进经验推进社会管理改革先行先试的意见》颁布，对社会管理创新在政府职能转移、政府购买服务等诸多方面进行规定，其中第九点指出“加强志愿者队伍建设，大力发展志愿服务事业”，营造“人人参与志愿服务，各方支持志愿服务”的社会氛围。[①] 其中最重要的是实行社工和志愿者联动机制，由专职社工带领志愿者开展服务，这标志着社区志愿服务开始向专业化发展。在后续的发展中，家庭综合服务中心设置义工部门，推动辖区内社区志愿服务发展，“社工+志愿者”的社区志愿服务联动机制逐步形成。家庭综合服务中心等开展的社区志愿服务更多地满足民政对象等的需求，如对社区中特殊困难群体需求的回应。社区志愿服务逐步作为专业化服务的延伸，进入兜底性的民政服务中。同时，家庭综合服务中心也开展各类文娱性的志愿服务，丰富社区文化。

2014 年 5 月 19 日，广州市对志愿服务的横纵结合体系进行设计，“横向由各个职能单位统筹建立行业志愿服务队伍、开放行业志愿服务岗位；纵向由市、

① 《中共广州市委　广州市人民政府关于学习借鉴香港先进经验推进社会管理改革先行先试的意见》（穗字〔2009〕13 号），2009 年 9 月 28 日颁布。

区、街、社区四级管理机构共同参与志愿服务工作，按照统一规范吸纳市民参与志愿服务”。[①] 社区被纳为四个维度之一。从2009年到2015年，广州市出台了一系列的政策，推动志愿服务发展。在这些政策出台及平台搭建的促进下，社区志愿服务贯穿家庭综合服务中心及居委会等，成为社区中常态化开展的服务。“社工+志愿者”服务模式开始盛行，社会工作服务与志愿服务并驾齐驱，成为社区服务的主要内容，志愿服务也通过社会工作专业方法得到进一步推动。2015年开始，家庭综合服务中心设置社区服务专案，社区服务更为聚焦社区共同体层面，社区志愿服务更加围绕社区主要问题进行，以解决社区问题为导向，志愿服务被纳入社区治理之中，走向整合发展之路。

（三）2019年至今：多元主体和规范化

党建引领是我国推动基层社会治理的重要制度安排，包括跨组织协调、为流动社会搭建治理网络、推动治理共同体成长三个维度的制度要素，这些不同的制度要素通过党建的政治引领、激励驱动、网络整合机制应对治理的挑战，对推动服务型政府改革、引领中国社会公共性、实现治理网络全覆盖有重大意义。[②] 在社区治理层面，党建引领贯穿社区服务的全过程。2018年开始，广州市逐步将家庭综合服务中心改革为社会工作服务站，采用“113X”模式，逐步强化党建引领及社区的功能。党建引领作为第一个“1”，贯穿社会工作服务站不同领域和各群体服务。在社区志愿服务层面，则强调跨部门、跨内容的社会工作者、公益慈善、志愿服务等的协同。

2019年，《广州市社会工作服务条例》[③] 颁布，进一步强调政府购买社会工作服务及社会工作的专业引领。对于社区志愿服务来说，2019年发布

① 《广州构建“志愿之城” 逾一成常住人口将注册当义工》，中国文明网，2014年5月20日，http://www.wenming.cn/zyfw_298/yw_zyfw/201405/t20140520_1952125.shtml。

② 黄晓春：《党建引领下的当代中国社会治理创新》，《中国社会科学》2021年第6期，第116~135页。

③ 2018年5月30日广州市第十五届人民代表大会常务委员会第十四次会议通过，2018年7月26日广东省第十三届人民代表大会常务委员会第四次会议批准，广州市第十五届人民代表大会常务委员会公告（第24号），2019年1月1日起施行。

的《广州市实施“社工+慈善”战略工作方案》强调“推动社区志愿服务”，加快建设广州公益“时间银行”服务平台，鼓励居民参加社区志愿服务，推动社区志愿服务氛围形成。[①] 社区服务中不同主体形成共建共治共享的社区治理格局，发挥协同合作的作用，扩大志愿服务的主体范围。“社工+”在专业化发展方面给志愿服务提供建议，“+慈善”则拓展了社区志愿服务的资源等各方面的支持。2020 年，《广州市推动慈善事业高质量发展行动方案》指出，要进一步提升志愿服务水平，在志愿者队伍、志愿服务平台、志愿服务类型方面都做了安排。要发展壮大志愿者队伍，通过志愿者注册登记流程简化等方式方便志愿者参与。“推广广州公益‘时间银行’‘志愿在康园’，促进社区志愿服务常态化、规范化和便捷化。推进新时代文明实践中心建设以及文化场馆、教育、医疗等机构的志愿服务站点建设。围绕服务精准脱贫、社区治理、大型活动等重点领域，广泛开展志愿服务活动。”[②] 以“社工+慈善”为依托，不同的社会资源、社会力量参与到社区志愿服务中来，项目化成为社区志愿服务的典型特征。

该阶段除了“社工+慈善+志愿者”的机制逐步确立之外，广州公益“时间银行”的运行成为最重要的标志。社区志愿服务引入信息技术平台，进一步规范化发展。“互联网+社区服务”是智慧社区构建的环节之一，广州市充分利用互联网及其他技术手段，提高服务居民的能力，优化社区资源的配置等，将志愿者与服务对象联系在一起。[③] 加快志愿服务信息化建设是全国志愿服务发展的要求，民政部等部门印发了系列文件，推动志愿服务的信息化，包括志愿服务登记记录等方面，要求改善登记流程，推动志愿服务

① 《广州市民政局关于印发〈广州市实施“社工+慈善”战略工作方案〉的通知》，广州市民政局网站，2019 年 5 月 5 日，http：//mzj. gz. gov. cn/zwgk/zfxxgkml/zfxxgkml/bmwj/qtwj/content/post_ 4460379. html。

② 《广州市人民政府关于印发推动慈善事业高质量发展行动方案的通知》，广州市人民政府网站，2020 年 8 月 11 日，http：//www. gz. gov. cn/zwgk/fggw/szfwj/content/post_ 6492770. html。

③ 张艳国、朱士涛：《互联网+社区服务：智慧社区服务新趋势》，《江汉论坛》2017 年第 11 期，第 139~144 页。

需求信息化，与志愿服务供给相对接。[①] 2018 年，民政部印发《“互联网+社会组织（社会工作、志愿服务）”行动方案（2018—2020 年）》，通过志愿者信息平台的搭建，促进志愿服务信息化水平提升。[②] 在这个政策背景下，广州公益“时间银行”社区志愿服务信息平台于 2019 年 8 月 26 日正式上线。[③] 广州公益“时间银行”是专门进行社区志愿服务管理的平台，通过互联网技术，提升“时间银行”的效能，对传统“时间银行”模式进行升级，实现社区志愿服务在线管理、公益资源精准匹配等，有效地将各类公益资源整合起来，并与社区居民的需求进一步匹配，为社区志愿服务的开展奠定了更好的基础。在广州公益“时间银行”的发展背景下，社区志愿服务往规范化发展，规模也进一步扩大。同时，广州市发布《广州公益“时间银行”时间积分管理办法（试行）》[④]，规定志愿服务时数管理、活动审核及发布规范等，同时组建护航志愿服务队伍，对志愿服务活动开展动态监测和实地检查，对志愿者和活动进行抽查监督。

二　广州市社区志愿服务政策内容

从 1987 年至今，广州市社区志愿服务政策逐步完善，志愿服务组织规模扩大，志愿服务已经充分融入共建共治共享的社区治理格局中。广州市社区志愿服务政策大概包括服务主体、服务对象、服务机制、服务内容等不同方面。

---

① 《民政部关于印发〈中国社会服务志愿者队伍建设指导纲要（2013—2020 年）〉的通知》，中国政府网，2013 年 12 月 27 日，http：//www. gov. cn/gongbao/content/2014/content_ 2667619. htm。

② 《民政部关于印发〈“互联网+社会组织（社会工作、志愿服务）”行动方案（2018—2020年）〉的通知》，民政部网站，2018 年 9 月 10 日，http：//mzzt. mca. gov. cn/article/zt_ 2018mzxxhgzhy/wjjd/mzb/201812/20181200013627. shtml。

③ 《广州公益“时间银行”探索与实践社区志愿服务》，载广州市社区服务中心、广州市志愿者协会、广州志愿服务联合会编《广州市社区志愿服务发展报告（2020）》，中国社会出版社，2020，第 53 页。

④ 由广州市志愿者协会负责发布实施，2020 年 8 月 26 日起实施。

（一）社区志愿服务主体

社区志愿服务主体指在社区中为服务对象提供各类志愿服务的相关主体，包括相关职能部门、群团组织、企事业单位、街道办事处、居委会、社区社会组织、社区居民等复合主体。从以上政策演变中可见，社区志愿服务主体也在发生变化。第一阶段主要的牵头主体是团市委及团市委成立的志愿服务统筹指导单位等，参与主体主要为在校学生等青少年。在第二阶段，广州市推行社会管理改革，引入社会工作者作为专业主体，推动社区志愿服务的专业化。团市委、妇联、工会、街道办事处、居委会、社区社会组织、社会工作者、社区居民等在社区志愿服务中形成合力，主体逐渐多元化。2009年3月5日起施行的《广州市志愿服务条例》① 明确指出："志愿服务组织是指依法成立，从事志愿服务活动的非营利性社会组织，包括专门从事志愿服务活动的青年志愿者协会、义务工作联合会等非营利性社会组织和组织志愿服务活动的总工会、妇女联合会、残疾人联合会、红十字会等社会团体。本条例所称志愿者是指在志愿服务组织登记，不以获得报酬为目的，自愿帮助他人和服务社会的个人。"② 2021年1月1日起施行的《广东省志愿服务条例》③ 对志愿者和志愿服务组织做了界定："本条例所称志愿者，是指以自己的时间、知识、技能、体力等从事志愿服务的自然人。本条例所称志愿服务组织，是指依法成立，以开展志愿服务为宗旨的非营利性组织。"④ 在第三阶段，通过广州公益"时间银行"等的推广，社区中各类主体都更便

---

① 2008年9月25日广州市第十三届人民代表大会常务委员会第十三次会议通过，2008年11月28日广东省第十一届人民代表大会常务委员会第七次会议批准。

② 《广州市志愿服务条例》，中国人大网，2008年12月19日，http：//www.npc.gov.cn/zgrdw/npc/xinwen/dfrd/guangdong/2008-12/19/content_ 1462793.htm。

③ 1999年8月5日广东省第九届人民代表大会常务委员会第十一次会议通过，2010年7月23日广东省第十一届人民代表大会常务委员会第二十次会议第一次修订，2020年11月27日广东省第十三届人民代表大会常务委员会第二十六次会议第二次修订，2021年1月1日起施行。

④ 《广东省第十三届人民代表大会常务委员会公告（第77号）》，广东人大网，2020年12月1日，http：//www.gdrd.cn/zxfb/202012/t20201201_ 181109.html。

捷地参与到社区志愿服务中，参与主体越发多元化和规范化。在社区志愿服务发展过程中，党建引领是核心力量。

在近几年的社区志愿服务政策中，不同主体的权责进一步明晰，这有助于志愿服务的开展。《广东省志愿服务条例》第五条对政府部门、群团组织、社会组织等在志愿服务中的角色做了界定，对志愿服务的统筹协调、行政管理、协助角色、具体服务领域等做了安排。其中，县级以上精神文明建设指导机构主要为统筹协调角色，民政部门负责行政管理，其他有关部门、乡镇人民政府、街道办事处等主要是协助角色，共产主义青年团负责青年志愿服务工作，工会、妇女联合会、红十字会、残疾人联合会、工商业联合会等其他有关人民团体和群众团体负责各自业务范围内相关志愿服务工作。① 其对志愿服务组织、志愿者等相关的权利、义务等也做了清晰的界定。国家层面《志愿服务条例》的制定和修订更好地厘清了各类志愿服务的管理归属，也强调了各个部门之间的协同共治，在社区场域中能更好地提高服务质量。

（二）社区志愿服务对象

社区志愿服务对象是指社区中接受服务的主体，包括全体社区居民，重点服务对象是特殊困难群体。《广州市志愿服务条例》指出："志愿服务的重点对象是残疾人、老年人、优抚对象、城乡特困人员以及其他有特殊困难需要帮助的社会成员。"② 这些群体主要在社区中获取服务，是社区服务主要的关注对象。2017 年颁布的《民政部关于大力培育发展社区社会组织的意见》指出："鼓励社区社会组织多为社区内低保对象、特困人员、空巢老人、农村留守人员、困境儿童、残疾人等困难群体提供生活照料、文体娱乐、医疗保健等志愿服务。"③ 除了特殊困难群体之外，社区志愿服务也覆

① 《广东省第十三届人民代表大会常务委员会公告（第 77 号）》，广东人大网，2020 年 12 月 1 日，http：//www. gdrd. cn/zxfb/202012/t20201201_ 181109. html。

② 《广州市志愿服务条例》，中国人大网，2008 年 12 月 19 日，http：//www. npc. gov. cn/zgrdw/npc/xinwen/dfrd/guangdong/2008-12/19/content_ 1462793. htm。

③ 《民政部关于大力培育发展社区社会组织的意见》，民政部网站，2017 年 12 月 27 日，http：//www. mca. gov. cn/article/gk/wj/201801/20180115007214. shtml。

盖到普通社区居民，如防疫抗疫志愿服务、垃圾分类、环境保护等，其服务对象则扩大到全体社区居民。

（三）社区志愿服务机制

社区志愿服务机制指不同主体形成的协同结构关系以及志愿服务的输送方式等。在自主探索和组织化阶段，广州市主要通过团市委的牵头，扩大社区志愿服务的影响力、培育志愿服务的组织等。后续的发展过程中，逐步形成“社工+志愿者”的联动机制，通过专职社工带领志愿者开展社区服务，志愿者反过来参与社工机构工作。社区志愿服务发展是不同主体逐步参与进来的过程，通过建设“慈善之城”，推动社工、慈善、志愿者等的不断融合，增加公益志愿的资源注入。

在输送方式上，不同主体以不同站点为阵地，为社区居民输送志愿服务。从团市委开通热线、志愿驿站的设置，到居委会、街道办事处等家庭综合服务中心、社会工作服务站的设置，都是在社区中开展志愿服务的抓手，社区成为志愿服务的阵地，使服务更有效地输送。

（四）社区志愿服务内容

广州市社区志愿服务已经形成了诸多品牌，在政策中包括了文化卫生、扶老助残、帮教安置、心理辅导等常态化社区志愿服务项目。《广州市志愿服务条例》规定了志愿服务的范围：“包括扶贫济困、帮残助老、抢险救灾、支教助学、环境保护、文体服务、科技推广、法制宣传、法律援助、治安防范、青少年服务、社区服务、大型社会活动等社会公益事业。”[①] 其中社区志愿服务并不只是社区服务，而是包括在不同类别的服务之中。社区志愿服务有着不同的序列，从兜底服务到一般化服务，从重点服务对象到一般化的服务对象，对社区需求进行分层分类，其最重要的是满足

① 《广州市志愿服务条例》，中国人大网，2008 年 12 月 19 日，http：//www. npc. gov. cn/zgrdw/npc/xinwen/dfrd/guangdong/2008-12/19/content_ 1462793. htm。

社区中老弱病残等特殊困难群体的需求，设计服务项目，精准化匹配不同的服务。

三　广州市社区志愿服务政策的主要成效

经过多年的发展，广州市社区志愿服务政策逐步体系化，志愿服务网络拓展，不同社会主体参与到志愿服务中，志愿服务内容更加广泛，受益范围逐步扩大。社区志愿服务取得了较好成效，成为广州市构建共建共治共享的社区治理格局的重要组成部分。

（一）党建引领特色突出，“市—区—街—社区”四级志愿服务网络逐步完善

广州市社区志愿服务政策强调党建引领的核心作用，构建完善“党建+志愿服务”格局。《广州市推动慈善事业高质量发展行动方案》等政策文件强调加强党的领导、打造党建品牌、强化服务管理等，党建引领成为社会工作、慈善、志愿服务的鲜明特色。首先，广州市志愿者协会党支部充分发挥党建引领的作用，在2020年联动25个共建单位党员队伍力量，引领基层党组织共同参与社区志愿服务，共建单位在人力资源和物力资源方面提供了诸多协助。其次，以党建引领推动志愿服务发展，充分发挥广州市志愿服务党建指导平台的作用，充分依托广州公益“时间银行”平台，建设党员志愿服务专区。截至2021年9月6日，有23044名中共党员（含预备党员）志愿者在广州公益“时间银行”平台上提供服务、亮明身份，人数相对于2020年同期来说增加了1倍左右。共青团员参与社区志愿服务人数也较多，截至2021年9月6日，有22587名共青团员在社区中开展志愿服务（见表1）。[①] 在党建引领的基础上，广州市已经形成了四级志愿服务网络，在每个层级都有社区志愿服务的领导和执行部门，在街道以社会工作服务站、居

① 参见广州公益“时间银行”平台数据库。

委会等为抓手，建设了一批社区志愿服务阵地，志愿服务充分下沉社区。社区志愿服务充分融入社区治理之中，在解决社区问题上发挥自身作用。

表 1　广州公益“时间银行”志愿者政治面貌情况

单位：人

政治面貌	人数
中共党员（含预备党员）	23044
共青团员	22587
民主党派	171
无党派人士	414
群众	83154
其他（含未填写）	90137
合计	219507

资料来源：广州公益“时间银行”平台数据库。

（二）“社工+慈善+志愿者”社区志愿服务机制初显成效

全市共有 203 个社会工作服务站，在近 10 年的发展中，广州市社区志愿服务依托社会工作服务站，搭建了更为紧密的网络。截至 2021 年 9 月 2 日，在社会工作服务站进行社区志愿服务的人数达到 54022 人。社会工作服务站“113X”服务模式充分强调党建引领，社区志愿服务则在党建引领的前提下进一步开展，逐步形成跨领域、回应社区问题的治理网络。以 2020 年为例，社会工作服务站累计整合价值超过 200 万元的物资及资金、超过 300 次服务等。社区志愿服务贯穿社会工作服务站不同领域内容。

截至 2021 年 9 月 2 日，广州公益“时间银行”平台注册 3435 个志愿服务队，发布超 2.78 万个活动，累计志愿服务时数 215.6 万小时，参与志愿者超 36 万人次，服务超 1695 万人次；开展培训 702 场次，累计培训 9979 人次志愿者骨干。[①] 表 2 呈现了广州公益“时间银行”注册志愿服务队的情

① 参见广州公益“时间银行”平台数据库。

况，除了社区本身的志愿服务队之外，党政机关、企业、退役军人、学校等都组建了各式志愿服务队，使之参与到社区志愿服务中来。社区志愿服务的提供主体较为多元化，在服务平台上完成服务的供给。

表 2　广州公益“时间银行”注册志愿服务队情况

单位：个

志愿服务队类型	个数
党政机关志愿服务队	145
企业志愿服务队	176
社区志愿服务队	1959
退役军人志愿服务队	410
文化与旅游志愿服务队	95
学校志愿服务队	85
其他(含未填写)	565
合计	3435

资料来源：广州公益“时间银行”平台数据库。

（三）社区志愿服务内容广泛、精细化，受益范围大

广州市社区志愿服务内容广泛，覆盖到社区中不同人群，受益范围大。如表 3 所示，截至 2021 年 9 月 2 日，在广州公益“时间银行”平台上登记开展的社区志愿服务活动个数达到 25346 个，志愿者人次 407627 人次，服务人次 23170708 人次，参与服务的志愿者人数达到 210743 人，服务人数 18242505 人。① 社区志愿服务类型包括助老、助残、文明类、垃圾分类、妇女儿童、退役军人、文化类、疫情防控、青少年、低保低收、治安防范、普法宣传、党员服务、来穗人员、社区等。

社区志愿服务中“社区活动”类别社区志愿服务活动个数最多，彰显了其对社区的服务和功能，社区志愿服务也覆盖到大多数社区居民。该类别

① 参见广州公益“时间银行”平台数据库。

包括了各类社区文化娱乐活动、各种志愿服务队的一般化服务等。

从活动个数来看，“初老服务老老”等“助老活动”排在第2位，达到5113个，这也是广州市社区志愿服务中打造互助养老的服务内容，是广州市社区志愿服务中常态化开展的品牌项目，具有较好的口碑和影响力。广州市已经步入老龄化社会，尤其是老城区有些街区老龄化比例已经达到30%以上。“初老服务老老”回应了广州市大多数老龄化社区的需求，通过健老担任志愿者，与弱老配对服务，在社工的带领下提供专业化的服务。

2020年以来，“疫情防控活动”也开展较多，个数排在第3位，达到2531个，社区志愿者有效弥补了公共卫生应急服务的不足，在防疫抗疫中发挥了极为关键的作用，在每个社区的核酸检测、体温测量、疫苗接种中都可见到社区志愿者的身影。

低保低收、残疾人群体是社区中较为弱势的群体，社区志愿服务在这两个方面开展的活动合计2117个，这两个方面也是社区志愿服务的重点内容，充分彰显了社区志愿服务的价值诉求。

表3 广州公益“时间银行”各社区志愿服务类型服务情况

服务类型	活动个数（个）	志愿者人次（人次）	服务人次（人次）	志愿者人数（人）	服务人数（人）	志愿服务时数（小时）
助老活动	5113	63615	1081484	35409	842957	344923.0
青少年活动	953	13075	144242	7040	80791	54615.6
助残活动	631	5642	29373	3140	19718	32060.5
低保低收活动	1486	15437	181652	9618	144755	91349.9
文明类活动	1594	84864	4757658	26600	3169276	362949.4
治安防范活动	173	4262	260167	2179	166064	22104.9
垃圾分类活动	1424	22635	682019	14753	500403	92270.9
普法宣传类活动	169	1231	16169	792	11612	7038.1
妇女儿童活动	733	8235	66096	3557	37424	36575.5
党员服务活动	1564	17068	580683	12197	471825	80775.4
退役军人活动	878	9514	959688	6631	827804	74976.3
来穗人员活动	162	2369	48784	737	40495	13439.9

续表

服务类型	活动个数（个）	志愿者人次（人次）	服务人次（人次）	志愿者人数（人）	服务人数（人）	志愿服务时数（小时）
文化类活动	443	8436	332677	6339	318096	57257.9
社区活动	7492	102003	5012291	55468	3949891	576253.1
疫情防控活动	2531	49241	9017725	26283	7661394	439803.0
合计	25346	407627	23170708	210743	18242505	2286393.4

资料来源：广州公益“时间银行”平台数据库。

四　广州市社区志愿服务政策的发展趋势

广州市社区志愿服务政策的发展置于我国健全志愿服务体系和加强城乡社区治理创新的大背景中，在组织体系、保障体系等方面进一步完善。

（一）党建引领，四级志愿服务网络、志愿服务组织体系进一步完善

首先，党建引领是我国社会治理的基础，是社区志愿服务的前提，要坚持党的领导，以党建贯穿社区志愿服务体系不同内容。党建引领强调跨组织、跨部门的引领和协调作用，要求各组织、各部门共同为解决社区问题出力，达成协同共治。要加强社区社会组织党组织的建设，推动党建引领社区社会组织的志愿服务，建设社区社会组织党支部（或联合党支部），发挥党员的先锋模范作用。以此为核心，四级志愿服务网络都应围绕党建部分开展，共同建设社区治理共同体。

（二）机制厘清，社区志愿服务更为顺畅，保障体系更加完善

“上面千条线，下面一根针”是社区治理面临的难题，社区志愿服务也同样面临这个问题。需厘清社区志愿服务的组织机制，尤其是条块部门在社区志愿服务开展中的角色。根据《志愿服务条例》《广东省志愿服务条例》等相关规定，厘清不同部门的职责，包括文明办、民政部门、街道办事处、

团委等。同时深化不同部门有效对接机制，如各个部门之间在社区志愿服务中信息共通、资源共享，建成社区志愿服务供需转介机制等。

完善社区志愿服务的保障体系，加强经费保障，如将志愿服务经费纳入财政预算、加强政府和群团组织对志愿服务的购买、加大社区志愿服务基金的培育力度等。通过社区志愿服务政策法规等的制定和完善，明确不同的社区社会组织、志愿者等的相关权利和义务，营造社区志愿服务氛围，培育志愿者精神。

（三）需求回应，深化社区志愿服务的专业化发展

改革社区志愿服务的供给侧，推动其专业化发展，从而回应社区居民需求，深化“社工+慈善+志愿者”协作机制。对社区居民需求进行分层分类，聚焦困难群体的兜底保障工作，织密织牢困难群体的兜底保障网。在已有的社区志愿服务的基础上，进行系统分类整理，形成一般服务和专业服务的分类体系，推动社区志愿服务专业化发展。在社区中，要支持和发展各类社区志愿服务组织，并分层分类进行培育和管理，以回应不同群体的需求。壮大各类志愿服务队伍，发展专业志愿者队伍。发挥志愿服务组织的整合性、自主性优势，吸纳各行各业的社会精英参与。[①] 在这些不同主体的发展之中，强化社会工作机构与社区志愿服务组织的常态化合作，以社工机构的专业化推动社区志愿服务组织的规范化，达到双赢、共赢的治理目标。

为了达到社区志愿服务的专业化，研究、督导和培训三个模块缺一不可。加强社区志愿服务理论研究，如与广州市志愿者协会共同建设广州市社区志愿服务研究中心或学会等，总结广州市社区志愿服务经验和模式，搭建研究平台。以社会工作督导带动社区志愿服务，强化社区志愿服务的督导内容建设。加强社区志愿者培训管理，依托广州市志愿者协会、相关高校和培训机构，建立社区志愿服务培训基地等，实施分级分类培训，提高社区志愿

① 徐家良、张其伟：《地方治理结构下民间志愿组织自主性生成机制——基于 D 县 C 义工协会的个案分析》，《管理世界》2019 年第 8 期，第 110~120 页。

者专业服务水平。

为了更好推动服务对需求的回应，社区志愿服务的项目化也极为重要，社区志愿服务要逐步健全项目体系，推动项目精准化、常态化和品牌化等。从现阶段社区志愿服务来看，发展“初老服务老老”“防疫抗疫”等社区志愿服务特色项目，能有效展示广州市社区故事，加强志愿服务项目展示交流等。通过“益苗计划”等不同的项目，对以往的社区志愿服务项目进行梳理，形成社区志愿服务项目精品库。对有较大影响力的社区志愿服务项目倾斜扶持。同时，建立评估机制，通过评估筛选具有较大成效的项目，推动其可持续发展。

（四）平台凝聚，社区志愿服务进一步规范化

社区志愿服务的难点在于如何形成有效的、具有征信功能的社区志愿服务平台，形成高效的资源和服务输送，实现社区服务与志愿服务衔接及利用技术进步实现服务精准供给。[①] 一方面，应强化社区志愿服务的治理功能；另一方面，也要强调志愿者参与的社会建设。

在线上，充分运用好广州公益“时间银行”，对社区需求、项目展示、社区阵地预约、志愿者招募、社区志愿服务组织登记、服务培训等实行在线管理，通过线上线下互动，推动需求与供给的匹配。[②] 社区志愿服务平台需注重全方位、宽领域、多层次、一体化等的服务生态，如以养老服务平台等的构建为切入点，营造良好的社区服务生态。[③]

在线下，要建设社区志愿服务阵地。现阶段，社会工作服务站、居委会、志愿驿站等为最重要的服务阵地，还需进一步将其引入不同社区中，动员物业公司等提供服务的场所，以老旧小区、居民聚集区、特殊困难群体比

① 黄晓星、蒋婕：《治理现代化与社会建设：社区志愿服务发展的分析进路》，《中国志愿服务研究》2020 年第 2 期，第 63~79 页。

② 甄鹤：《广州公益“时间银行”打造社区互助养老模式的经验与探索》，《广州志愿者》2020 年第 12 期，第 55 页。

③ 李海舰、李文杰、李然：《中国未来养老模式研究——基于时间银行的拓展路径》，《管理世界》2020 年第 3 期，第 76~89 页。

例高的社区为重点区域，建设多功能合一、标准化建设的社区综合服务阵地，对社区中不同的资源进行整合优化。在此基础上，不同群体、不同的志愿服务队伍能够充分使用该平台、社区空间进行更为多元化的服务。进一步完善社会工作者、居委会人员、社区网格员、社区志愿服务队伍、志愿者的多方面协作机制。

B.4

广州市社区志愿服务人才队伍建设研究

王　静　谢栋兴*

摘　要： 社区志愿服务高质量发展的核心在于培育优秀的社区志愿服务人才队伍。本文结合问卷法、访谈法等多种调研方法，对广州市社区志愿服务人才队伍建设情况进行研究。综合分析发现：广州市社区志愿服务人才队伍建设呈现组织化、专业化、规模化、体系化等成效及特点，但在政策落实与协同、有效激励与支持、专业发展与服务创新方面仍有不足。对此，本文提出坚持全域统筹，健全人才队伍建设机制等相应对策，以期为广州市乃至全国社区志愿服务人才队伍建设提供参考意见。

关键词： 社区志愿服务　人才队伍建设　广州市

一　研究缘起

党的十九届六中全会提出“建设共建共治共享的社会治理制度，建设人人有责、人人尽责、人人享有的社会治理共同体”。① 社区虽小，却连着千家万户。社区是推进国家治理体系和治理能力现代化的基本单元，是社会治理共同体的基本单元，是党和政府联系、服务居民群众的“最后一公

* 王静，广州市团校（广州志愿者学院）志工部副部长，讲师，主要研究领域为志愿服务与社工服务、共青团与青年工作；谢栋兴，广州青年志愿者协会副秘书长，中国志愿服务中级培训师，主要研究领域为志愿服务与组织管理。

① 《中共中央关于党的百年奋斗重大成就和历史经验的决议（全文）》，中国政府网，2021 年 11 月 16 日，http：//www. gov. cn/zhengce/2021-11/16/content_ 5651269. htm。

里”。社区志愿服务作为现代城市文明和社会治理水平提升的标志之一，是做好社区工作的重要举措，也是形成与邻为善、守望相助的良好社区氛围的重要路径。社区志愿服务高质量发展的核心在于培育优秀的社区志愿服务人才，建设好相应的社区志愿服务人才队伍。如何建立可持续、高质量的社区志愿服务人才队伍，激发社区志愿服务活力，提高社区志愿服务质量，打造守望相助的和谐社区，是当前社区志愿服务领域中亟待研究解决的问题。

广州市是我国社区志愿服务起步最早、发展最快的城市之一，也是国内人口超过千万的超大城市。广州市有着数量众多的注册志愿者，社区志愿服务十分发达。截至 2021 年 12 月，广州市有 2740 个村（居）社区、2000 多个社区志愿服务站点，注册志愿者 426.17 万人（其中 35 岁以下青年志愿者达 346.26 万人，占比 81.25%），占广州市常住人口的 21.30%，省内排名第一。[①] 社区志愿服务涵盖了生态环保、疫情防控、慈善公益、抢险救灾、助残敬老、平安行动、心理咨询等众多领域，在推动市域社会治理创新、新时代文明实践、社区困难群体帮扶、文明城市创建和社区疫情防控中作出了重要的贡献。

广州市在社区志愿服务领域的发展有着鲜明特色，其社区志愿服务人才队伍建设有着鲜明特点。本文以广州市为典型样本，研究其社区志愿服务人才队伍建设的基本情况，为打造“社区志愿服务人才队伍建设的广州样本”提供决策参考，也为其他地区社区志愿服务的高质量发展提供建设性意见。

二　研究设计与样本特征

（一）研究方法与调查过程

本文采取定量与定性研究相结合的方法，主要采用文献法、问卷法、访

① 参见广州市“志愿时”系统。

谈法。在文献法方面，笔者结合研究目标，通过查阅学术期刊网相关资料、政府及社会组织的有关社区志愿服务的主题资料，多角度、多维度、全方位收集相关信息。在问卷法方面，笔者编制了《广州市社区志愿服务人才队伍建设调查问卷》，于2021年8~10月向全市社区志愿者发放线上问卷，共回收问卷1025份，有效问卷1019份，有效率为99.4%[①]，据此了解社区志愿服务人才队伍建设现状、服务情况、存在的问题等，为对策建议的提出提供数据支撑。在访谈法方面，2021年8~11月，笔者通过“实地调研+集体座谈会”的方式，走访多个行政区域的典型社区[②]，涵盖老旧社区、混合社区、商品房社区、新建社区等，并以座谈会、个案访谈等形式对多类别社区志愿服务人才等进行专题访谈。

（二）研究对象与内容

关于社区志愿服务的概念，学术界和政府有较多界定，主要围绕服务对象、发起者、活动内容范围、服务性质等四维度开展。民政部等在相关文件中是这样界定的，“社区志愿服务是社会组织和个人自愿用自身的时间、技能等资源，在社区为居民和社区慈善事业、公益事业提供帮助或服务的行为”。[③] 本文主要采用此概念界定研究对象。

根据广州市实际情况和研究目的需要，以服务时长、服务岗位职责等，把社区志愿者划分为普通社区志愿者[④]、社区志愿者骨干[⑤]、社区志愿服务

① 剔除了6份无效问卷。

② 相继走访了黄埔区幸福誉社区，越秀区花苑社区和二马路社区，海珠区金碧东社区和桥东社区，番禺区石岗东村、大山村、华南碧桂园社区和锦绣花园社区，南沙区东涌社区和二湾社区等。

③ 《关于进一步做好新形势下社区志愿服务工作的意见》，《社区》2005年第22期，第15页。

④ 普通社区志愿者是指在志愿服务平台（如“i志愿”、“志愿时”、广州公益“时间银行”等）新注册加入或志愿服务时数低于50小时的志愿者。

⑤ 社区志愿者骨干是指志愿服务时数在100小时以上或在队伍中担任一定管理职务、协助组织负责人管理好队伍的社区志愿者。

组织负责人①、社区志愿服务工作者②等四大类，研究内容为广州市社区志愿服务人才队伍特点、建设现状、运行成效、发展瓶颈等。

（三）样本基本情况

从性别上看，在1019名受访志愿者中，男性有438人，占42.98%，女性有581人，占57.02%，与全市志愿者的性别比例结构相近。受访志愿者以群聚能力较强、热心公共事务、闲暇时间较多的离退休女性为主。

从年龄上看，受访志愿者平均年龄为36.98岁，最小年龄为10岁，最大年龄为78岁；年龄区间呈橄榄形分布，按人数从多到少排序依次为36~60岁、18~35岁、61~78岁、10~17岁。

从受教育程度上看，大专及以上受教育程度受访志愿者占比过半，受访志愿者受教育程度较高，这有助于提高社区志愿服务规范化水平。

从户籍上看，广州市户籍受访志愿者（含新入户群体）占比接近八成，非广州市户籍受访志愿者约占两成。户籍居民是社区志愿者的核心力量，但来穗志愿者也是社区志愿服务力量的重要组成部分，未来可进一步引导更多来穗人员参与社区志愿服务。

从政治面貌上看，共青团员和中共党员占比近半，平均每5名受访志愿者中就有1名是中共党员，说明广州市“党员报到”工作成效明显，在职党员能够积极回社区报到，开展社区志愿服务。

从居住区域上看，广州市“五区”（即荔湾区、越秀区、海珠区、白云区、天河区）受访志愿者约占七成，增城区、南沙区受访志愿者较少。这说明受访志愿者分布与地理位置、区域经济发展水平等有一定关系。样本基本情况如表1所示。

---

① 社区志愿服务组织负责人是指志愿服务时数达到300小时以上且担任队伍管理者的社区志愿者。

② 社区志愿服务工作者是指组织、培训、帮助、支持社区志愿者提供服务，对社区志愿服务进行相关管理的工作人员，以社区工作人员居多。

表 1　样本基本情况

特征	类别	受访志愿者人数	占比
性别	男	438 人	42.98%
	女	581 人	57.02%
年龄区间	10~17 岁	188 人	18.45%
	18~35 岁	272 人	26.69%
	36~60 岁	297 人	29.15%
	61~78 岁	262 人	25.71%
受教育程度	小学及以下	16 人	1.57%
	初中/中专	214 人	21.00%
	高中/职高	240 人	23.55%
	大专	232 人	22.77%
	本科	276 人	27.09%
	硕士研究生	38 人	3.73%
	博士研究生及以上	3 人	0.29%
户籍	广州市户籍	796 人	78.12%
	非广州市户籍	223 人	21.88%
政治面貌	中共党员	220 人	21.59%
	共青团员	236 人	23.16%
	民主党派	8 人	0.79%
	群众	555 人	54.47%
居住区域	天河区	197 人	19.33%
	海珠区	138 人	13.54%
	荔湾区	130 人	12.76%
	白云区	122 人	11.97%
	越秀区	105 人	10.30%
	番禺区	90 人	8.83%
	花都区	82 人	8.05%
	黄埔区	42 人	4.12%
	从化区	42 人	4.12%
	增城区	28 人	2.75%
	南沙区	26 人	2.55%
	其他(居住无长期固定场所)	17 人	1.67%

注：表中“占比”是指占受访志愿者总人数比例；“年龄”最大值为 78 岁，最小值为 10 岁，平均值为 36.98 岁。

三 广州市社区志愿服务人才队伍建设的支持体系

作为改革开放的前沿阵地，广州市是我国社区志愿服务起步最早、发展最快、规模最大的城市之一。新中国成立初期，广州市群众尤其是青年群体志愿参加爱国卫生运动与“学雷锋”运动，在城市街头巷尾、在农村田间地头广泛开展志愿服务，深入社区开展义务劳动。20 世纪 80~90 年代，在社区开办志愿服务集市。2010 年，广州亚运会、亚残运会期间，有 50 万名城市文明志愿者、2200 多支城市文明志愿服务队伍、600 个亚运城市志愿服务站在城市的各个角落提供服务，极大地带动了广州市社区志愿服务的蓬勃发展。[①] 2012 年，全市有 150 个志愿驿站常态化服务社区居民和游客。2016 年，广州市入选全国首批志愿服务模范城市。2019 年，广州市委组织部推动在职党员回社区报到并开展社区志愿服务，充分发挥党员模范带头作用。2020 年和 2021 年，广州市以社区为疫情防控基础单元，在党和国家领导下，大量志愿服务组织、志愿者积极参与社区疫情防控，带动社区居民就地参与本社区疫情防控，为广州市打赢疫情防控阻击战作出了突出贡献。经过数十年的发展，社区志愿服务已然成为广州市的一道亮丽风景线，人才队伍建设也从个体化向组织化、从经验化向专业化、从零散化向规模化不断转变，主要体现为政策支持、组织支持、激励支持和培训支持。

（一）提供政策保障支持

党和国家一直重视志愿服务事业的发展，近年来，中央、省、市为推进新时代志愿服务发展，在法律法规、指示指引等各方面出台推动志愿服务工作机制形成的政策措施。广州市高度重视志愿服务事业发展，为推进社区志愿服务人才队伍建设提供政策保障。近年来，广州市颁布了《关于组织全市在职党员回社区报到并开展服务的通知》《广州市实施“社工+慈善”战

① 《广州亚运会、亚残运会志愿者工作的成功启示》，中国文明网，2011 年 1 月 20 日，http：//www. wenming. cn/ll_ pd/shzyhxjztx/201101/t20110120_ 56671. shtml。

略工作方案》等文件，推动社区志愿服务人才队伍建设。此外，广州市民政局于2021年牵头修订《广州市志愿服务条例》，其中重点提及打造社区志愿服务平台，加强志愿者培训，加强社区志愿服务人才队伍建设。

（二）提供组织培养支持

志愿服务离不开组织化运作，志愿者离不开志愿服务组织的保障支持。据统计，广州市现有注册志愿服务组织及团体1.5万个。① 这些社会组织具有类型繁多、服务分布领域广、社会联系多、深入社区基层、贴近群众的优势，为广大的社区志愿者提供了丰富和充足的实践岗位，提供了多元和专业的志愿服务项目。经过多年发展，广州市志愿服务组织形成了从志愿者招募、管理、激励、培训、配岗、晋升到队伍组织化运行的全周期管理模式，为社区志愿者成长搭建起具有广州市本土特色的“普通社区志愿者—社区志愿者骨干—社区志愿服务组织负责人”志愿服务人才成长梯队，让各类社区志愿者在广泛参与志愿服务中得到充分且有针对性的锻炼，充分提升专业服务技能和组织管理能力，有利于推动社区志愿服务人才队伍建设。

（三）提供一定激励支持

志愿服务激励是促进志愿服务发展正向且有效的途径之一，也是促进社区志愿服务人才队伍建设的重要环节。广州市在此方面有不少的实践探索，推出精神嘉许、政策便利、能力成长、物质奖励、社交拓展、生活关怀等志愿服务人才激励措施，如评选广州市志愿服务先进集体和先进个人、广州好人等，五星志愿者享受公园门票优惠，来穗人员可申请积分入户、积分入学加分等；社区志愿服务组织在激励措施实施上显得更加灵活，如推荐志愿者外出交流学习、选拔优秀且符合条件的志愿者加入管理团队、定期举行团建活动、赠予队伍纪念徽章、评比优秀志愿者等；另外，社区志愿者间的互助激励支持也很重要，如彼此的会心一笑、有心事时的倾听开导、遇到困难时

① 参见广州公益“时间银行”平台数据库。

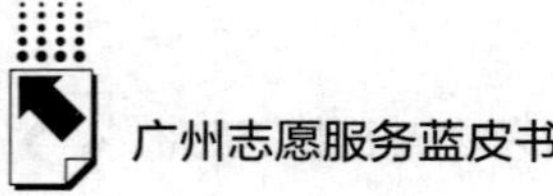

的互相帮助等。在广州市浓厚的志愿服务氛围中，上述有效激励形式和手段能够形成良性循环，让更多社区志愿者更有主动性、积极性，更愿意长远地开展志愿服务，从而促进更多社区志愿者成长为志愿服务领域中的杰出代表。

（四）提供必要培训支持

必要的培训支持是社区志愿服务人才队伍稳定、健康、持续发展的关键。2010年10月8日，作为全国首家由政府主导建立的专门从事志愿者培训和志愿服务理论研究的专业机构，广州志愿者学院在广州市团校挂牌成立，为广州市乃至全国志愿服务事业发展提供专业、系统、前沿的智力支持，开设社区志愿服务培训专题研修班，培训人员部分覆盖社区志愿者骨干、社区志愿服务组织负责人等，培训内容涵盖服务方法与技巧、服务理论、项目开发、组织交流等多维度，有效保障广州市社区志愿服务人才队伍建设。

四　广州市社区志愿服务人才队伍建设基本情况

（一）社区志愿服务人才结构基本情况

1. 广州市社区志愿服务人才结构呈金字塔形

从广州市社区志愿服务人才结构来看，绝大多数是普通社区志愿者，占56.7%，其次是社区志愿者骨干，占28.5%，社区志愿服务组织负责人和其他（如专业志愿者）占比相对较少，占比最少的为社区志愿服务工作者（见表2）。这个比例与实际运行中的岗位人员配额相近，说明大多数社区志愿服务组织按照科学的组织架构进行人才队伍建设。

表2　广州市社区志愿服务人才结构

单位：人，%

类别	受访志愿者人数	占比
普通社区志愿者	578	56.7
社区志愿者骨干	290	28.5
社区志愿服务组织负责人	88	8.6

续表

类别	受访志愿者人数	占比
社区志愿服务工作者	10	1.0
其他(如专业志愿者)	53	5.2

注：表中“占比”是指占受访志愿者总人数比例。

2. 广州市社区志愿者就业人群占比较高，职业分布广泛

从职业结构来看，受访志愿者的职业分布广泛，就业人群占比较高，主要为事业单位、国有企业员工，服务行业普通员工，自由职业人员，退休人员等。另外，学生群体作为社区志愿服务生力军，在单一选项里所占比例最高（见表3）。

表3　广州市社区志愿者职业结构

单位：人，%

类别	受访志愿者人数	占比
学生	273	26.8
事业单位、国有企业员工	152	14.9
服务行业普通员工	95	9.3
自由职业人员	89	8.7
退休人员	89	8.7
外企、私营企业管理人员	82	8.0
社会组织从业人员	65	6.4
专业技术人员	48	4.7
国家机关、党群组织公务员	30	2.9
农民	20	2.0
体力工人	15	1.5
无业人员	15	1.5
企业家	12	1.2
中介组织从业人员	10	1.0
新媒体从业人员	6	0.6
军人	3	0.3
其他	15	1.5

注：表中“占比”是指占受访志愿者总人数比例。

3. 七成社区志愿者有着5年及以下的社区志愿服务年限

从社区志愿服务经历来看，本文结合访谈结果和问卷调研结果，按不同社区志愿服务年限将社区志愿者划分为不同类型。社区志愿服务人才队伍中成长型①、潜力型②和稳定型③志愿者比例较高，发展型④、事业型⑤志愿者比例次之（见表4）。各类志愿服务人才是社区志愿服务事业蓬勃发展的重要动能，也是社区志愿服务组织得以大步向前的关键要素。

表4　社区志愿者所开展社区志愿服务年限

单位：人，%

类别	受访志愿者人数	占比
1年及以下志愿服务经验(潜力型)	271	26.6
1~3年志愿服务经验(成长型)	276	27.1
3~5年志愿服务经验(发展型)	167	16.4
5~10年志愿服务经验(稳定型)	172	16.9
10年以上志愿服务经验(事业型)	133	13.1

注：表中“占比”是指占受访志愿者总人数比例。

4. 八成多社区志愿者加入志愿服务组织

从加入组织情况来看，82.6%的社区志愿者已经加入志愿服务组织，以组织化形式参与社区志愿服务已经是常态。从组织登记备案或注册情况来看，已加入的志愿者反馈，这些组织大多已经登记备案或注册，数量约占七成半，而所在组织未登记备案或未注册的不到3.4%，不清楚组织是否登记备案或注册的约占两成。另外，超过一半的受访志愿者所在的志愿服务组织设立了党支部。

---

① 指的是有1~3年志愿服务经验者，通常为志愿者骨干。

② 指的是有1年及以下志愿服务经验者，通常为新晋社区志愿者，有着较大的服务潜力。

③ 指的是有5~10年志愿服务经验者，通常担任一定的管理职务且是志愿服务的稳定提供者。

④ 指的是有3~5年志愿服务经验者，通常担任一定的管理职务。

⑤ 指的是有10年以上志愿服务经验者，通常担任志愿服务组织负责人，或者把志愿服务作为个人的终身目标。

从参加社区志愿服务途径来看，志愿服务组织承担了全市超过一半的志愿服务活动发布和志愿者招募工作。广州市社区志愿者的个人动机也很强，志愿者个人主动寻找的约占四成半。通过本社区居委会通知、网络/微信/微博等新媒体渠道报名的，各约占三成。在熟人社交圈中，如亲戚/朋友/同事介绍、单位（或学校）要求或统一安排下报名参加社区志愿服务的，各约占两成半。广播/报纸/电视等传统媒体渠道在所有报名参加社区志愿服务的途径中占比较低（见表5）。

表5 社区志愿者参加社区志愿服务途径

单位：人，%

参加社区志愿服务途径	受访志愿者人数	占比
志愿服务组织介绍	551	54.1
志愿者个人主动寻找	474	46.5
本社区居委会通知	286	28.1
网络/微信/微博等新媒体	275	27.0
亲戚/朋友/同事介绍	246	24.1
单位(或学校)要求或统一安排	243	23.8
广播/报纸/电视等传统媒体渠道	49	4.8
其他途径	19	1.9

注：表中“占比”是指占受访志愿者总人数比例。

（二）广州市社区志愿服务人才参与志愿服务的状况

1. 社区志愿者服务动机以精神需求为主

从服务动机来看，社区志愿者服务动机以精神需求为主，呈现多元、利他的特征。此种情况与广州市浓厚的社区志愿服务氛围有着密切关系。广州市社区志愿服务深深扎根在社区并持续产生积极影响，是其他城市所不具有的典型特征。绝大多数社区志愿者是因为能够奉献社会、促进良好社会氛围的形成而参加社区志愿服务，呈现明显的利他性。其次是期望在社区志愿服务过程中得到精神满足、得到别人的认同、认识更多的人和朋友、增加社会阅历。因为受别人影响、提升个人专业技能而做社区志愿者的，与前述动机对比，占比直线下降。因可以获得物质报酬和评优评先、打发时间、积分入户而参加社区志愿服务的社区志愿者比例较低（见表6）。

表6　社区志愿者服务动机

单位：人，%

参加社区志愿服务动机	受访志愿者人数	占比
奉献社会，感觉做志愿者光荣	636	62.4
促进良好社会氛围的形成	317	31.1
得到精神满足	289	28.4
得到别人的认同	247	24.2
认识更多的人和朋友	249	24.4
增加社会阅历	228	22.4
受别人影响	86	8.4
提升个人专业技能	78	7.7
获得物质报酬和评优评先	21	2.1
打发时间	20	2.0
积分入户	4	0.4
其他	5	0.5

注：表中“占比”是指占受访志愿者总人数比例。

2. 社区志愿者参加社区志愿服务的内容较为多元化

从总体社区志愿服务领域来看，在党和国家号召下，越来越多社区志愿者参与到防疫志愿服务中，63.4%的受访志愿者参加过核酸检测等防疫志愿服务。从防疫志愿服务类型来看，社区志愿者是广州市防疫志愿服务的主力。在有过防疫志愿服务经历的社区志愿者中，有八成参加过核酸检测防疫志愿服务；其次是疫苗接种防疫志愿服务，约占七成；参与对卫生知识、防疫政策宣传的约占四成；到公共交通站场或社区开展防疫执勤服务的约占三成；为有需要的居民派送生活物资的约占两成；在专业的资源链接、心理咨询和满足医务人员家属生活需求服务上，社区志愿者人数占比较低。

除防疫志愿服务之外，在常规社区志愿服务中，环境保护、文明倡导和政策法规宣传服务受访志愿者人数占比位居前三。此外，困难群体服务、便民利民生活服务、应急救援类和乡风文化保育类服务为依次开展的社区志愿服务领域（见表7）。

表7　社区志愿者所从事社区志愿服务领域

单位：人，%

参加社区志愿服务领域	受访志愿者人数	占比
防疫志愿服务(核酸检测等)	646	63.4
政策法规宣传服务(防诈宣传等)	346	34.0
便民利民生活服务(义剪义修等)	225	22.1
文明倡导服务(文明交通引导等)	407	39.9
环境保护服务(垃圾分类等)	490	48.1
乡风文化保育类服务	65	6.4
困难群体服务(老弱病残等群体)	326	32.0
应急救援类服务	117	11.5
其他情况	46	4.5

注：表中“占比”是指占受访志愿者总人数比例。

3. 社区志愿者多在工作、学习之外的时间参加社区志愿服务

70.9%的社区志愿者在双休日、工余或课余、节假日的时间参加志愿服务。自由职业人员或退休人员大多数的时间比较灵活，选择“随时（需要时）都可以”的比例最高，占23.1%。5.1%的人选择“工作日上班时段或其他时段”，这些人以退休人员居多，这与他们在孙辈上学后到放学前有空闲时间有一定关系。剩余0.9%属于其他情况。

此外，从参加社区志愿服务频率来看，社区志愿者的服务热情高涨，每周1~2次的占30.8%，每月1~2次的占28.2%，每季度1~2次的占19.2%，每年1~2次的占14.9%，还有6.9%的受访志愿者保持每天1次参加社区志愿服务的高频次（见表8）。

表8　参加社区志愿服务频率

单位：人，%

参加社区志愿服务频率	受访志愿者人数	占比
每周1~2次	314	30.8
每月1~2次	287	28.2
每季度1~2次	196	19.2
每年1~2次	152	14.9
每天1次	70	6.9

注：表中“占比”是指占受访志愿者总人数比例。

另外，从在职党员回社区报到并开展社区志愿服务情况来看，受访志愿者中有220名中共党员，有95%的在职党员能够回社区报到并开展社区志愿服务，剩余未进行报到或报到后未开展社区志愿服务的主要原因为“与工作冲突”“身体条件不允许（如怀孕、生病等）”“不清楚报到政策”等。

（三）广州市社区志愿服务人才保障支持状况分析

1. 近六成社区志愿者有过相应培训保障支持

广州市在社区志愿者培训上已经走在全国前列。从培训情况来看，近六成社区志愿者参加过培训，有三成多的社区志愿者因为刚加入组织、时间不合适、培训内容已掌握等没有参加过培训（见表9）。

表9　社区志愿者培训情况

单位：人，%

参加培训频率	受访志愿者人数	占比
没有参加过培训	320	31.4
每年1次	164	16.1
每季度1次	132	13.0
每半年1次	127	12.5
每月1次	121	11.9
不清楚	113	11.1
每周1次	42	4.1

注：表中“占比”是指占受访志愿者总人数比例。

2. 社区志愿者培训需求以基础岗位性为主

从培训需求来看，社区志愿者对于志愿服务基础知识，如志愿服务精神、基本概念、发展历程等的需求最大，占 24.3%；志愿服务岗位技能培训需求占 22.9%；志愿者应急自护技能培训需求占 21.6%；人际沟通技巧培训需求占 10.8%。这与当前全市社区志愿服务人才队伍以一线志愿者和志愿者骨干为主有关。此外，志愿者团队建设与管理、志愿服务项目策划与管理培训需求均未达 10.0%；志愿服务政策法规培训需求较少（见表 10）。以上数据反映出，当前社区志愿服务人才队伍中以普通社区志愿者、社区志愿者骨干居多，培训需求以通识教育为主。

表 10　社区志愿者培训需求

单位：人，%

培训需求	受访志愿者人数	占比
志愿服务基础知识	248	24.3
志愿服务岗位技能	233	22.9
志愿者应急自护技能	220	21.6
人际沟通技巧	110	10.8
志愿者团队建设与管理	97	9.5
志愿服务项目策划与管理	69	6.8
志愿服务政策法规	39	3.8
其他内容	3	0.3

注：表中“占比”是指占受访志愿者总人数比例。

3. 近八成社区志愿者重视专业资质保障，近四成持相关专业证书

从专业资质情况来看，近八成受访志愿者认为持有相关专业证书很重要。在持证的受访志愿者中，持有律师、教师、社工师等相关证书的占 23.3%，持有应急等与志愿服务相关证书的占 13.6%。当前没有但未来想考取相关证书的受访志愿者最多，约占四成（见表 11）。

表 11　社区志愿者专业资质情况

单位：人，%

专业资质情况	受访志愿者人数	占比
有律师、教师、社工师等相关证书	237	23.3
有应急等与志愿服务相关证书	139	13.6
当前没有但未来想考取相关证书	391	38.4
当前没有且认为志愿不需要证书	213	20.9
其他情况	39	3.8

注：表中“占比”是指占受访志愿者总人数比例。

4. 绝大多数社区志愿者获得过多维度激励保障与支持

从获得支持激励类型来看，绝大多数社区志愿者从政府部门、志愿服务组织等多维度获得过支持激励，其中志愿服务时间记录占比接近八成，志愿服务证书和社区志愿者培训占比均超四成，志愿者表彰等激励约占两成半，积分入户等政策性奖励占比较低（见表 12）。这说明广州市给予了广大社区志愿者激励和支持，促进个体与组织间双向支持的良性循环，促进社区志愿服务人才队伍建设。

表 12　社区志愿者获得支持激励类型

单位：人，%

获得支持激励类型	受访志愿者人数	占比
志愿服务时间记录	803	78.8
志愿服务证书	428	42.0
社区志愿者培训	411	40.3
志愿者表彰等荣誉性激励	280	27.5
志愿者人身意外伤害保险	258	25.3
志愿服务的督导与辅导	170	16.7
志愿者补贴等物质奖励	121	11.9
从来没有支持激励	68	6.7
签署服务协议	60	5.9
积分入户等政策性奖励	17	1.7
其他情况	3	0.3

注：表中“占比”是指占受访志愿者总人数比例。

五　广州市社区志愿服务人才队伍建设中存在的问题

广州市社区志愿服务发展成效显著，但在人才队伍建设方面也存在不少问题亟待解决。综合分析，本文发现政策落实与协同、有效激励与支持、专业发展与服务创新等方面有不足之处，影响广州市社区志愿服务人才队伍建设，进而影响社区志愿服务的质量（见表13）。

表13　广州市社区志愿服务人才队伍建设问题

单位：人，%

问题类别	问题表现	受访志愿者人数	占比
有效激励与支持	缺少有效社区志愿服务激励机制	390	38.3
专业发展与服务创新	社区志愿者专业化能力不足	384	37.7
有效激励与支持	缺少对社区志愿者必要的培训	325	31.9
政策落实与协同	缺少社区志愿服务人才队伍建设与管理机制	315	30.9
政策落实与协同	想做社区志愿者的人不知道报名渠道	265	26.0
政策落实与协同	社区志愿服务的行政主导力度过大	223	21.9
专业发展与服务创新	社区志愿服务活动形式单一，缺乏吸引力	213	20.9
专业发展与服务创新	社区志愿者以老年人居多，需要更多年轻人	192	18.8
有效激励与支持	缺乏与其他团队的交流学习机会	159	15.6
专业发展与服务创新	社区志愿者主动性差，志愿工作比较被动	147	14.4
政策落实与协同	社区志愿服务多头管理，谁都在管却好像谁都不管	129	12.7
有效激励与支持	社区志愿者的权益得不到有效保护	116	11.4
有效激励与支持	社区志愿者晋升路径少	114	11.2
有效激励与支持	人员流失率过高，很少有新社区志愿者加入	75	7.4
其他	其他情况	13	1.3

注：表中“占比”是指占受访志愿者总人数比例。

（一）政策落实与协同不足

社区是重要的志愿服务阵地。国家鼓励各级政府积极组织开展社区志愿服务，并提供相应的政策制度保障，但在具体政策落实与措施配套、协同合作方面仍有不足，具体表现在以下方面。

1. 社区志愿者缺乏有力工作支持

市级层面有对志愿服务进行行政管理和业务指导的不同主管部门，如文明办、民政局、共青团等，它们对应分管着各区一级的部门，在街镇一级一般也配备相应部门的专职或兼职工作人员，但社区作为基层治理的“最后一公里”，却呈现“一人多岗、一岗多能”现象。作为社区志愿者，既要服务社区居民，也要完成不同部门和线口的工作任务，缺乏必要的工作保障和支持指引，无足够的时间投入，在志愿服务组织培育、社区志愿服务人才队伍建设中，容易出现“社区志愿服务的行政主导力度过大”（21.9%）、“想做社区志愿者的人不知道报名渠道”（26.0%）等问题，缺乏社区志愿者系统化人才培养机制、流程化管理机制和常态化督导机制，即从社区志愿者招募、管理、培训、晋升到专业化发展的路径。

2. 缺少系统有效的社区志愿服务人才队伍建设与管理机制

广州市社区志愿服务人才队伍建设工作是一项系统工作，虽然最终落脚在社区，但涉及与志愿服务相关的众多职能部门。市级层面制定的相应政策往往归属于多个部门或不同载体，容易导致在实际落地执行时出现交叉重复等问题，不同部门之间的横向协同与上级部门和属地部门之间的纵向协同不足，容易存在政策执行碎片化和条块化现象，直接影响社区志愿服务人才队伍建设政策及配套指引有效落地，容易出现“缺少社区志愿服务人才队伍建设与管理机制”（30.9%）、“社区志愿服务多头管理，谁都在管却好像谁都不管”（12.7%）等问题，容易造成广州市社区志愿服务人才流失。

（二）有效激励与支持不足

随着志愿服务事业的发展，广州市社区志愿者尤其是杰出社区志愿者对有效激励与支持有着更高要求。当前存在两大突出问题。第一是有效激励不足。现有激励形式难以满足社区志愿者多元化的需求。通过访谈了解，比起个人的收获，社区志愿者更关注所在志愿服务组织或团队是否得到政府部门荣誉、项目、资金支持等激励，因其希望所属组织或团队发展更稳定、有一定的项目运作经费保障组织或团队的运行发展。社区志愿服务组织自筹经费比较困难，导致其人才队伍建设得不到足够资源，社区志愿者在专业督导、心理关怀支持、人才队伍发展规划等方面会有所缺失，容易存在“社区志愿者的权益得不到有效保护”（11.4%）、“社区志愿者晋升路径少”（11.2%）、“人员流失率过高，很少有新社区志愿者加入”（7.4%）等问题。第二是有效支持不足。社区志愿者较多反映“缺少有效社区志愿服务激励机制”（38.3%）、“缺少对社区志愿者必要的培训”（31.9%）、“缺乏与其他团队的交流学习机会”（15.6%），尤其在项目成长与社区志愿者个体发展规划、跨社区交流、培训等方面，缺乏系统的支持方案，这在一定程度上影响广州市社区志愿服务人才队伍建设工作。

（三）专业发展与服务创新不足

社区志愿者是社区治理与建设的重要力量，打造可持续的社区志愿服务人才队伍，必须要创新激发其专业性、服务吸引力、更多活力等。在调研中，发现在专业发展与服务创新上仍有不足，主要表现为“社区志愿者专业化能力不足”（37.7%）、“社区志愿者主动性差，志愿工作比较被动”（14.4%），社区志愿者以普通志愿者居多，停留在“等靠要”（等需求来、靠别人带、要我做事）思维层面的居多，且服务前没有系统深入的学习培训、加入后也没有具体的发展目标，导致社区志愿者专业水平不足，形成明显的人才短板。

从人员结构来看，“社区志愿服务活动形式单一，缺乏吸引力”（20.9%），“社区志愿者以老年人居多，需要更多年轻人”（18.8%），缺乏创新型社区志愿服务项目，缺乏更多社区青年参与，在一定程度上制约了广州市社区志愿服务人才队伍建设。

六　加强广州市社区志愿服务人才队伍建设的对策建议

（一）坚持全域统筹，健全人才队伍建设机制

1. 建立全域、全链条的社区志愿服务统筹管理和协调机制

深入贯彻落实习近平总书记关于志愿服务的重要指示精神，积极探索广州社区志愿服务人才队伍建设的新模式，进一步完善社区志愿服务人才队伍建设的政策与配套措施，建立全域、全链条的社区志愿服务统筹管理和协调机制；以社区为抓手和落脚点，加强各职能部门落地社区志愿服务的沟通协调，及时建立自下而上的动态反馈机制，定期征集各社区在开展社区志愿服务及人才队伍建设中的新方法和新举措；进一步加强对社区志愿服务工作者的工作保障及支持，协助社区建立从社区志愿者招募、管理、培训、晋升到专业化发展的社区志愿服务统筹管理和协调机制。

2. 加强组织管理，健全人才队伍建设机制

进一步强化组织管理，建立健全系统有效的社区志愿服务人才队伍建设与管理机制，从顶层设计着手完善党员回社区报到组织管理机制，可建立社区志愿者系统化人才培养、流程化管理和常态化督导等机制，推进社区志愿服务规范化发展。如可以广州市“i 志愿”“志愿时”“穗好办”及广州公益“时间银行”为信息平台载体，充分发挥综合服务平台的激励、人才队伍管理、上传下达功能，将现有的“党员回社区报到”、“五社（社区、社会组织、社会工作者、社区志愿者、社会慈善资源）联动”和“慈善+社工+志愿者”等机制真正联动起来，构建社区志愿者“普通一线—骨干—负责人—工匠”的社区志愿服务生涯成长路径；重点从社区志愿者中物色政治觉悟高、乐于奉献付出、志愿服务能力强、有影响力和号召力的合适人选，从参与社区志愿服务组织入手，着重培养其成为社区志愿服务杰出人才。

（二）坚持长效发展，创新志愿服务激励机制

1. 建立社区志愿服务人才队伍有效激励机制

根据社区志愿者、志愿服务组织对志愿服务激励的需求，进行分层分类施策，积极探索创新人才队伍激励模式，可用培训、团队建设、对外交流等多种形式打造系统化、纵深化和可持续性的学习型激励模式；对长期坚持开展社区志愿服务的优秀社区志愿者进行荣誉表彰等，借助相关媒体平台对好榜样进行滚动式传播，将优秀品质与学习榜样进一步传扬，激发更多优秀人士加入社区志愿服务人才队伍中；在条件成熟后，设立社区志愿服务人才队伍建设基金，其由政府部门牵头，与公益组织及爱心企业共同组建，不仅可以用于定向支持社区志愿者开展社区志愿服务，也可以用于支持社区志愿服务人才队伍建设工作。

2. 强化人才队伍激励效果

以社区志愿服务组织为载体，推动全链条激励机制的优化，定期督导与审视现有激励措施，提出可行性建议，优化激励与支持机制，构建人才队伍激励与支持的长效推进机制。

3. 整合资源以实现公益反哺激励机制

加大政府财政支持力度，引入公益服务组织，提升社会多元主体对社区志愿服务激励与支持的积极性，统筹社区、企业与社会各界的资源，进一步强化社区志愿服务激励机制，提高激励有效性。

（三）坚持专业引领，强化人才队伍培育督导机制

树立社区志愿服务人才队伍“全周期管理”理念，建立专业化、分层分类的高质量志愿者培训体系已经是大势所趋，要坚持专业引领，强化长效的人才队伍培育督导机制。社区志愿服务人才队伍培育应当以思想引领、理论教育、实践提升为关键，针对不同岗位、不同类别，开展分层分类的专项培训，建立有效培训体系，可依托广州志愿者学院等专业的志愿服务培训研究机构，面向社区志愿者、志愿服务工作者开展全市性线上与线下相结合的

分层分类培训。打造政治素养高、专业能力强、人岗适配的社区志愿服务人才队伍，将关注的重点从增加志愿者数量向提升志愿服务质量转变，摒弃粗放式服务内容和形式，打造高质量社区志愿服务人才队伍，优化社区志愿服务人才队伍体系结构，创新推动社区志愿服务朝专业化、精细化、品质化方向发展。

对于新晋或普通社区志愿者，可积极探索建立“大规模、高质量、低成本”的“云培训”机制，依托现有志愿服务信息平台，学习社区志愿服务的微课程、微讲堂、云课程、云讲堂等一系列网络课程，实现时空跨越式学习；对于社区志愿者骨干、社区志愿服务组织负责人、社区志愿服务工作者等，可根据培训需求，开展线下专题性培训学习，协助其制定个人志愿服务生涯发展规划，发挥个人特长，在社区志愿服务领域不断提高专业技术水平，带动社区志愿服务人才队伍整体素质提升；对于其中优秀的社区志愿服务组织负责人，可采用“一人一策”发展策略，培育其成为广州市乃至全国社区志愿服务领域的优秀代表，成为广州市社区志愿服务人才队伍的示范者、新时代的广州市“志愿工匠”。①

---

① 吴冬华、王静、谢栋兴：《粤港澳大湾区青年志愿工匠培育模式研究》，《北京青年研究》2021 年第 2 期，第 65~71 页。

B.5

广州市社区志愿者参与动机及激励机制研究

陈美招　祁芯莱*

摘　要： 本文基于对广州市社区志愿者及志愿服务组织者的调查分析，发现广州市社区志愿者参与志愿服务的动机各有不同，阻碍因素较为多元。同时，志愿服务组织的外部激励需求和内部激励偏好均有个体差异。目前，广州市社区志愿服务激励机制存在相关保险保障制度尚不健全、宣传成效欠佳、服务较为单一、组织赋能不足、志愿者信息化管理不成熟等问题。对此，本文认为广州市社区志愿服务激励机制的完善，可以通过推动及时激励、明确目标导向、激发内生动力、打造区域模式等策略，从宏观政策、中观管理、微观组织和志愿者个体四个方面全方位推进。

关键词： 志愿服务　社区志愿者　社区治理

党的十九大报告指出，要加强社区治理体系建设，推动社会治理重心向基层下移，发挥社会组织作用，实现政府治理和社会调节、居民自治良性互动①。社区志愿服务打通了服务群众的“最后一米”，需要积极引导、激励

---

* 陈美招，广东外语外贸大学社会工作系主任、硕士研究生导师，主要研究领域为社会工作与社区治理、乡村振兴、土地政策与管理；祁芯莱，广东外语外贸大学社会工作专业2018级本科生，主要研究领域为社会工作与服务。

① 《习近平：决胜全面建成小康社会　夺取新时代中国特色社会主义伟大胜利——在中国共产党第十九次全国代表大会上的报告》，中国政府网，2017年10月27日，http://www.gov.cn/zhuanti/2017-10/27/content_5234876.htm。

社区志愿者投身到社区志愿服务当中。社区志愿服务组织协同社区志愿者通过志愿服务解决社区问题，促进社区居民自治，发挥社区志愿服务在社会治理中的积极作用，营造共建共治共享社会治理新格局。

过往研究表明，大学生志愿服务动机与扩大社交、锻炼能力、服务社会显著相关①，法律保障与政策和资金的支持、志愿者的绩效评估、志愿服务的专业化程度、对志愿者的社会认同是志愿者激励机制的保障因素②，也是激励机制中的问题成因③；有研究指出，目前社区志愿者保障机制不健全、归属感缺失及获得感不足④，激励机制与动机契合度不高⑤，优秀的组织文化能够让志愿者更具归属感与认同感⑥，丰富精神激励方式如开展优秀志愿者与优秀志愿服务项目评选则是有效做法⑦。此外，社区志愿服务组织作为负责社区志愿服务的主体，其组织建设对社区志愿服务的发展具有重要意义。为深入了解广州市社区志愿者参与服务的动机、享受到的激励机制，为全面梳理广州市社区志愿服务组织在激励机制上存在的问题，为精准把握社区志愿服务的激励方向，本文进行了深入研究。受新冠肺炎疫情的影响，研究主要采用线上开展问卷调查的方式进行。在开放填写的规定时间段内，共回收了447份问卷，筛选出了437份有效问卷，其中，志愿者390份、志愿服务组织者47份。志愿者问卷，从志愿者的基本情况、志愿者的服务参与

---

① 崔春梦：《大学生参与志愿活动动机激励探究——基于对二青会山西高校大学生志愿者的问卷调查》，《教育观察》2020年第25期，第41~44页。

② 杜爽、王文棣：《基于双因素理论的兰州市志愿者激励对策研究》，《中国市场》2015年第4期，第74~76页。

③ 沈沂：《国有企业开展社会志愿服务的激励机制研究——以“爱在东航”志愿服务项目为例》，硕士学位论文，华东政法大学，2018。

④ 陈玉珍：《基于ERG理论的社区志愿者激励机制优化》，《人才资源开发》2021年第15期，第25~26页；广州市社区服务中心、广州市志愿者协会、广州志愿服务联合会编《广州市社区志愿服务发展报告（2020）》，中国社会出版社，2020。

⑤ 宋怡琳、李嘉如、林荣慧：《志愿服务激励机制现状、问题与对策——以广州市和佛山市为例》，《就业与保障》2020年第23期，第142~144页。

⑥ 谭毅：《“志愿服务时数”激励机制在公益信息服务平台运营中的效果研究》，硕士学位论文，暨南大学，2016。

⑦ 马聪：《志愿服务褒奖激励机制建设状况调研与思考——以北京高校为例》，《科教导刊》（下旬刊）2020年第36期，第190~192页。

情况、志愿者的服务参与动机因素和阻碍因素、志愿者对社区志愿服务参与和激励机制的评价四个维度展开调查；志愿服务组织者问卷，从志愿服务组织的类型、志愿服务组织推行的激励机制、问题与评价等维度进行了解。

一　广州市社区志愿者参与服务的动机分析

（一）志愿服务参与的基本情况

1. 参与志愿服务的频率较高

调查结果显示，广州市社区志愿者参与志愿服务的频率较高。从图1可以看出，至少每周参与志愿服务一次的志愿者人数最多，占总人数的35.38%，其次为至少每月一次，占32.82%。可以看出，大多数社区志愿者有着较高的志愿服务参与频率。

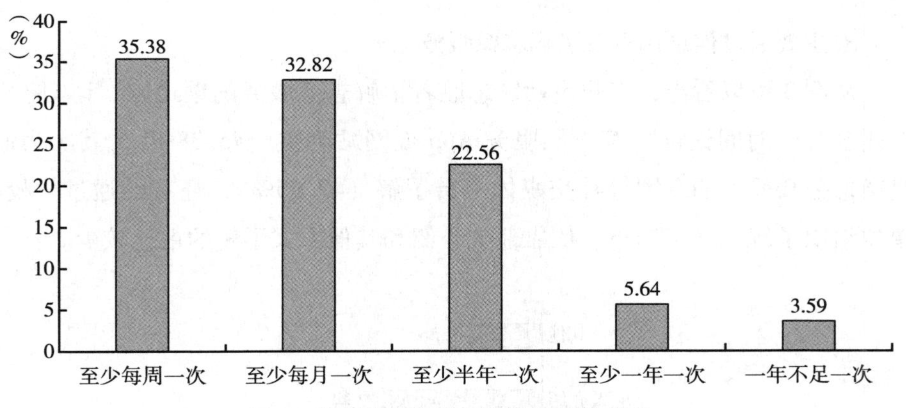

图1　社区志愿者参与志愿服务的频率

2. 参与志愿服务的类型丰富

广州市社区志愿者参与志愿服务的类型整体较为多元、丰富。从图2可以看出，其中以疫情防控志愿服务（52.82%）、敬老助残服务（50.51%）、社区便民服务（47.69%）、社区美化与环境保护服务（46.15%）、青少年服务（41.03%）为主，这些服务同时也是广州市社工服务站开展较多的志愿服务。值得关注的是，受近几年新冠肺炎疫情的影响，广州市参加疫情防控等社区应急服务的志愿者人数增长明显。但是，能提供专业志愿服务（义教、义诊、心理援助、法律援助）的志愿者仍然较少，仅占15.38%。

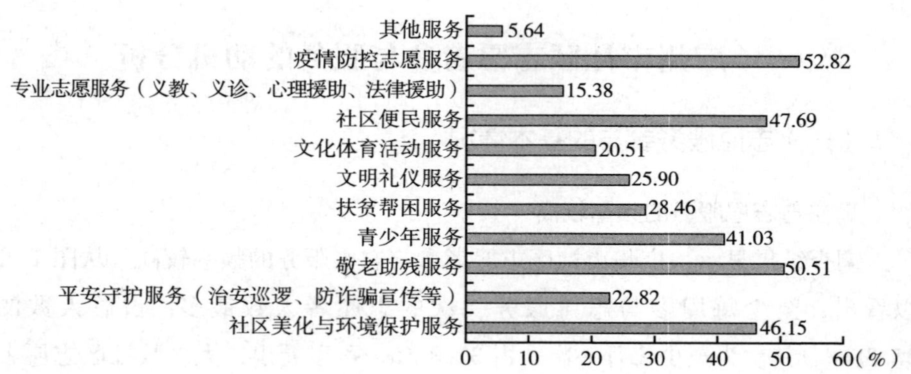

图2　社区志愿者参与志愿服务的类型

3. 主要通过信息化平台了解志愿服务

从图3可以看出，广州市社区志愿者了解志愿服务的渠道以“i志愿”、广州公益“时间银行”等志愿服务App或网站为主（75.38%），其次为通过微信公众号、朋友圈等社交媒体平台了解（47.95%），还有的通过学校、单位组织了解（40.77%）。依靠他人介绍和其他方式了解的占比较少。

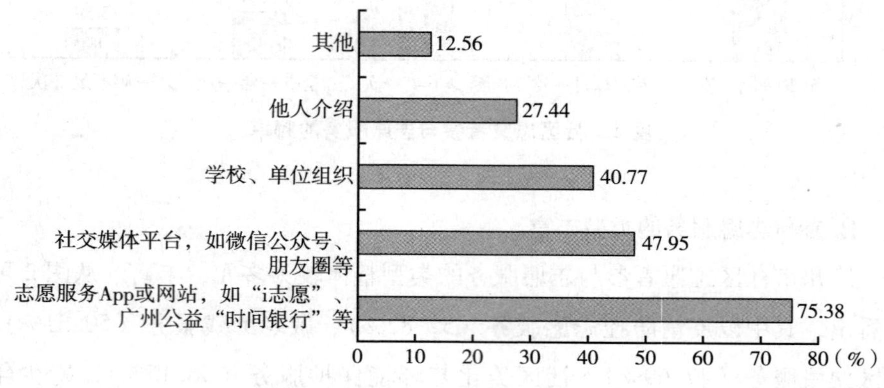

图3　社区志愿者了解志愿服务的渠道

4. 社区志愿者在志愿服务中的角色较为单一

从图 4 可以看出，广州市大部分社区志愿者在志愿服务中的角色多为利用空闲时间提供探访、协助等技能要求不高、服务时间不长的普通志愿者（78.72%），相反，服务时间不短、技能要求不低、表现较为活跃的志愿者（25.90%）或志愿者骨干（18.21%）较少。可见，目前广州市在提高志愿者骨干的成员数量、激活社区志愿者的内生动力、完善志愿服务的激励机制等方面仍有较大的发展空间。

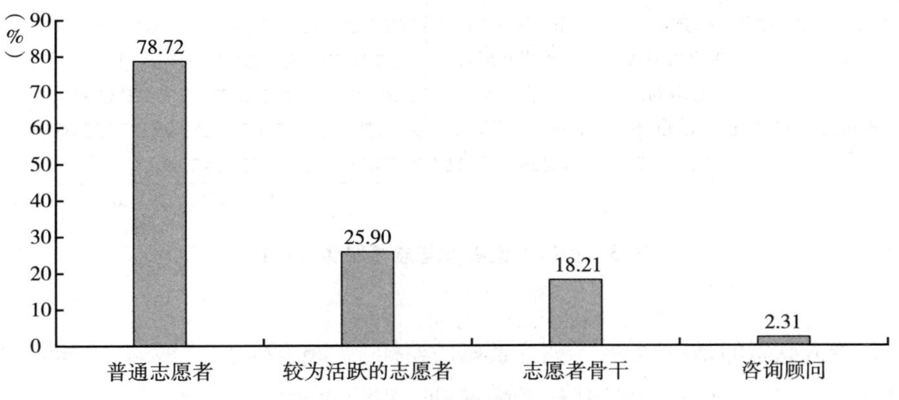

图 4　社区志愿者在志愿服务中的角色

（二）参与志愿服务的动机分析

1. 参与动机的类型

从图 5 可以看出，广州市社区志愿者参与志愿服务的动机排在前 3 位的依次是："发挥自己的特长/专长，实现自我价值，回馈和奉献社会"（65.90%）；"获取新的体验，丰富日常生活"（57.95%）；"结识新朋友，提升人际交往、团队合作、沟通等能力"（53.33%）。此外，占比达到四成以上的有"学习新的知识或技能，积累实践经验"（48.72%）和"获得成就感、满足感、荣誉感"（45.13%）。从马斯洛需求层次理论的角度来看，这不仅符合志愿服务的条件特征（生活的需求），更契合志愿者价值奉献、爱与被爱的高层次需求。

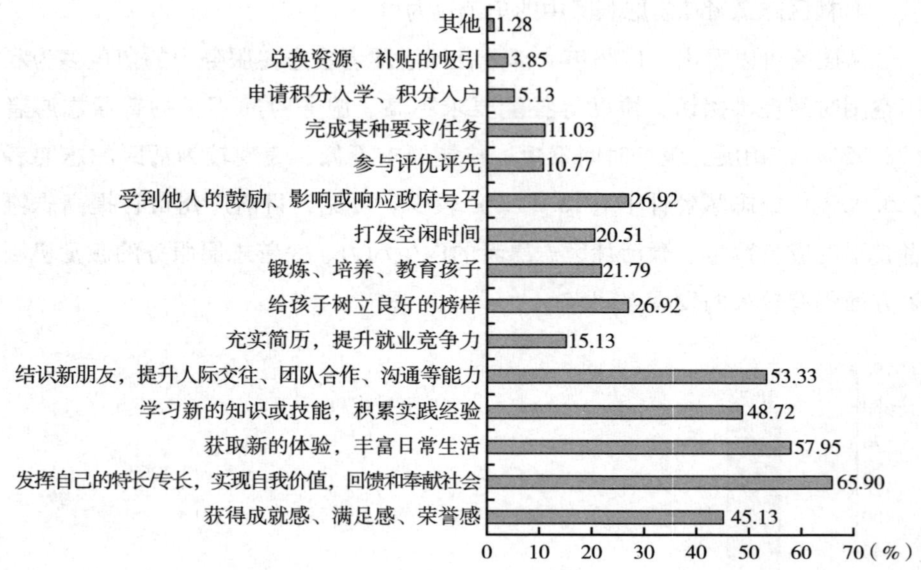

图 5　社区志愿者参与志愿服务的动机

令人欣慰的是，“给孩子树立良好的榜样”（26.92%）、“锻炼、培养、教育孩子”（21.79%）、“受到他人的鼓励、影响或响应政府号召”（26.92%）等参与动机均占两成多。这与学校教育对学生志愿服务的新要求有关，但同时也很好地体现了志愿服务的教育发展功能和代际影响功能。但是，“充实简历，提升就业竞争力”（15.13%）、“参与评优评先”（10.77%）、“完成某种要求/任务”（11.03%）等参与动机的占比均仅有一成多。这说明源于社区志愿者参与志愿服务的内部驱动力非常短缺。此外，“申请积分入学、积分入户”（5.13%）和“兑换资源、补贴的吸引”（3.85%）占比均较低，这同时也说明了广州市志愿服务参与的激励机制缺乏足够的外部推动力。

2. 不同群体的参与动机

本文基于 SPSS26.0，使用二元逻辑回归与偏相关分析对志愿者的参与动机进行分析，结合多重响应交叉分析表得到以下结论。

（1）学生志愿者的参与动机以满足个人发展需求为主

如表 1 所示，学生志愿者对于“充实简历，提升就业竞争力”“参与评优评先”这两种动机需求更为显著。一方面，学生毕业后将进入人才市场，就业竞争压力大，有提升竞争力的需求；另一方面，许多学校将社会实践作为硬性要求纳入评优评先的考核制度中。

表1　志愿者参与志愿服务的动机与职业状态交叉分析

单位：人，%

职业状态	参与调研总数	参与动机1		参与动机2	
		充实简历，提升就业竞争力		参与评优评先	
		计数	占比	计数	占比
学生	108	32	29.6	26	24.1
在职	155	20	12.9	9	5.8
待业/无业	42	3	7.1	1	2.4
离退休	85	4	4.7	6	7.1

注：表中“占比”是指选择参与动机数量占参与调研总数的比例。

（2）非广州市户籍志愿者入学、入户的需求显著

调查对比发现，非广州市户籍的志愿者对“申请积分入学、积分入户”的动机需求更为显著（见表2）。甚至有志愿者建议，希望能够提高入学、入户所需的志愿服务积分的上限。

表2　志愿者参与志愿服务的动机与户籍状态交叉分析

单位：人，%

户籍状态	参与调研总数	参与动机	
		申请积分入学、积分入户	
		计数	占比
广州市	265	5	1.9
非广州市	125	15	12.0

注：表中“占比”是指选择参与动机数量占参与调研总数的比例。

（3）已婚育儿家庭参与志愿服务的教育动机更明显

如表3所示，有孩子的已婚家庭对于“给孩子树立良好的榜样”“锻

炼、培养、教育孩子”的动机需求较为显著，说明家长希望通过志愿服务实现家庭对孩子在精神价值和技能实践等方面的教育功能。

表 3　志愿者参与志愿服务的动机与婚姻家庭状态交叉分析

单位：人，%

婚姻家庭状态	参与调研总数	参与动机 1 充实简历，提升就业竞争力		参与动机 2 给孩子树立良好的榜样		参与动机 3 锻炼、培养、教育孩子	
		计数	占比	计数	占比	计数	占比
未婚	154	40	26.0	8	5.2	19	12.3
已婚	203	17	8.4	82	40.4	58	28.6
离婚/丧偶	33	2	6.1	15	45.5	8	24.2

注：表中“占比”是指选择参与动机数量占参与调研总数的比例。

（4）党员志愿者对“发挥自己的特长/专长，实现自我价值，回馈和奉献社会”有更强烈的动机

如表 4 所示，党员志愿者作为志愿服务的先行者，践行党的初心，秉持为人民服务的宗旨，发挥党员的先锋模范作用，对“发挥自己的特长/专长，实现自我价值，回馈和奉献社会”有更强烈的动机。同时，党员能够更加深刻地理解志愿服务精神，意识到志愿服务在促进社区治理中发挥的重要作用，其“打发空闲时间”的动机更弱。

表 4　志愿者参与志愿服务的动机与政治面貌交叉分析

单位：人，%

政治面貌	参与调研总数	参与动机 1 发挥自己的特长/专长，实现自我价值，回馈和奉献社会		参与动机 2 打发空闲时间		参与动机 3 申请积分入学、积分入户	
		计数	占比	计数	占比	计数	占比
群众	221	133	60.2	50	22.6	17	7.7
共青团员	71	45	63.4	24	33.8	2	2.8
中共党员	90	73	81.1	6	6.7	1	1.1
其他	8	6	75.0	0	0.0	0	0.0

注：表中“占比”是指选择参与动机数量占参与调研总数的比例。

3. 阻碍参与志愿服务的因素较为多元

如图 6 所示，首先，阻碍志愿者参与志愿服务最突出的因素为“时间与精力不足”（55.64%）。由于志愿服务组织开展的社区志愿服务较多安排在工作时间，学生志愿者与在职志愿者往往只能利用节假日与休息日参与这些社区志愿服务，这无疑大大阻碍了他们参与社区志愿服务。

其次，志愿者主要通过志愿服务信息平台与社交媒体来了解志愿服务信息，但除此之外，他们能够“获取志愿服务信息的渠道较少”（25.64%）。

再次，志愿者参与社区志愿服务不再是简单地奉献爱心，他们对于参与社区志愿服务所发挥的实际作用有了更高的要求，因此，“服务内容不能发挥实际助人作用”（24.62%）以及“缺乏岗前培训或培训不够专业化、系统化”（21.28%）、“志愿者管理、组织松散”（20.77%）等都会降低他们参与社区志愿服务的意愿。

最后，随着广州市经济、社会和物质生活水平的提高，人们对美好生活有了更多的期盼，而社区志愿服务作为生活的一部分，其趣味性、多元性也逐渐成为志愿者所考虑的主要因素，即“服务内容或形式单调、重复，缺乏趣味性”（20.26%）成了志愿服务组织策划活动前需要着力关注的重点阻碍因素之一。

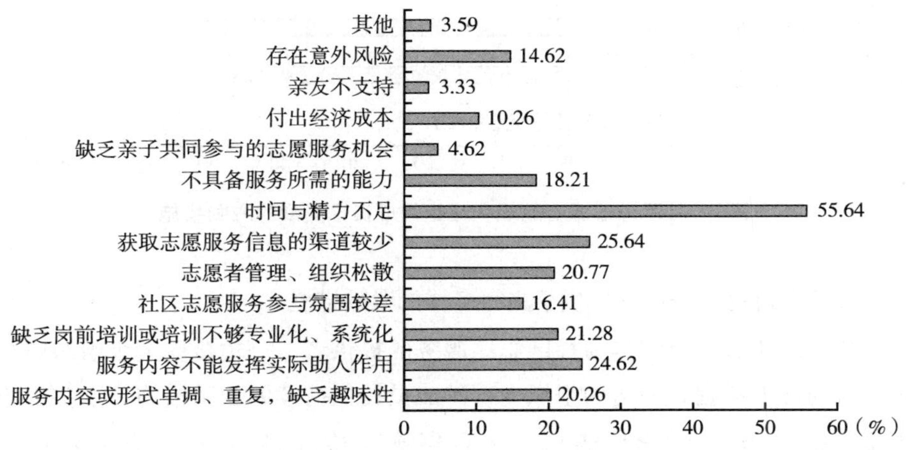

图 6　可能阻碍志愿者参与志愿服务的因素

二　广州市社区志愿服务的激励机制及其存在的问题

（一）广州市社区志愿服务的激励机制分析

1. 社区志愿服务组织享受了外部较为全面的增能激励

接受调查的对象表示，作为社区志愿服务组织的成员或组织者，内容全面的增能激励是参与社区志愿服务的最大收获。他们主要在社区志愿服务组织人才队伍建设（59. 57%）、社区资源调动与整合（46. 81%）、社区志愿服务组织者能力建设与提升（财务管理、项目管理等）（40. 43%）、社区志愿服务组织文化建设（40. 43%）方面接受过培训与提升激励，有27. 66%的组织者或组织成员表示享受到社区志愿服务项目创新赋能的激励（见图 7）。

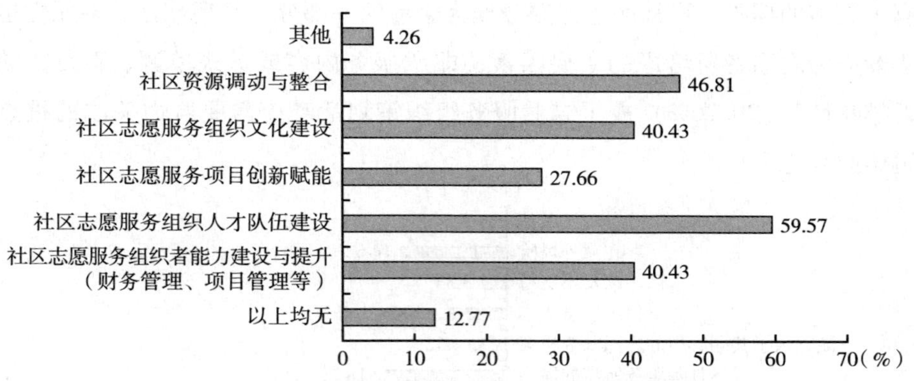

图 7　社区志愿服务组织者或组织成员享受到的激励措施

2. 社区志愿服务组织提供了丰富多样的激励措施

社区志愿服务组织作为社区志愿服务的提供者，一边接受上级组织或行业平台的外部激励，一边为组织内部的成员提供持续的激励措施。这些措施主要包括优秀个体/团体表彰、优秀事迹宣传（44. 36%），志愿者培训（42. 56%），志愿者团建活动（35. 90%）等（见图 8）。

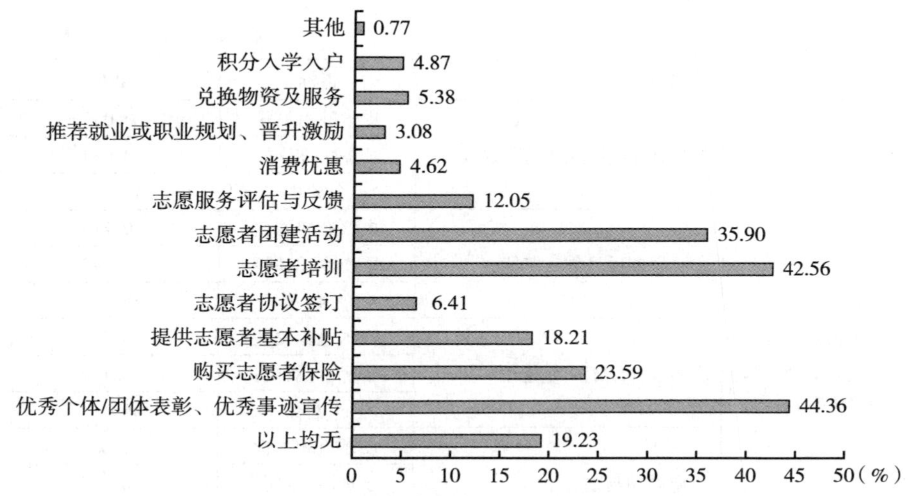

图 8　社区志愿服务组织提供的激励措施

3. 志愿服务的激励措施受组织类型的影响不显著

本文根据志愿服务组织的服务内容和功能定位不同，把志愿服务组织划分为五种类型：区域枢纽型、综合服务型、专项服务型、社群互助型、社区型。由于选择社群互助型志愿服务组织的样本仅有 1 个，不具备统计学意义，所以本文基于 SPSS26.0，使用偏相关分析并结合多重响应交叉分析表对其他四种类型的志愿服务组织进行分析，发现志愿服务组织的类型与激励措施的相关性不显著［如表 5 所示，显著性（双尾）数值均大于 0.05］。这说明志愿服务组织在接受外部激励或者选择激励内部成员的措施时都非常灵活、务实，内外结合，多管齐下，兼收并蓄。

表 5　志愿服务组织类型与激励措施的相关分析

单位：个

项目		指标	数值
志愿服务组织者或组织成员享受到的激励措施有？	志愿服务组织者能力建设与提升（财务管理、项目管理等）	皮尔逊相关性	-0.125
		显著性（双尾）	0.407
		个案数	46

续表

项目		指标	数值
志愿服务组织者或组织成员享受到的激励措施有？	志愿服务组织人才队伍建设	皮尔逊相关性	0.033
		显著性（双尾）	0.829
		个案数	46
	志愿服务项目创新赋能	皮尔逊相关性	-0.216
		显著性（双尾）	0.149
		个案数	46
	志愿服务组织文化建设	皮尔逊相关性	-0.218
		显著性（双尾）	0.146
		个案数	46
	资源调动与整合	皮尔逊相关性	-0.039
		显著性（双尾）	0.797
		个案数	46
	以上均无	皮尔逊相关性	-0.029
		显著性（双尾）	0.846
		个案数	46
志愿服务组织提供的激励措施有？	提供保险保障（签订协议、购买保险、提供基本补贴等）	皮尔逊相关性	-0.278
		显著性（双尾）	0.061
		个案数	46
	能力建设与提升（志愿者培训等）	皮尔逊相关性	-0.125
		显著性（双尾）	0.407
		个案数	46
	促进社会交往互动（团建活动等）	皮尔逊相关性	-0.008
		显著性（双尾）	0.956
		个案数	46
	提高社会与志愿者价值认同感（优秀个体/团体表彰、优秀事迹宣传等）	皮尔逊相关性	-0.010
		显著性（双尾）	0.947
		个案数	46

注：如表中数据所示，显著性（双尾）数值均大于0.05，发现志愿服务组织的类型与激励措施的相关性不显著。

4. 志愿服务组织的外部激励需求和内部激励偏好均有个体差异

从志愿服务组织者或组织成员享受到的外部激励措施看，区域枢纽型志愿服务组织对“志愿服务组织者能力建设与提升（财务管理、项目管理等）”的需求最大，而其他三类组织则对“志愿服务组织人才队伍建设”的需求最大；综合服务型志愿服务组织对“志愿服务组织者能力建设与提升（财务管理、项目管理等）”的需求最小，而其他三类组织对“志愿服务项目创新赋能”的需求最小，其中专项服务型志愿服务组织对“资源调动与整合”和“志愿服务项目创新赋能”的需求一样小。可见，相比较而言，当前大多数广州市志愿服务组织认为人才队伍建设比项目创新赋能对自身的激励发展更为必要（见表6）。

从志愿服务组织提供的内部激励措施看，排在前两位的是“能力建设与提升（志愿者培训等）”和“提高社会与志愿者价值认同感（优秀个体/团体表彰、优秀事迹宣传等）”，相反，除区域枢纽型志愿服务组织外，最不被其他三类组织采用的是“提供保险保障（签订协议、购买保险、提供基本补贴等）”。可见，志愿服务组织的内部激励措施对能力提升和价值认同存在明显的偏好（见表6）。

表6　志愿服务组织类型与激励措施交叉分析

单位：人，%

<table>
<tr><th colspan="3">项目</th><th>区域枢纽型志愿服务组织</th><th>综合服务型志愿服务组织</th><th>专项服务型志愿服务组织</th><th>社区型志愿服务组织</th></tr>
<tr><td colspan="3">参与调研总数</td><td>5</td><td>15</td><td>11</td><td>15</td></tr>
<tr><td rowspan="12">志愿服务组织者或组织成员享受到的激励措施</td><td rowspan="2">志愿服务组织者能力建设与提升（财务管理、项目管理等）</td><td>计数</td><td>3</td><td>6</td><td>5</td><td>5</td></tr>
<tr><td>占比</td><td>60.0</td><td>40.0</td><td>45.5</td><td>33.3</td></tr>
<tr><td rowspan="2">志愿服务组织人才队伍建设</td><td>计数</td><td>2</td><td>10</td><td>6</td><td>9</td></tr>
<tr><td>占比</td><td>40.0</td><td>66.7</td><td>54.5</td><td>60.0</td></tr>
<tr><td rowspan="2">志愿服务项目创新赋能</td><td>计数</td><td>1</td><td>7</td><td>3</td><td>2</td></tr>
<tr><td>占比</td><td>20.0</td><td>46.7</td><td>27.3</td><td>13.3</td></tr>
<tr><td rowspan="2">志愿服务组织文化建设</td><td>计数</td><td>2</td><td>9</td><td>4</td><td>4</td></tr>
<tr><td>占比</td><td>40.0</td><td>60.0</td><td>36.4</td><td>26.7</td></tr>
<tr><td rowspan="2">资源调动与整合</td><td>计数</td><td>2</td><td>9</td><td>3</td><td>7</td></tr>
<tr><td>占比</td><td>40.0</td><td>60.0</td><td>27.3</td><td>46.7</td></tr>
<tr><td rowspan="2">以上均无</td><td>计数</td><td>1</td><td>2</td><td>1</td><td>2</td></tr>
<tr><td>占比</td><td>20.0</td><td>13.3</td><td>9.1</td><td>13.3</td></tr>
</table>

续表

项目			区域枢纽型志愿服务组织	综合服务型志愿服务组织	专项服务型志愿服务组织	社区型志愿服务组织
志愿服务组织提供的激励措施	提供保险保障（签订协议、购买保险、提供基本补贴等）	计数	4	7	2	4
		占比	80.0	46.7	18.2	26.7
	能力建设与提升（志愿者培训等）	计数	5	13	8	12
		占比	100.0	86.7	72.7	80.0
	促进社会交往互动（团建活动等）	计数	3	11	6	10
		占比	60.0	73.3	54.5	66.7
	提高社会与志愿者价值认同感（优秀个体/团体表彰、优秀事迹宣传等）	计数	4	14	8	13
		占比	80.0	93.3	72.7	86.7

注：表中“占比”是指占参与调研总数的比例。

5. 广州市社区志愿服务激励机制的总体特征

综上，本文认为，广州市社区志愿服务的激励机制是以志愿服务信息平台的支持为基石、志愿精神的激励回馈为核心、政策优惠和物质激励为驱动的激励机制。

志愿服务信息平台的支持是最强基石。广州市搭建了广州公益“时间银行”、“i志愿”等志愿服务信息平台，集合了发布信息、招募志愿者、记录服务时间、积分兑换等内容和功能，通过互联网技术实现了对志愿服务提供者与组织者的在线信息管理、数据记录和分析的综合功能。最为突出的是，平台还具有银行般的资源集结功能——能够及时将服务时长转换为时间积分（“时间币”），志愿者可利用时间积分兑换相应的物质激励、政策优惠或回馈服务等，也可以选择将积分捐赠给有需要的人。

志愿精神的激励回馈是本质核心。首先，志愿精神的激励回馈可促进能力提升。志愿者能够得到丰富的能力锻炼机会，并在服务实践中提升人际交往、团队合作、沟通等能力，在服务中收获成长。志愿者还有机会受到志愿服务组织的邀请激励，参与更多的公益活动。其次，榜样激励是最常用也最起效的精神激励。志愿服务组织会定期或不定期开展志愿者的分享与宣传活动，从中央到省、市、区等各级相关部门都会开展阶段性的志愿者表彰大会，大力表扬在社区志愿服务中表现活跃、优异的志愿者，积极创立、推广品牌志愿服务项目，选拔优秀的、正能量的典型。在学校里，社区志愿服务还会被纳入评优评先的考核中，踊跃参与志愿服务的学生会获得特定的荣誉称号。最后，情感激励是精神激励的永恒主题。志愿服务组织会定期或不定期地举办志愿者的团建交流活动，通过团队中志愿者个体的深入互动，增进志愿者之间的感情交流，促进相互的理念分享，形成志愿服务的价值共鸣。

政策优惠和物质激励是有力驱动。一方面，近年来广州市不断完善社区志愿服务的顶层设计，不断修订完善《广州市志愿服务条例》《广州市社区志愿服务工作流程和活动项目实施方案》等政策文件，规范志愿服务流程与管理，不断推进将社区志愿服务纳入社会信用体系，使之发挥信用激励作用，大力倡导并积极推动志愿者将时间积分用于积分入学、积分入户等。另一方面，志愿者还可以利用时间积分兑换生活物资、景点门票等福利优惠，获取生活的便利。同时，志愿者享有购买保险、基本补贴（如服务所需的交通补贴）等物质保障的权益，这及时为志愿者解除了后顾之忧。

广州市社区志愿服务激励机制的这些鲜明特征，让社区居民随时随地可以参与志愿服务，更让志愿服务成为一股清流、一种时尚。也正是这些激励，有力拓展了社区志愿服务参与的广度，更有力提升了社区志愿服务的高度。

（二）广州市社区志愿服务激励机制存在的问题

1. 社区志愿服务的相关保险保障制度尚不健全

调查结果显示，有 26. 92%的志愿者认为目前的志愿者保险保障制度尚不健全。只有 36. 17%的组织者采取过为志愿者购买保险、提供基本补贴、与志愿者签订协议等保障志愿者基本权益的措施。部分组织者希望能够增加对志愿者物质和权益保障的资源和投入。约三成的志愿者认为付出经济成本、志愿者权益得不到保护或存在意外风险会成为阻碍他们参与社区志愿服务的因素。部分志愿者反映从未得到过误餐费、交通补贴、防疫用品等，希望能够增加物质激励。将志愿者的动机因素与阻碍因素进行比较分析可知，物质基础是社区志愿服务参与的保障因素而非激励因素，志愿者的基本权益与安全保障得不到有效维护，不但会影响志愿者的服务体验，甚至有可能会降低志愿者参与服务的意愿。

2. 社区志愿服务宣传成效欠佳

（1）志愿者了解社区志愿服务的渠道较少

志愿者主要通过自主了解（75.38%使用志愿服务信息平台）的方式了解到社区志愿服务，1/4 的志愿者认为获取志愿服务信息的渠道较少。一方面，不同组织在不同平台上交叉发布信息可能导致志愿者错过信息；另一方面，社区宣传志愿服务的力度不够大，部分志愿者反映看不到志愿者招募信息，希望能够加强志愿服务在社区的宣传与推广。社区志愿服务评价量表中“我认为了解社区志愿服务活动很方便”的平均得分为 3.89 分（见表 7）。志愿者无法及时获取相关信息，可能会导致其减少社区志愿服务的参与或部分社区志愿服务岗位竞争激烈甚至成为少部分活跃志愿者的固定岗。

表 7　志愿者对社区志愿服务参与和激励机制评价情况

单位：人，分

项目	N	均值	标准偏差
我认为志愿服务信息平台能够准确方便地记录我的服务时数	390	4.14	1.152
我认为我的志愿服务质量能够被客观地评价和记录	390	4.04	1.134
我在社区志愿服务中感受到归属感	390	4.13	1.077
我在社区志愿服务中得到了自我提升	390	4.18	1.009
我认为社区志愿服务活动形式多样	390	3.89	1.144
我认为了解社区志愿服务活动很方便	390	3.89	1.198
我认为社区志愿服务促进了人们团结互助	390	4.21	0.952
我认为社区居民积极参与社区志愿服务	390	3.93	1.171
我认为志愿者培训较完善	390	3.56	1.287
我认为志愿者培训很实用	390	3.89	1.245
我认为志愿服务过程中的分工很合理	390	3.90	1.162
我认为社区志愿服务真正帮助了有需要的人	390	4.17	1.033
我很了解志愿者享受的各种优惠政策和服务	390	3.12	1.543

续表

项目	N	均值	标准偏差
我认为现有的志愿者激励机制较为完善	390	3.32	1.402
我认为现有的志愿者激励回馈能够贴合我的需求	390	3.41	1.422
有效个案数(成列)	390	—	—

注：认可该观点的程度变化分别是0为完全不符合、1为比较不符合、2为有点不符合、3为有点符合、4为比较符合、5为完全符合。

(2) 志愿者的相关政策及激励措施宣传不到位

调查结果显示，只有24.10%的志愿者表示很了解志愿者享受的各种优惠政策和服务，20.26%的志愿者表示比较了解。“我很了解志愿者享受的各种优惠政策和服务”的平均得分为3.12分（见表7），“我会及时宣传志愿者享受的各种优惠政策和服务”的平均得分为3.74分（见表8），志愿者的整体了解程度不高，组织者的宣传也无法满足志愿者的需要，令激励措施无法充分发挥其作用。

表8　志愿服务组织者对社区志愿服务参与和激励机制评价情况

单位：人

项目	N	均值	标准偏差
我认为志愿服务信息平台能够准确方便地记录志愿者的服务时数	47	3.85	1.042
我认为我能够及时客观地评价和记录志愿者的志愿服务质量	47	3.89	1.108
我认为社区志愿服务组织能提供很多满足社区多元需求的志愿服务	47	3.55	1.282
我认为社区志愿服务的宣传效果很好	47	3.28	1.228
我认为有很多志愿者积极参与社区志愿服务	47	3.68	1.144
我认为我/组织提供的志愿者培训较完善	47	3.51	1.101
我认为我/组织提供的志愿者培训很实用	47	3.72	0.971
我会及时宣传志愿者享受的各种优惠政策和服务	47	3.74	1.132
我认为现有的社区志愿服务激励机制较为完善	47	3.00	1.302
有效个案数(成列)	47	—	—

注：认可该观点的程度变化分别是0为完全不符合、1为比较不符合、2为有点不符合、3为有点符合、4为比较符合、5为完全符合。

3. 社区志愿服务较为单一，社区志愿文化尚未全面形成

（1）社区志愿服务项目不够多元，较难匹配社区刚需

近七成的志愿者参与社区志愿服务的动机是发挥自己的专长，实现自我价值，而参与专业社区志愿服务的志愿者仅占 15.38%。同时，近四成的志愿者认为无效的（没有实际助人作用，缺乏必要培训）社区志愿服务会阻碍他们的参与。部分志愿者反映希望社区志愿服务能够更多地关注社区中的独居老人、残障人士等群体，增加更多有趣、有意义的活动与志愿者团建、联谊交流的机会。一方面，社工服务站发布的社区志愿服务一般以自身的任务和指标为主，服务项目有限，不能充分地挖掘社区需求和志愿者的需要、让志愿服务更好地满足社区的各种需要。另一方面，组织者对社区志愿者的了解不够，不能充分发挥志愿者的才干、为社区提供更多专业社区志愿服务。

（2）社区志愿服务文化尚未全面形成

调查结果显示，大部分志愿者认为当前社区志愿服务氛围良好。“我在社区志愿服务中感受到归属感”“我认为社区志愿服务促进了人们团结互助”“我认为社区居民积极参与社区志愿服务”的平均得分分别为 4.13 分、4.21 分、3.93 分（见表 7）。而 42.55%的组织者与 24.87%的志愿者认为目前社区志愿服务文化尚未全面形成。志愿服务组织日常的优秀个人/团体表彰、优秀事迹宣传大多通过微信公众号、视频号等社交媒体进行，关注人数较少，难以让志愿精神与志愿服务的价值深入社区，达到良好的宣传效果。有志愿者提出，疫情防控期间投入较长服务时间的普通志愿者较多，而组织方表彰的人只有几个，难以看到志愿者的付出与价值。

4. 社区志愿服务组织赋能不足，志愿者流动性强

根据表 9 的皮尔逊相关性分析，社区志愿服务组织与“社区志愿服务组织创新不够、赋能不足”在 0.05 的级别（双尾）显著相关。

表 9　社区志愿服务组织与激励机制问题相关性

单位：人

项目 您认为当前社区志愿服务激励机制存在哪些问题?	指标	数值
社区志愿服务组织专业化能力不足	皮尔逊相关性	-0.012
	显著性(双尾)	0.938
	个案数	46
社区志愿服务组织管理松散	皮尔逊相关性	-0.123
	显著性(双尾)	0.415
	个案数	46
社区志愿服务组织创新不够、赋能不足	皮尔逊相关性	0.316*
	显著性(双尾)	0.033
	个案数	46
社区志愿者信息化管理不成熟	皮尔逊相关性	-0.110
	显著性(双尾)	0.468
	个案数	46
社区志愿者权益保护不够充分	皮尔逊相关性	-0.049
	显著性(双尾)	0.747
	个案数	46
社区志愿者的流动性强	皮尔逊相关性	0.128
	显著性(双尾)	0.398
	个案数	46
社区志愿者的归属感不强	皮尔逊相关性	-0.079
	显著性(双尾)	0.601
	个案数	46
社区志愿者能力提升幅度较小	皮尔逊相关性	-0.014
	显著性(双尾)	0.927
	个案数	46
社区志愿服务文化未形成	皮尔逊相关性	0.270
	显著性(双尾)	0.069
	个案数	46
社区志愿服务评估反馈不畅	皮尔逊相关性	0.045
	显著性(双尾)	0.765
	个案数	46

续表

项目 您认为当前社区志愿服务激励机制存在哪些问题?	指标	数值
社区志愿服务宣传成效欠佳	皮尔逊相关性	-0.121
	显著性(双尾)	0.423
	个案数	46

注：* 表示在 0.05 级别（双尾），相关性显著。如表中数据所示，社会志愿服务组织前三组数据中只有"社区志愿服务组织创新不够、赋能不足"的皮尔逊相关性数值大于 0.05。

如表 10 所示，社区型志愿服务组织相比其他组织，对志愿服务组织创新不够、赋能不足问题的认同更强烈（73.3%），这反映了社区型志愿服务组织对提升组织能力、创新能力的期待值更高。

区域枢纽型志愿服务组织认为志愿服务组织专业化能力不足的总数（80.0%）远多于专项服务型志愿服务组织在此项上的总数（36.4%）。区域枢纽型志愿服务组织在打造自身品牌项目的同时，也注重对其他志愿服务队伍的培育与支持，对于队伍专业性不强、组织化程度较低的问题有更多的认识。专项服务型志愿服务组织由于自身的特点，服务内容比较聚集，对某一特定领域的针对性更强、专业化程度更高。

表 10　志愿服务组织类型与激励机制交叉分析

单位：人，%

项目			区域枢纽型志愿服务组织	综合服务型志愿服务组织	专项服务型志愿服务组织	社区型志愿服务组织
参与调研总数			5	15	11	15
组织者认为存在的问题	志愿服务组织专业化能力不足	计数	4	6	4	8
		占比	80.0	40.0	36.4	53.3
	志愿服务组织管理松散	计数	3	6	4	5
		占比	60.0	40.0	36.4	33.3

续表

项目			区域枢纽型志愿服务组织	综合服务型志愿服务组织	专项服务型志愿服务组织	社区型志愿服务组织
组织者认为存在的问题	志愿服务组织创新不够、赋能不足	计数	1	7	5	11
		占比	20.0	46.7	45.5	73.3
	志愿者信息化管理不成熟	计数	4	7	6	7
		占比	80.0	46.7	54.5	46.7
	志愿者权益保护不够充分	计数	3	9	4	8
		占比	60.0	60.0	36.4	53.3
	志愿者的流动性强	计数	3	5	9	9
		占比	60.0	33.3	81.8	60.0
	志愿者的归属感不强	计数	4	6	7	7
		占比	80.0	40.0	63.6	46.7
	志愿者能力提升幅度较小	计数	2	3	4	4
		占比	40.0	20.0	36.4	26.7
	志愿服务文化未形成	计数	0	7	4	9
		占比	0.0	46.7	36.4	60.0
	志愿服务评估反馈不畅	计数	1	2	2	3
		占比	20.0	13.3	18.2	20.0
	志愿服务宣传成效欠佳	计数	3	6	3	5
		占比	60.0	40.0	27.3	33.3

注：表中“占比”是指占参与调研总数的比例。

值得一提的是，各种类型的志愿服务组织都面临“志愿者的流动性强”（56.52%）、“志愿者的归属感不强”（52.17%）等突出问题。相关地，“志愿服务组织管理松散”（39.13%）、“志愿服务组织专业化能力不足”（47.83%）也是较大的问题（见表11）。可见，社区志愿者对社区志愿服务的期待已经不再是简单地献爱心，集结和发挥社区志愿者的才能与力量需要不断加强组织能力建设、文化建设、创新发展，高效整合社区资源，带领志愿服务队伍提供恒常的、更高质量的社区志愿服务。

表 11　各志愿服务组织类型存在的激励机制问题

组织者认为存在的问题	您所在的志愿服务组织类型为?				总计（个）	占比（%）
	区域枢纽型志愿服务组织	综合服务型志愿服务组织	专项服务型志愿服务组织	社区型志愿服务组织		
社区志愿服务组织专业化不足	4	6	4	8	22	47.83
社区志愿服务组织管理松散	3	6	4	5	18	39.13
社区志愿服务组织创新不够、赋能不足	1	7	5	11	24	52.17
社区志愿者信息化管理不成熟	4	7	6	7	24	52.17
社区志愿者权益保护不够充分	3	9	4	8	24	52.17
社区志愿者的流动性强	3	5	9	9	26	56.52
社区志愿者的归属感不强	4	6	7	7	24	52.17
社区志愿者能力提升幅度较小	2	3	4	4	13	28.26
社区志愿服务文化未形成	0	7	4	9	20	43.48
社区志愿服务评估反馈不畅	1	2	2	3	8	17.39
社区志愿服务宣传成效欠佳	3	6	3	5	17	36.96

5. 志愿者信息化管理不成熟

（1）志愿服务信息平台的运营管理有待完善

一方面，志愿服务信息平台出现异常的情况较多。虽然广州市搭建了“i 志愿”、广州公益“时间银行”等志愿服务信息平台以实现个人用户与团体用户的在线管理，但不少志愿者与组织者反映志愿服务信息平台出现打卡、签到失败，志愿服务时数记录不准确等问题，这增加了志愿者使用平台的困难，打击了志愿者的服务热情。有志愿者提出，在广州市疫情严峻期间，志愿者投入防疫一线，社区志愿服务时长超过 12 小时，却出现由于平台限制而无法审核的情况，而部分组织者并未进行后续补录，导致志愿者的服务时长未被有效记录。有组织者提出需要规范与完善志愿服务时长与积分的审核，严厉打击恶意刷志愿服务时长的违规行为。另一方面，不同平台积分不能互认。29.74%的志愿者认为激励机制存在“不同志愿服务信息平台之间的积分不能互认”的问题（见图9）。目前，广州市没有全市统一使用的志愿服务信息平台或将不同平台纳入统一管理的信息系统，不同的志愿服务组织使用的平台不一致，且不同平台之间的服务时长与积分无法一起累计或使用。部分志愿者和组织者均提出不同平台的使用给他们带来了困扰和阻碍，对服务时长、积分计算的统一提出了需要。

（2）志愿者管理松散、培训碎片化

首先，志愿者与组织者缺乏有效的沟通反馈。如图9、图10所示，有22.31%的志愿者和17.02%的组织者分别认为“社区志愿服务评估反馈体系不完善”“社区志愿服务评估反馈不畅”。有志愿者和组织者提出应当规范社区志愿服务流程，完善交流反馈机制。社区志愿服务开展前，组织者应对志愿者进行岗前培训；社区志愿服务结束后，组织者应与志愿者开展分享交流会并收集志愿者意见反馈。通过双方交换信息的方式，组织者给予志愿者本次服务的评价，了解志愿者的想法，从而促进社区志愿服务的完善。而社区志愿服务的评估反馈尚未落实到位，一方面，组织者不能及时了解到志愿者的服务体验与建议，考虑不同志愿者群体的不同需求；另一方面，组织者没有利用社区志愿服务的机会增进对志愿者的了解，充分发挥志愿者的特长，志愿者对志愿服务组织的信任感、黏性较弱，志愿者队伍归属感减弱、流动性增强。同时，志愿者培训不够专业化、系统化。随着社区志愿服务的发展，社区志愿服务回应社区需求的趋势将逐渐显著，社区志愿服务的专业性、实用性要求也将逐步提高。志愿者培训的完善性平均得分为3.56分（见表7）、3.51分（见表8），实用性平均得分为3.89分（见表7）、3.72分（见表8），仍需进一步健全完善志愿者培训体系。目前，广州市各社工服务站开展的志愿者培训也多为通用性培训，无法满足随着时代发展日益增长的社区发展与治理的需要。24.87%（见图9）的志愿者认为目前“社区志愿者缺乏岗前培训或培训不够专业化、系统化”。而且，志愿者与社工流动性都比较强，志愿者培训难以持续性、系统性进行，这增加了专才志愿者队伍的培育难度。近五成志愿者和组织者认为志愿服务培训仍有较大改善空间。

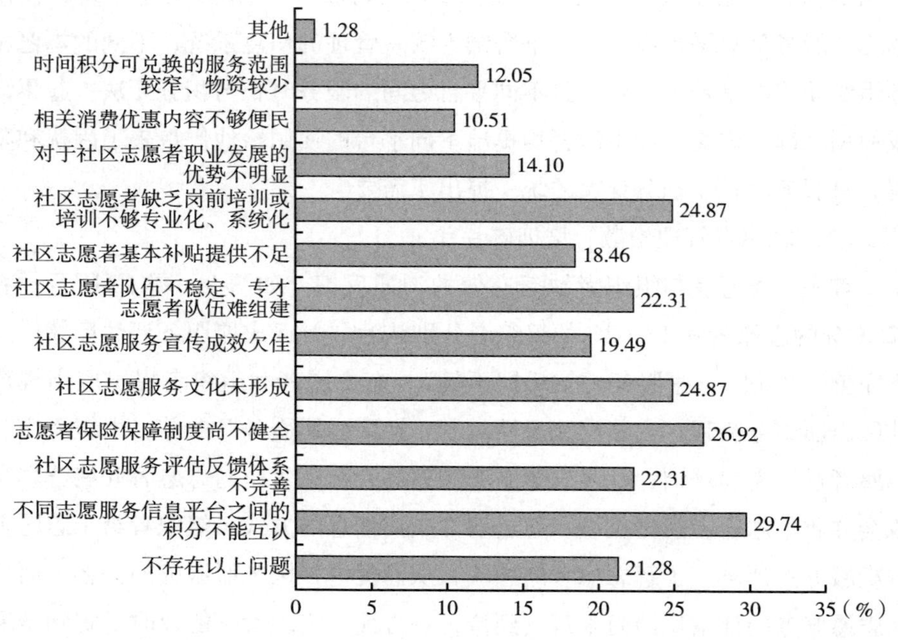

图 9　志愿者认为激励机制存在的问题

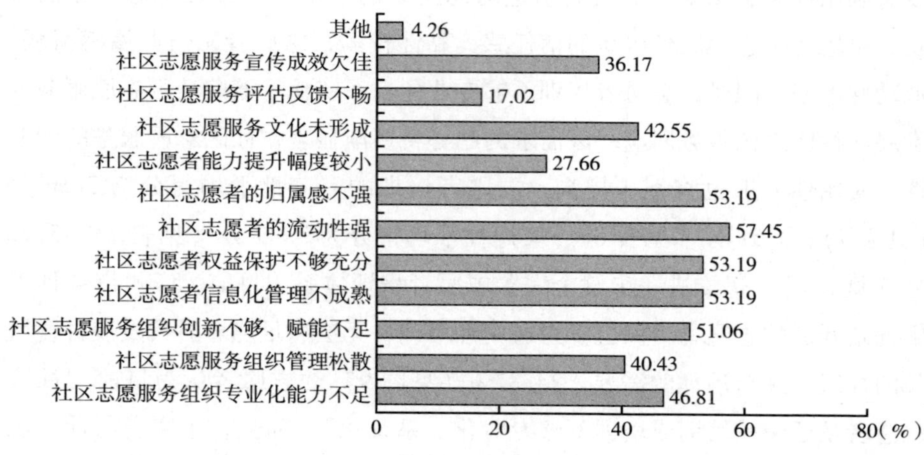

图 10　组织者认为激励机制存在的问题

三　完善广州市社区志愿服务激励机制的对策与建议

党的十九大报告中提出了对志愿服务发展的新要求和新期望，即“推进诚信建设和志愿服务制度化，强化社会责任意识、规则意识、奉献意识”。[①] 发展社区志愿服务既是社会形势发展对强化居民责任意识等社区治理的新要求，也是强化奉献意识等，推动社区志愿服务和社区可持续发展的必然路径。广州市社区志愿服务激励机制的完善可以从宏观政策、中观管理、微观组织和志愿者个体四个方面全方位推进。

（一）推动及时激励：加快推进制度建设与政策支持

1. 建立健全志愿者保险保障制度

建立健全全市统一的志愿者保险保障制度，完善志愿者权益保护的法律与政策体系，加大对志愿者权益保障的投入力度，规范志愿服务组织为志愿者提供的基本保障服务，针对不同类型的志愿服务组织分级分类制定最低的志愿者保障标准。根据实际情况为志愿者提供基本的意外保险、一定的补贴以及日用品、防疫用品，切实保护好志愿者在服务过程中的人身安全，满足其服务过程中的基本需要。

2. 优化社区志愿服务的税收激励机制

近年来，广州市不断完善公益性捐赠税前扣除管理办法，鼓励公众及团体进行慈善捐赠，促进公益事业的发展。但这种捐赠往往只是现金捐赠。建议将社区志愿服务纳入税收减免的范围，鼓励个体、企业捐赠社区志愿服务中所需的物资、提供人力和运输等支持，对积极参与社区志愿服务的个体、企业等，从志愿服务时长、质量、人财物的支援情况等多方考量，给予其相应的税收优惠，激励社会各方共同参与社区志愿服务。

---

① 《习近平：决胜全面建成小康社会　夺取新时代中国特色社会主义伟大胜利——在中国共产党第十九次全国代表大会上的报告》，共产党员网，2017 年 10 月 27 日，https：//www.12371.cn/2017/10/27/ARTI1509103656574313.shtml。

3. 增加公益资金等支持配套

志愿服务组织的资金来源较少，受众关注度低的志愿服务组织更难以获得公众的捐赠。一方面，需要提升志愿服务组织筹集资金的能力；另一方面，需要政府在资金上给予更多的支持与政策倾斜。

4. 完善职业晋升、薪酬福利体系

推进用人单位的职业晋升、薪酬福利与社区志愿服务相结合，为积极参与社区志愿服务的员工提供更多晋升与获得奖金、旅游、团建等的机会，激励员工更多参与到社区志愿服务中。

（二）明确目标导向：创新宣传方式，加大宣传力度

在社交媒体宣传的基础上，深入社区进行传播，提高志愿者的社会形象与志愿精神文化价值。

1. 增加传播渠道

第一，社工服务站与居委会合作，在居民群中发布志愿服务信息。

第二，充分利用社区里的宣传栏进行志愿服务信息与相关激励政策宣传。

第三，在合适的公共空间设置志愿服务文化角，增加对志愿者的权利与义务、相关政策与福利等内容的宣传。与社区内的企业进行合作，有条件的可利用电视屏进行传播，增加社区居民和志愿服务故事与信息的接触机会。

2. 创新传播方式

鼓励与招募在社区学习、生活与工作的人群或社区文艺骨干、社区文艺志愿表演队以戏剧、歌唱、舞蹈等方式展示社区中的志愿服务故事，同时丰富社区文娱活动。

3. 完善志愿者表彰机制

多角度、多层次对不同的志愿者进行宣扬与表彰，让每位志愿者的价值有更多的机会被传播。同时，完善市级、区级表彰的选拔机制，增加、开展一些面向全市、全区的志愿者交流会、团建等活动，按照服务时长筛选入围的志愿者等。

（三）激发内生动力：深化组织赋能，着力提升素养

在以社区志愿服务解决社区问题，深化社区治理，创造美好的社区生活过程中，志愿服务组织是重要的推动力。

1. 深度赋能志愿服务组织

支持志愿服务组织的文化建设与专业建设，不断提升组织者的管理能力、创新能力等，使组织者更好地赋能志愿者和服务志愿者，增强志愿者对志愿服务组织的信任、黏性和与志愿者之间的凝聚力。

2. 优化志愿者与服务队伍的培育体系

（1）完善志愿者培训体系

在志愿服务信息平台开设通用性志愿者培训课程、专业性基础知识课程，并在课程学习结束后进行考核，合格后自动对志愿者进行标识。志愿者在参与社区志愿服务前可在线上自主完成基础培训，节约自己的培训时间和经济成本。志愿服务组织可集中资源加强对志愿者骨干的培育与专业性培训，并在志愿服务信息平台给予认证。

（2）规范建立志愿者的能力档案

培育专才志愿者与服务队伍需要组织者加深与社区志愿者的交流，了解不同志愿者的特点并对志愿者分层次深化培训。在通过志愿服务信息平台认证培训与完善志愿者个人基本信息的基础上，完善志愿者的能力档案，促进志愿者信息的丰富、完善与管理，深化志愿者的信息化管理。

（3）培育社区志愿者骨干与独立志愿服务队伍

组织者要注重培养社区志愿者骨干，发挥志愿者骨干在社区的影响力，动员更多的社区居民参与到社区志愿服务中。同时要注重培育独立志愿服务队伍，发挥社区志愿者的主体作用，由社区志愿者骨干牵头或带领，自主管理，与社工服务站合作，社工可为其链接资源。由在职人士组建的独立志愿服务队伍可利用工作日下班后的时间进行社区需求调研与自主开展服务，解决志愿者与组织者的时间冲突问题，同时可以促进社区居民之间的认识与交流，营造良好的社区志愿服务氛围，形成良好的社区志愿服务文化风尚。

3. 完善服务评估反馈体系

构建并完善社区志愿服务评估反馈体系，并将其纳入社区志愿服务积分体系中。鼓励志愿者与组织者成为表达者与监督者，积极参与到社区志愿服务的调研中，对社区志愿服务建设提出自己的见解，监督规范社区志愿服务的开展，完善志愿者星级评定体系。

（1）设置服务过程记录、评价窗口

在志愿服务信息平台开创社区志愿服务过程记录、评价窗口，组织者及时上传服务过程图片、内容，志愿者记录参与服务的感受与意见等。已结束的社区志愿服务的相关信息可上传至另外一个窗口中供志愿者浏览、了解。

（2）设置志愿者意见收集箱

在志愿服务信息平台中设置志愿者意见收集箱，所收集的志愿者意见经组织者或平台审核为有效信息后，给予志愿者相应的积分。定期收集志愿者意见，动态更新积分兑换内容与服务。

（3）设置投诉反馈渠道

在志愿服务信息平台中设置投诉反馈渠道，以便志愿者及组织者及时反馈平台的异常操作与部分不如实记录志愿服务时长、态度恶劣、违规开展社区志愿服务等行为。

（四）打造区域模式：立足社区需求，创新志愿服务，探索经验模式

1. 立足社区的多元需求，创新志愿服务内容

推动社区居民为社区的特殊困难群体提供恒常性的志愿服务或持续性的情感关怀，即使在无组织者组织的情况下也能够给予特殊困难群体关爱，促进他们与社区的融合。关注社区中不同群体的需要，如学生的课业辅导、家庭的亲子活动、长者的配餐送餐、行动困难群体的看病陪护等。

2. 立足志愿者的多元需求，创新志愿服务方式

对于大学生而言，其毕业后将进入人才市场，面临就业竞争的压力。提升自己的能力、就业竞争力是他们相比其他群体更明显的需求，建议将社区志愿服务记录纳入用人与分配制度，将社区志愿服务作为重要的考核因素。

对于有小孩的家庭而言，“给孩子树立良好的榜样”“锻炼、培养、教育孩子”是家长参与社区志愿服务的动机。部分志愿者提出目前适合 18 岁以下志愿者的社区志愿服务相对较少，应充分发挥青少年的积极性，让学有余力的青少年提供作业辅导、体育、文艺等社区志愿服务。对于初老志愿者及党员志愿者而言，他们自身已经积累了较多的经验、掌握了一定的专长，对于发挥自己的才干、实现自我价值有着非常高的意愿，应充分了解他们的特点，将其匹配到社区的实际需求中。

3. 立足区域服务特点，积极探索激励模式

由于新冠肺炎疫情，人们大大减少了线下接触，纷纷开始探索线上学习、工作的方式，这期间也催生了较多的线上社区志愿服务，如公益问诊、心理援助、信息整理与传递等。广州市各区、各村居、各志愿服务组织在协助抗疫的社区志愿服务中，成功地让志愿者能够更加灵活地安排时间，提供更多的服务，非常高效地打破了时间、空间的限制。对此，可以借鉴各方开展线上、线下社区志愿服务的经验，积极探索激励参与线上社区志愿服务的具体做法和模式。

四　总结

综上，志愿者参与社区志愿服务的主要动机在于实现价值与自我成长。良好的社区志愿服务体验与满足社区需求的服务是广州市社区志愿服务激励的关键因素。据此，笔者提出以下建议：第一，优化智慧服务平台的使用功能与充分保障志愿者的合法权益，给予志愿者更多交流与学习的机会；第二，组织者可协同志愿者深入调研社区的需求，挖掘志愿者所具备的才能，使志愿者的能力与社区需求更好地匹配起来，通过社区志愿服务提升社区凝聚力，激发社区活力与推动社区治理；第三，为了更好地引领、培育志愿服务队伍，需要深度赋能志愿服务组织，促进组织专业建设与文化建设，提升组织者的创新能力。

B.6
广州市社区志愿服务社会支持体系建设与发展路径研究

吴治平　王　玲*

摘　要： 志愿服务是为了弥补政府失灵和市场失灵而发展起来的，志愿服务的大力发展不仅可以满足人民群众日益增长的需要，还可以助力宣传社会主义核心价值观、弘扬社会正能量、促进人们互帮互助、推动人们树立友爱奉献精神等，对于我国和谐社会建设起着重要作用。志愿服务在发展过程中需要社会的支持，其中法律政策、资源、舆论宣传、理论研究、信息化等是支持内容的重要组成元素，这些元素相互促进、缺一不可，因此需要建立完善的社会支持体系以共同促进志愿服务的发展。但是我国社区志愿服务由于发展时间较短，各项制度规范还不完善，在社会支持体系的建设过程中还存在一系列问题。应通过加大政府支持力度，逐步完善社区志愿服务相关制度，建立规范化的社区志愿服务管理和激励机制，实行社区志愿服务品牌化战略等，不断完善社区志愿服务社会支持体系，保障并促进社区志愿服务的良性发展和可持续发展。

关键词： 社区志愿服务　社会支持体系　广州市

* 吴治平，广州市法泽社会工作服务中心理事长，高级政工师，主要研究领域为流动人口社区服务、社区融合、社区治理；王玲，广州市法泽社会工作服务中心秘书长，主要研究领域为流动人口社区服务、社区融合、社区治理、志愿服务。

志愿服务在我国经济领域和社会发展中发挥着越来越重要的作用，成为宣传和践行社会主义核心价值观，协同和助力社会治理的重要一环。志愿服务多次被写入党和国家的规划和报告中，鼓励和支持志愿服务发展的法律法规陆续出台，《中华人民共和国慈善法》是一部关于慈善事业的基本法，对公益慈善事业和志愿服务做了一系列规定。由国务院颁布的《志愿服务条例》是专门针对志愿服务出台的一部全国性的法规条例。除了这两部国家层面的法律法规外，国家的各个职能部门、地方政府、行业协会等也相继出台了一些关于志愿服务的法规政策。中国志愿服务呈现蓬勃发展之势，成为推动社会进步、构建和谐社会的重要力量。

志愿服务不仅推动着社会文明的不断进步，而且在社区治理过程中发挥着重要作用。作为我国当代志愿服务发源地之一的广东省，其志愿服务发展独具特色。1987 年，广州市开通了全国第一条志愿服务热线，标志着广州市在志愿服务发展方面走在全国的前沿。在 30 多年的发展中，广州市志愿服务呈现多元化的发展特点，既有政府参与，又有企业、社会组织、个人等主体的参与，呈现多元主体之间相互合作、相互促进的局面。随着国家推进社会治理下沉基层，与之相关的服务也逐步向基层倾斜，社区志愿服务在推动更多社区主体参与社区治理方面的作用逐步凸显。广州市通过不断在制度、阵地、队伍等方面完善志愿服务，培育志愿服务精神和志愿服务文化，推动社区志愿服务的不断发展。

截至 2020 年 12 月，广州市注册志愿者人数达 380 万人，注册志愿服务组织及团体达 1.5 万个，累计志愿服务时长达 1.2 亿小时。[①] 广州市志愿服务发展势头迅猛，但社区志愿服务在发展过程中也面临一些问题，需要不断地完善社区志愿服务发展体系，健全社区志愿服务支持系统，更好地推进广州市社区志愿服务的发展。

① 《广州注册志愿者人数 380 万　组建社会组织志愿服务总队》，“南都广州”微信公众号，2021 年 3 月 3 日，https：//www.oeeee.com/mp/a/BAAFRD000020210303447091.html。

一　广州市社区志愿服务社会支持体系建设现状

（一）志愿服务支持体系的相关界定

在志愿服务支持体系的界定方面，已经有很多学者进行过研究。纪秋发指出："所谓社区志愿服务的社会支持系统是指对社区志愿服务活动的肯定、支持以及由此而形成的经济资源、志愿者资源和服务设施体系、法律法规、政策、精神激励、舆论环境的总称，包括与政府的合作、物质支持系统、政策法律支持系统、精神支持系统等四个方面的内容。"[①] 李晓欣和谭建光认为："志愿服务的支持体系由支持和保障志愿行动发展的政策、智力、资金、资源等组成，包括社会环境因素和组织内部因素。"[②] 几位学者对志愿服务支持体系做出明确的界定，体系的组成因素都包括资源、政策法规等。综合以上观点，本文中的社区志愿服务社会支持体系可以界定为对社区志愿服务的一切支持行为，包括政策法规支持、资源支持、专业支持、传播支持以及信息化支持等。

（二）广州市社区志愿服务社会支持体系建设现状

结合广州市社区志愿服务发展的实际情况，本文从政策法规支持、资源支持、专业支持、传播支持以及信息化支持五个方面对广州市社区志愿服务社会支持体系的建设现状进行分析。

1. 政策法规支持

在志愿服务的政策法规支持方面，从国家政策法规，到省、市政策规章，再到地方群团组织制定的行业发展章程及管理办法等均给予志愿服务大

① 纪秋发：《社区志愿服务的政策与法律支持系统》，《北京青年政治学院学报》2008 年第 4 期，第 20 页。

② 李晓欣、谭建光：《中国青年志愿服务的支持体系分析》，《广东青年职业学院学报》2015 年第 1 期，第 38 页。

力的支持，为志愿服务的合法地位、志愿者的合法权益等提供了保障，有效推动了志愿服务的发展和推广。

在国家层面，《中华人民共和国慈善法》是我国第一部专门规范公益慈善事业的法律，对慈善组织招募、志愿者管理等方面做了相应的规定。国务院出台的《志愿服务条例》对志愿者权益、志愿服务组织和志愿服务对象的权益等都进行了规定，对促进我国志愿服务有序化、规范化发展做出了指引。党的十八大报告提出要“广泛开展志愿服务”①，党的十八届三中全会公报指出要“支持和发展志愿服务组织”②，党的十九大报告提出要“深化群众性精神文明创建活动，推进诚信建设和志愿服务制度化”③。“十四五”规划提出要“发挥群团组织和社会组织在社会治理中的作用，畅通和规范市场主体、新社会阶层、社会工作者和志愿者等参与社会治理的途径”。④国家的政策法规中明确了志愿服务在社区治理中的重要性。《中共中央　国务院关于加强基层治理体系和治理能力现代化建设的意见》提出，“完善社会力量参与基层治理激励政策，创新社区与社会组织、社会工作者、社区志愿者、社会慈善资源的联动机制”，“完善基层志愿服务制度”，鼓励政府以购买社会服务的方式发展社会工作、发展志愿服务。⑤志愿服务多次被写入党和国家的工作报告和发展规划中，尤其是其在社区治理中的重要作用得以明确。党和国家及各职能部门制定相应规章制度，积极推动志愿服务的发展。

在省、市政策规章方面，广东省在2010年出台的《广东省志愿服务条例》对志愿者、志愿服务组织、志愿服务对象的权利和义务做了明确规定，

① 《胡锦涛在中国共产党第十八次全国代表大会上的报告》，人民网，2012年11月18日，http：//cpc. people. com. cn/n/2012/1118/c64094-19612151-1. html。

② 《授权发布：中国共产党第十八届中央委员会第三次全体会议公报》，新华网，2013年11月12日，http：//www. xinhuanet. com//politics/2013-11/12/c_ 118113455. htm。

③ 《习近平在中国共产党第十九次全国代表大会上的报告》，人民网，2017年10月28日，http：//cpc. people. com. cn/n1/2017/1028/c64094-29613660. html。

④ 《中华人民共和国国民经济和社会发展第十四个五年规划和2035年远景目标纲要》，新华网，2021年3月13日，http：//www. xinhuanet. com/2021-03/13/c_ 1127205564. htm。

⑤ 《中共中央　国务院关于加强基层治理体系和治理能力现代化建设的意见》，中国政府网，2021年7月11日，http：//www. gov. cn/zhengce/2021-07/11/content_ 5624201. htm。

为促进广东省志愿服务发展以及促进各地市结合本土实际制定志愿服务发展政策指明了方向。2011年，广东省委、省政府出台的《关于加强社会建设的决定》中提出，发挥志愿服务组织在社会治理创新中的作用，并把“注册志愿者占常住人口的比重”和“注册志愿者年人均志愿服务时数”纳为地方政府考核的指标，促使广东省志愿服务朝着规范化、专业化的方向发展。2013年，省民政厅、省团委、省文明办等联合出台《关于推进社会工作者与志愿者联动工作的实施意见》，提出探索社工和志愿者优势互补、良性互动的长效机制，使“社工+志愿者”的服务模式在广东省得到广泛的推广与应用。① 在国家、省的志愿服务政策法规指导下，广州市在2008年制定了《广州市志愿服务条例》，以规范志愿服务活动，促进广州市志愿服务的发展。广州志愿服务的发展与社区密不可分，社区为志愿服务的发展提供了平台和基础，广州志愿服务更加注重志愿者与社工的联动，注重志愿服务在养老、助残、扶困、社区公共事务参与等与群众的现实需求有关的方面发挥作用。

除了在国家层面和地方层面制定的关于志愿服务的一些法律和规章外，志愿服务组织如中国志愿者协会、共青团中央、中国青年志愿者协会等也制定了一些规范志愿服务行业发展、促进志愿服务有序运转的条款。

综上，党和政府在志愿服务方面制定的政策法规在社区志愿服务社会支持体系中起着基础性作用，党和政府的支持不仅为社区志愿服务提供了合法地位，而且在促进社区志愿服务向专业化、规范化和常态化发展方面起了重要的作用。

2. 资源支持

社区志愿服务的资源主要包括人力资源和物力资源。谭建光在《中国志愿服务发展的“珠江特色”》中提出珠江三角洲地区志愿服务的“双建构”特色，他认为志愿服务是由“双力量”推动，即政府力量和社会力

① 《关于印发〈关于推进社会工作者与志愿者联动工作的实施意见〉的通知》，广东省民政厅网站，2013年9月22日，http://smzt.gd.gov.cn/zwgk/zcfg/shgz/content/post_2200830.html。

量，并且认为志愿服务经历了“民间发起—政府支持—政社合作—全民参与”的阶段。[①] 广州市志愿服务的发展也符合这一规律，广州市志愿服务的参与主体比较多元化，有高校、企业、社会组织、居民等，基本上形成了全民参与志愿服务的局面。对社区志愿服务而言，人力资源是其存在和发展的重要基础。目前，广州市各社区已成立志愿服务队，并探索出具有社区特点的志愿服务，有的社工服务站根据人群的不同进行分类，组建党员志愿服务队、青少年志愿服务队、耆老志愿服务队等；有的社工服务站从社区治理角度出发，根据社区不同的公共事务分类组建志愿服务队，如大源街社工服务站在社区内建立了志愿服务总队，并在总队下面根据社区不同需要建立了16支分队，在分队下面又建立了志愿服务小队，形成了“总队—分队—小队”的层级式管理模式。大源街社工服务站的志愿服务队根据社区的公共议题和社区居民的需要被划分为多种类型，有垃圾分类志愿服务队、平安金融志愿服务队、扶贫助困志愿服务队、客家山歌志愿服务队、高校志愿服务队等。社区志愿服务队的建立目的一是为社区志愿服务输送人力资源，二是深化社区居民对社区志愿服务的认识，三是培养大批热衷于社区志愿服务的社区骨干，不断壮大社区志愿服务的力量。

除了人力资源外，物力资源也是社区志愿服务非常重要的支持。物力资源可以分为开展社区志愿服务所需要的实物资源和现金资源。广州市社区志愿服务通过在各社区建立新时代文明实践中心（所、站），依托社工服务站进行管理和运营，让社区志愿服务有了可以开展活动的场地资源和部分物资。资金不足是社区志愿服务可持续发展面临的最大问题，虽然可以依托社工服务站开展社区志愿服务，但是资金不足仍是开展社区志愿服务时普遍面临的一个问题。在社区志愿服务的资金方面，广州市的资金支持模式采用“财政支持”和“社会资助”的双重机制。政府的财政支持主要通过购买服务，以项目化的方式进行运作。如市、区共青团以项目的形式在各个社区建

① 谭建光：《中国志愿服务发展的“珠江特色”》，《北京青年研究》2021年第1期，第60~68页。

立志愿驿站；广州市社会组织管理局每年开展的公益创投专门设有志愿服务支持项目；广州市民政局购买的社工服务站项目中也会列出社区志愿服务的内容，并把每个社工服务站社区志愿服务情况作为项目评估指标，包括每年新增的志愿者人数、志愿服务时数等；广州市福利彩票公益金支持广州市志愿者协会开展全市社区助老志愿服务；等等。

开展社区志愿服务的资金大部分来自政府，还有部分来自基金会、企业和公众的支持。在基金会的支持方面，广州市慈善会及其他基金会通过设立项目的形式直接对社区志愿服务进行支持。企业方面的支持主要体现在物资的捐赠和人力的支持，如疫情防控期间为防疫志愿者提供防疫物资，节假日期间联合企业所在地的社工服务站开展困难群体慰问活动，以及通过组建企业社区志愿服务队开展恒常性的服务（义剪、义诊等）。随着社会的发展，社区志愿服务筹措资金的方式越来越多样化，内容也越来越新颖，如广州市每年举办的志愿服务广州交流会，其通过展示社区志愿服务项目，促进社区志愿服务项目交易，开创新型的社区志愿服务资金筹措方式。还有日益兴起的网络筹款平台，目前形成了“以大型互联网公司、基金会和电商为主导的三足鼎立格局”，其中最有名的就是腾讯公益，腾讯公益不论是在筹款总额方面还是在筹款参与度方面都名列前茅。[①] 尤其是腾讯公益每年开展的“99 公益日”活动，腾讯拿出 3.99 亿元的资金进行为期三天的线上筹款，通过“企业配捐+公众个人捐款”的方式为众多公益项目进行筹款。社区志愿服务项目也可以在“99 公益日”期间在腾讯公益平台发起筹款。便捷的线上筹款不仅可以提高公益项目的曝光度，还可以帮助公益项目获得更多资金支持。

社区也为志愿服务的发展提供了部分资源。社区是个巨大的资源库，社区内不同主体如社区内的企事业单位、社区社会组织、社区居民等都能为志愿服务的发展提供资源支持。为了支持社区志愿服务的可持续发展，广州市民政局还要求各个社工服务站设立社区慈善基金，通过此种方式整合社区内

① 张丙璐：《中国公益众筹互联网生态格局的构建研究——基于 36 家互联网众筹平台的对标分析》，《现代商业》2018 年第 2 期，第 231～234 页。

部资源，实现社区志愿服务“内生式”发展，以发挥志愿服务在调动社区多方参与主体上的作用。在广州市、区民政局指导下，各个社工服务站先后设立了社区慈善基金，社区慈善基金筹集的资金额度成为社工服务站评估中的重要加分项。在新修改的社工服务站评估指标体系中，每年筹集资金超过50万元的社工服务站会有额外的服务加分。可见，政府对社会组织自我造血能力十分重视，通过发挥社会组织的作用，整合社区资源，加强对社区内资源的利用，丰富资源来源渠道的多样性，促进社区志愿服务更好地实现可持续发展。

3. 专业支持

社区志愿服务一开始仅是居民群众参与社会服务的自发性行为，随着社区志愿服务的不断发展和进步，自发性的社区志愿服务已经不能适应社会发展的要求和满足居民群众的需求。社区志愿服务的专业化水平亟须提升。在社区志愿服务专业化方面，广州市一方面把社工服务和社区志愿服务相结合，大力推行“社工+志愿者”服务模式，希望通过专业化的社工服务带动社区志愿服务的发展，把专业的力量注入社区志愿服务。专业社工在进行社区志愿服务的设计时考虑到志愿者的需求，并邀请志愿者参与服务项目设计，联动志愿者开展社区志愿服务，这有利于提升社区志愿服务的专业化水平。另一方面通过充分发挥广州市志愿者协会市级培训平台的作用，为全市志愿者提供赋能培训。广州市志愿者协会结合志愿者需求及能力层级设置不同类型的社区志愿服务培训，包括社区志愿服务的通用培训、专业培训以及岗位培训。通用培训，主要内容包括社区志愿服务发展、社区志愿服务精神、工作目标、理念和方法等方面。专业培训，侧重将专业社会工作方法带入社区志愿服务，用专业的社工理论武装志愿者头脑，并且教授志愿者专业的实操方法，如探访技巧、活动策划和执行、志愿者团队管理等。岗位培训，主要侧重对志愿者的激励方法，包括社区志愿服务的服务流程、服务过程中的伦理守则、志愿者对所属团队的认同感和归属感等。

社区志愿服务培训对志愿者专业能力的提升有重要作用，其中社区志愿服务的相关理论对社区志愿服务的发展起着支撑与指导作用，社区志愿服务理论的创新能为社区志愿服务工作模式的创新提供指引。在社区志愿服务理论发展方面，多位学术研究者先后发表及出版有关社区志愿服务的文章和著作，为社区志愿服务发展提供新思路、新方法。高校在推动社区志愿服务理论创新和发展中承担着至关重要的作用，高校不仅可以培养公益服务相关领域的人才，还可以通过与公益组织合作的方式为志愿者赋能，如与公益组织合作成立志愿者培训基地或实践基地，实现社区志愿服务理论和实务的结合，随时为社区志愿服务提供理论和实操的指导。

4. 传播支持

媒体传播是向公众展示社区志愿服务的有效渠道，社区志愿服务的发展需要借助传播宣传，以增进社会公众对社区志愿服务的认识与了解，扩大社区志愿服务的影响力，提高公众对社区志愿服务的认可度和美誉度。社区志愿服务发展30多年来，社会各界对其的认可度虽然逐步提高，但要真正实现社区志愿服务的普及，形成“我为人人、人人为我”的社区志愿服务氛围，却是一条漫长之路。广州市的媒体在宣传报道方面对社区志愿服务给予了大力的支持，主流媒体除对社区志愿服务进行多方位的报道外，每年还通过纸媒及电子媒介对优秀志愿者、优秀志愿服务组织、优秀志愿服务项目进行宣传推广。除了传统媒体外，各个社会组织也通过微信公众号或者新型的传媒对社区内开展的志愿服务进行宣传。媒体的宣传有利于进一步普及社区志愿服务理念和宣传社区志愿服务精神，提升社会大众对社区志愿服务的认可度，对建立社区志愿服务发展的良好环境、形成人人参与社区志愿服务的风尚能起到重要作用。

5. 信息化支持

当前，社会随着互联网科技的发展已进入信息化时代。社区志愿服务要善于借助信息化平台，利用大数据实现自身的信息化、标准化和规范化。早在2015年，民政部就发布了《志愿服务信息系统基本规范》（MZ/T 061—2015）[1]，这是我国在志愿服务信息化方面建立的第一个国家行业标准，

① 《志愿服务信息系统基本规范》，民政部网站，2015年7月22日，http：//xxgk. mca. gov. cn：8011/gdnps/pc/content. jsp？ id=13047&mtype=1。

对建立、开发、完善社区志愿服务信息系统具有重要的参考价值。紧跟民政部步伐，广州市政府在2019年投入700多万元，支持广州市志愿者协会开发志愿时信息平台——广州公益“时间银行”。广州公益“时间银行”是一个综合性志愿服务支撑平台，具有志愿服务在线管理、党员服务落地社区、公益行动力量汇聚、公益资源精准匹配、心愿服务纾难解困、志愿服务激励回馈、时间积分兑换捐赠、志愿服务宣传推广、服务数据统计分析九大功能，旨在汇聚公益资源，提高志愿服务管理的标准化和规范化水平。

广州公益“时间银行”自2019年8月26日正式上线以来，截至2021年12月20日，注册志愿者超过23.3万人，累计发布活动超过1.8万个，累计志愿服务时数超过173.4万小时，服务人数超过2000万人，平均每个月有超过7万名志愿者活跃在各个志愿服务岗位上。[①] 该平台联动广州市203个社工服务站及3682支注册志愿服务队伍，聚焦脱贫攻坚、聚焦特殊群体、聚焦群众关切，结合社区居民特长和兴趣爱好打造常态化的社区志愿服务，在实现菜单式社区志愿服务、社区志愿服务项目和需求精准对接等方面起到重要作用，有利于提高社区志愿服务效率，增强社区志愿服务项目黏性，促进社区志愿服务的进一步发展。

（三）广州市社区志愿服务社会支持体系的特点

1. 政社合作，多元参与

广州市社区志愿服务的发展采取政社合作模式，既有来自政府方面的推动，也有来自社会方面的支持。广州市在1987年开通了全国第一条志愿服务热线，使广州市社区志愿服务呈现在大众眼前。2010年的广州亚运会促使广州市社区志愿服务爆发式发展，提升了全民参与社区志愿服务的积极性。受亚运会志愿者专业培训及服务质量的影响，广州市社区志愿服务逐步朝专业化和标准化发展道路前进。在广州市社区志愿服务发展过程

---

① 参见广州公益“时间银行”平台数据库。

中，政府起着强有力的推动作用。广东省、广州市出台一系列政策文件为广州市社区志愿服务发展提供政策方面的支持，广东省政府把社区志愿服务纳入地方考核指标，广州市把社区志愿服务纳入政府相关政策，如广州市的来穗人员积分入户政策，社区志愿服务被列为积分入户的一个加分项，来穗人员通过参与社区志愿服务可以获得额外的加分。在广州市民政局购买的社工服务中，社区志愿服务被列入项目的评估考核中，成为衡量项目优劣的一个重要指标。政府除了在政策中加入社区志愿服务的内容外，在资金支持方面也加大了投入力度。广州市通过购买服务的方式对社区志愿服务进行支持，目前来看，政府支持是广州市社区志愿服务发展最重要的资金来源。

政府的重视和支持是促进广州市社区志愿服务快速发展的重要因素。但是只依靠政府的支持是不能促进社区志愿服务可持续发展的，社区志愿服务的发展还需要社会各界的广泛参与，还需要依靠社会公众的力量。广州市社区志愿服务发展到今天已经形成多元化的参与模式，即在党政指导下的志愿服务行业协会、社会组织、企业、高校、社区居民等多主体共同参与的格局。社区志愿服务参与主体多元化在扩大社区志愿服务的覆盖面、提高社区志愿服务的认可度方面发挥了重要的作用，多主体共同参与还可以建立社区志愿服务多层次、多资源的协同和联动机制，使社区志愿服务获得更多的资源支持，在满足群众需要方面更有力量。

2. 扎根社区，专业化发展

改革开放以来，随着单位制的解体，社区日益成为社会治理和社区整合的重要落脚点。党的十九大报告指出，要加强社区治理体系建设，推动社会治理重心向基层下移，发挥社会组织作用，实现政府治理和社会调节、居民自治良性互动。[①] 党的十九届五中全会再次强调了推动社会治理重心向基层下移的重要性，提出构建社会组织协同体制，发挥其在社会治理中的作用，同

① 《习近平在中国共产党第十九次全国代表大会上的报告》，人民网，2017 年 10 月 28 日，http：//cpc. people. com. cn/n1/2017/1028/c64094-29613660. html。

时构建人民群众参与体制，拓宽新社会阶层、社会工作者和志愿者参与社会治理的渠道，构建基层“群众自治圈”“社会共治圈”。[①] 广州市社区志愿服务一直非常重视社区的作用，扎根社区是广州市社区志愿服务的重要特征，通过与社区内的多主体合作，不断探求社会服务发展的新模式，从“三社联动”发展到现在的“五社联动”，社区志愿服务始终在联动的各方中占有一席之地。社区志愿服务不仅是专业社工服务的有力支持者，也是衡量社区居民参与社区公共事务程度的重要指标。社区志愿服务只有扎根社区，从社区居民的需求出发，才能真正调动社区各主体的积极性，让多主体的协同共治成为可能。

随着社区志愿服务在社区治理中作用的提升，其专业化发展的要求不可避免地凸显出来。虽然社区志愿服务带有一定的群众自发性，但是要想真正发挥凝聚社区居民、提供参与平台的作用，社区志愿服务一定要走专业化发展道路。社区志愿服务不仅要在服务上提升专业性，而且要在管理上做到规范化、系统化。为了提高社区志愿服务的专业化水平，广州市做了很多努力，从政策规范出台到阵地建设再到信息化管理、专业培训等，全方位支持社区志愿服务专业化发展。

政策规范方面。修订《广州市志愿服务条例》，完善《广州志愿服务联合会章程》，出台《广州市社区志愿服务工作流程和活动项目实施方案》《广州市科普志愿者登记管理办法》《广州青年志愿者协会系列管理规范》等配套政策，建立社区志愿服务日常管理规范。

阵地建设方面。广州市社区志愿服务阵地在数量和规模方面逐渐增加。截至2020年，广州市规范并巩固了2852个新时代文明实践中心（所、站）、2000多个社区志愿服务站点的常态化运作，完成了40个志愿驿站的升级改造工作，建立了14个巾帼志愿服务基地，构建了全覆盖的社区志愿服务网络。[②]

信息化管理方面。借助互联网和大数据，推出“志愿时”综合管理系

---

① 《中国共产党第十九届中央委员会第五次全体会议公报》，共产党员网，2020年10月29日，https://www.12371.cn/2020/10/29/ARTI1603964233795881.shtml。

② 《全覆盖全天候！广东各地依托新时代文明实践中心（所、站）强化疫情防控》，“文明广东”微信公众号，2020年1月31日，https://mp.weixin.qq.com/s/HCqAS5XpF3gepFO1MwexfA。

统和广州公益“时间银行”等志愿服务信息平台，同时上线和优化“党员i志愿”“广州街坊”等微信小程序，发挥信息化的优势，做好志愿者的招募、培训、保障和激励等。

专业培训方面。依托广州市志愿者协会为社区志愿者提供专业化培训，包括理论知识和具体实操方面的培训。社区志愿服务培训还根据不同的服务领域和服务人群进行划分，以实现精准化，提升志愿者服务的专业化水平。志愿者专业素养的提升可以进一步巩固其对社区志愿服务项目的归属感，提升其自我效能感，并且专业化服务传递有利于深化服务对象对社区志愿服务的认识，促进整个社区志愿服务氛围的营造。

综上，广州市社区志愿服务定位在社区，在社区中发动和服务群众，整合和筹集资源，成为政府开展社区治理的重要协同力量。同时，广州市社区志愿服务还积极向专业化道路迈进，从服务的提供、管理、运作和培训等方面进行专业化建设，促进了自身的高质量发展。

二　广州市社区志愿服务社会支持体系存在的问题及相关原因分析

广州市社区志愿服务社会支持体系的建设促进了社区志愿服务的发展，社区志愿服务在满足社区居民需要、促进实现共建共治共享的社会治理格局中发挥了重要作用。但广州市社区志愿服务尚处于发展阶段，社区志愿服务社会支持体系需要通过梳理分析及解决发展过程中存在的困难与问题，才能有效推动与促进社区志愿服务的发展。

（一）社区志愿服务资源支持力度还需加大

资源是社区志愿服务得以维持和发展的关键因素，但是现实的情况是很多社区志愿服务面临资源匮乏、服务难以维持的局面。政府在社区志愿服务的发展中处于主导地位，广州市社区志愿服务的主要资金来源于政府，政府每年均设有对社区志愿服务项目的专项支持经费，但政府资源有限，无法兼顾每个志愿服务组织的需求。除政府专项资助以外，企业和基金会能为社区志愿服务项目提供一定的资金和物质支持，但因未能形成常态化的支持体系，支持范围有限。不同类型社区志愿服务项目因服务内容及服务群体特点不同而获得的资金资助也有区别，符合主流要求、具备一定社会影响力的社区志愿服务项目获得的资金支持较多，服务群体小众化、社会影响力较小的社区志愿服务项目获得的资金支持较少，二者形成了社区志愿服务领域的“马太效应”。社区内虽然设立了慈善发展基金，但大部分组织欠缺筹资能力，社区社会组织因资金筹集问题而面临生存发展困难。

虽然广州市在社区志愿服务的发展中注重发掘社区内部资源以实现对社区志愿服务的支持，但尚未形成常态化、制度化、规范化的支持体系，出现社区志愿服务扎堆某个领域或某类服务群体、资源重叠和浪费的现象。如何有效地统筹资源支持主体促进资源配置的合理化、在关注重点群众急需的同时适当兼顾其他社区志愿服务项目、在稳定政府资助的同时兼顾其他社会支持力量，这些都是广州市社区志愿服务在后续发展中需要考虑的重要问题。

（二）社区志愿服务健康发展的政策法规环境有待完善

政策法规为社区志愿服务的存在和发展提供了合法性依据，是社区志愿服务发展的重要保障。虽然各级政府部门出台了一系列政策大力促进社区志愿服务发展，但是未形成统一的社区志愿服务法律法规。与社区志愿服务相关的政策法规更多地体现在各职能部门的文件和法规中，它们根据各自工作需求而对开展社区志愿服务提出要求。同时，社区志愿服务的部分政策法规还缺少可操作性，如在社区社会组织的登记管理方面，虽然广州市出台了《广州市社区社会组织管理办法（试行）》，但在实际操作中，社区社会组织仍面临登记备案困难的问题。据了解，在某街道下的社工服务站孵化过关于社区女性的志愿服务组织，但是因为登记备案困难该组织一直无法运行。社区志愿服务组织登记备案困难会打击社区居民自发成立社区社会组织的积极性，影响社区居民后续对社区志愿服务的参与度。因此，需要进一步完善社区志愿服务发展的政策法规，出台更加具有可操作性的社区志愿服务指引，不论是在志愿服务组织登记备案还是在志愿服务组织运行方面都出台具体、便捷、明确的规定，通过完善政策法规促进社区志愿服务健康、有序发展。

（三）志愿服务信息系统缺乏互联共通

广州市社区志愿服务发展由多个部门共同推动，共青团系统和民政系统是两个主要的推动部门。共青团系统主要侧重以学校和学生为主体的社区志愿服务，广州市各个学校规定学生通过共青团的“i志愿”参与社会实践并累积社会实践时间。民政系统则侧重社区和社会组织志愿服务的发动，民政系统作为社会组织的主管单位，社区志愿服务的管理是其主要业务之一。民政系统通过开发广州公益“时间银行”管理社会组织志愿服务或社区内的志愿服务。但是由于分属不同系统，使用不同的管理平台，志愿者重复登记注册、接受不同系统管理的情况频繁出现，这分散了社区志愿服务的力量，不利于社会组织志愿服务资源的整合。因此，要促进社区志愿服务高质量、高效率发展，需要打破政府部门之间的壁垒，加强政府部门之间的沟通和合作，整合两个志愿服务信息系统的资源，减少资源的重复和浪费，最大限度地形成志愿合力，发挥志愿服务在社区建设和社区营造中的作用。

（四）志愿服务管理机制不完善，志愿者流失严重

受传统观念影响，有些志愿服务组织过于注重志愿者的数量和规模，以拥有志愿者数量作为衡量社区志愿服务成功与否的标准，但对庞大的志愿者队伍缺乏有效管理，出现“僵尸志愿者”的现象，很多登记在册的志愿者很少或者几乎没有参与任何社区志愿服务，这些志愿服务组织只是拥有了“量”，却没有“质”，这不利于社区志愿服务的良性发展。除此之外，各个社会组织对各自志愿服务队伍的管理方式简单，志愿者激励手段单一，志愿服务重复化、简单化，这些都导致志愿者对志愿服务队伍的归属感和认同感

不强，影响志愿者持续参与社区志愿服务的积极性，从而导致志愿者大量流失。广州市推出广州公益“时间银行”志愿服务管理平台，目的是实现对广州市社区志愿者的统一管理，但由于广州公益“时间银行”系统还处在逐步完善阶段，在社区志愿服务的有效对接和激励方面还没有形成统一的、完善的和常规化的机制。很多社区存在志愿者大量流失的现象，管理不当和激励不足导致志愿者参与志愿服务的次数减少甚至退出志愿服务队伍。建立有效的志愿者管理和激励机制，对增强队伍的向心力、保持志愿者长期从事社区志愿服务的热情至关重要。

（五）志愿者可持续参与的内生动力不足

志愿者在参与社区志愿服务的过程中都带有不同的目的性，根据志愿者参与目的不同，笔者将志愿者大体分为“跟风型”志愿者、“完成任务型”志愿者以及“有一定认同感型”志愿者。在这三类志愿者中，“跟风型”志愿者和“完成任务型”志愿者占有很大的比例。“跟风型”志愿者主要受到社会热点的鼓动，一时激动参加了社区志愿服务，觉得社区志愿服务是其爱国或有责任心的体现。“完成任务型”志愿者往往带有一定的目的性，如为了获得积分入户的积分或者完成单位要求的任务。不论是上述哪种类型，这些志愿者可持续参与的内生动力均不足，很多时候的社区志愿服务参与是“一次性”的。“有一定认同感型”志愿者是推进社区志愿服务发展的重要人群，这些人既认同社区志愿服务，也愿意投入更多的时间和精力去参与社区志愿服务。保持这部分人群的比例是志愿服务队伍可持续发展的关键。但是在实践中，很多“有一定认同感型”志愿者随着参与次数的增多，其参与的热情慢慢减退，甚至出现最后直接退出社区志愿服务的情况。上述志愿者可持续参与内生动力不足的原因有很多，包括：志愿者对社区志愿服务的认识不到位，只停留在基本的做好事层面；志愿者激励不足，在志愿服务队伍管理的过程中志愿者的个人需求没有被有效地考虑，导致志愿者热情退却；志愿服务队伍凝聚力不强，成员之间缺乏沟通交流；等等。因此，志愿服务组织要在增强社区志愿者内生动力方面下功夫，多想办法。

（六）相关原因分析

上述内容分析了社区志愿服务社会支持体系在发展过程中存在的问题和不足，这些问题和不足存在的原因是多方面的，但是其中一个比较重要的原因是我国现在处于社区志愿服务发展的初级阶段。第一，现代志愿服务是随着现代国家的发展而逐步发展起来的，与中国相比，国外公益慈善事业发展的历史比较悠久，从1601年英国颁布《慈善法》开始到现在已经有几百年的历史，公益慈善的理念深入人心，社区志愿服务的发展也相对成熟。相比较而言，我国社区志愿服务发展的时间较短，但我国一直有志愿服务和公益服务的理念，如儒家提出的“仁”，主张“仁者爱人”，实行“仁政”，孟子的“老吾老以及人之老，幼吾幼以及人之幼”，墨家的“兼爱非攻”等都对慈善思想进行了论述。新中国成立后，“雷锋精神”一度成为社会认可的主流价值观。之后，我国的公益慈善事业进入了一段停滞期，直到20世纪80年代才逐步恢复。总体来说，公益慈善事业在我国的发展历程相对较短，在发展的初期面临这样或那样的问题是在所难免的。第二，社区志愿服务是一个外来的概念，其具体落地要结合我国的本土特色。不论是中国古代的道佛文化，还是孔孟思想，以及新中国成立以来的“雷锋精神”等都是中国志愿服务文化的重要源泉，在借鉴西方好的理念的同时应结合我国的传统文化，结合居民群众的日常生活，形成具有本土特色的社区志愿服务品牌，这样的社区志愿服务不仅贴近群众的日常生活，而且在满足群众的需求方面有一定的优势，具有本土特色的社区志愿服务更容易被国人接受。第三，社区志愿服务的品牌效应尚未形成。社区志愿服务存在资金匮乏、资金来源渠道单一、生存发展困难等问题，除了与外部支持不足有关外，还有一个非常重要的原因就是社区志愿服务项目的品牌效应还有待加强。在社区志愿服务30多年的发展中，陆续出现了很多品牌，这些品牌对于社区志愿服务项目的推广、加强大众对社区志愿服务项目的了解和支持起了重要作用。但是总体来说，社区志愿服务的品牌化建设仍然不足，品牌效应的优势尚未充分发挥出来，服务项目雷同化、单一化等问题严重。因此要在社区志愿服务项目品牌创新方面下功夫，这样才能保证社区志愿服务的核心竞争力。

三　广州市社区志愿服务社会支持体系建设的对策建议

（一）加强和完善社区志愿服务资金筹措机制，在社区志愿服务可持续发展方面下功夫

在社区志愿服务的资源来源方面，政府的支持占主导地位。尤其是在其他主体资助不足的情况下，政府支持就显得更加弥足珍贵。但是，政府的资助尚未形成常态化的机制，各部门之间的支持也比较零散化，这种零散化的支持不利于社区志愿服务项目的长期发展。因此，首先，要加强和完善有效的社区志愿服务资金筹措机制，政府方面的支持要更加制度化和常态化，把对社区志愿服务的支持列入政府的年度预算。其次，还要不断探索政社支持的机制，企业、基金会和公众方面的支持机制也要逐步建立，让更多社区志愿服务项目有多元化的资金支持渠道。最后，对志愿服务组织来说，除了要不断增强自己的核心竞争力外，还要探索多样化的筹资方式，如建立社区志愿服务的月捐机制，开发低偿社区志愿服务收费项目，与社区内的其他伙伴实行项目共建等，不断拓展思路，多角度、多方面地探索社区志愿服务项目的可持续发展之路。

（二）营造和建立社区志愿服务发展的良好政策环境，健全社区志愿服务规范体系

在社区志愿服务的发展过程中，党和国家出台了一系列的政策法规，以保障社区志愿服务的有序发展。但是，目前尚未形成一部最高形式的专门的社区志愿服务法。因此，国家和地方政府要出台一些更具可操作性的社区志愿服务指引，如简化社区志愿服务组织登记手续，在社区志愿服务项目和社区志愿服务资金筹措方面出台更多更详细的指引等。

（三）加强不同部门之间的联动，共同推进社区志愿服务发展

社区志愿服务在发展的过程中出现不同部门各自为政、条块分割的情况，这样不仅造成社区志愿服务资源的浪费，还不利于社区志愿服务资源的整合。因此，需要建立不同部门之间的联动和合作机制，实现社区志愿服务资源的无障碍流动，共同推进社区志愿服务发展。要实现这样的目标，一是要建立一个专门负责统筹的部门，由这个部门进行统一的调动和安排；二是把社区志愿服务列入各个部门的年度预算，做好年度社区志愿服务的安排，减少在相同领域重复投入社区志愿服务资源的现象，杜绝资源的重复投入和浪费，各个部门齐心协力共同推动社区志愿服务的发展。

（四）完善管理体系，建立志愿者参与的长效机制

高素质的志愿服务队伍是提高社区志愿服务质量的关键，这就涉及志愿者的管理和激励机制。良好的社区志愿服务管理体系是保证志愿者有效参与的一个重要因素。完善社区志愿服务管理体系，建立志愿者参与的长效机制，除了政府层面的工作（立法、资金支持）外，作为行业协会和社会组织自身还可以从以下方面进行努力。行业协会方面，首先，发挥行业协会的优势，为社区志愿服务发声或向政府建言献策，利用多种宣传手段展现优秀社区志愿服务项目和优秀志愿者的良好风貌，让政府和公众更了解社区志愿服务，从而加大对社区志愿服务的支持力度。其次，行业协会可以制定一些行业自律规定，为社区志愿服务的规范发展提供指引。同时，还可以优化志愿服务管理平台——广州公益“时间银行”，简化注册流程，增加特色板块，引导各个会员有效地利用系统进行志愿者管理。社会组织方面，要及时了解志愿者的个人需求，建立社区志愿服务的激励机制。志愿者参与社区志愿服务往往出于自身的意愿，要想长久保持志愿者参与的热情就必须了解志愿者的需求，在设计社区志愿服务项目的时候把志愿者的需求考虑在内，这样才能增强志愿者和社区志愿服务项目的黏性，提高志愿者对社区志愿服务项目的认可度，保证志愿者的后续参与。

（五）进一步加强宣传，提高公众对社区志愿服务的认可度

广州市已经有比较好的社区志愿服务文化氛围，还要进一步加强在公益文化、慈善精神、志愿理念方面的宣传。同时，结合我国已有的社区志愿服务文化精神如“雷锋精神”、社会主义核心价值观等，对公众不断进行志愿精神和志愿理念的宣传，让社区志愿服务成为一种社会风尚，让参与社区志愿服务成为一种社会自觉，促进形成“人人认可志愿服务，人人参与志愿服务”的社区志愿服务氛围。

（六）实行品牌化战略，推出精品化社区志愿服务品牌

广州市社区志愿服务在发展的过程中形成了众多本土品牌，这些品牌在社会上产生了较大的影响力。创新是社区志愿服务可持续发展的一个重要驱动力，社区志愿服务要从社区居民最迫切的需求出发，结合共建共治共享社会治理格局，形成更多有影响力的、能够满足群众需要的品牌。只有实施品牌化战略才能不断提高志愿服务组织的竞争力，让社区志愿服务深入人心，吸引更多企业、基金会、社会大众一起加入促进社区志愿服务发展的队伍，实现社会资源最大限度地向社区志愿服务集中，从而实现社区志愿服务的可持续发展。

（七）加强社区志愿服务理论研究，形成有本土特色的社区志愿服务模式

首先，要发挥高校、研究机构在社区志愿服务理论方面的研究作用，结合我国本土文化，不断形成社区志愿服务发展的本土理论，并用其指导实践，促进社区志愿服务实践不断向前。其次，要发挥行业协会的作用，整合整个市、区的社区志愿服务资源，开展社区志愿服务培训，不断提高志愿者的理论素养和实务水平，推动社区志愿服务的专业化发展。最后，要不断总结社区志愿服务经验，选择一些比较好的模式进行复制推广。广州市已有30 多年的社区志愿服务经验，通过对这些服务经验进行总结，保持比较好

的做法并不断修正不完善的地方，从而形成有广州市特色的社区志愿服务发展模式，并对其进行复制推广，以扩大广州市社区志愿服务的影响力。

社区志愿服务社会支持体系的建设是一个长期的、系统的工程，包括政策法规的逐步健全和完善、资金筹措机制的建立、本土理论的研发、志愿者管理和激励制度的建立等，不仅需要政府的大力推动，还需要广大群众的参与和社会各界的支持。因此，要不断完善社区志愿服务社会支持体系，通过各种渠道提升社区志愿服务的品质，探索社区志愿服务常态化发展机制，以实现社区志愿服务的可持续发展，更好地发挥其在社会治理、和谐社会建设中的作用。

专题报告

Special Reports

B.7

党建引领社区志愿服务的经验探索

李 森 揭坤焰*

摘 要： 在广州市，随着“双报到”、“双微”行动的推进落实，党组织、党员在社区志愿服务发展中发挥重要带头作用，党建引领社区志愿服务朝着更全面、更务实、更深入的方向发展。党员在社区防疫、文明创建、困境帮扶等多个社区志愿服务领域发挥先锋模范作用。广州市的实践经验表明，党建引领社区志愿服务，一是要坚持党对社区志愿服务的领导，二是要推动党组织、党员在社区服务群众，践行初心。

关键词： 党建引领 社区志愿服务 新时代文明实践

---

* 李森，广州市志愿者协会会长，广州市启智社会工作服务中心理事长，广东外语外贸大学社会工作硕士研究生兼职导师，主要研究领域为党建工作、社会工作与志愿服务、公共管理等；揭坤焰，广州市启智社会工作服务中心项目总监，中级社工师，主要研究领域为社会工作与志愿服务。

一　党建引领志愿服务概述

（一）党建引领志愿服务的政策背景

1. 志愿服务与党的百年奋斗目标同向同行

习近平总书记强调，志愿者事业要同“两个一百年”奋斗目标、同建设社会主义现代化国家同行。① 党建引领志愿服务发展，是要让志愿服务服务于社会主义现代化，并坚定走中国特色志愿服务之路。

在以习近平同志为核心的党中央高度重视及领导下，我国志愿服务事业蓬勃发展。2020 年 6 月，据不完全统计，我国注册志愿者人数逾 1.6 亿人。② 志愿服务在科教文卫、扶贫帮困、减灾救援等各领域广泛发展，有力地服务社会主义现代化建设大局。

2. 加强党对志愿服务的领导

2016 年，中宣部等部门发布《关于支持和发展志愿服务组织的意见》。该文件明确指出志愿服务要坚持党建引领，坚持以满足民众日益增长的社会服务需求为出发点，坚持服务国家发展大局。③ 2017 年，国务院颁布的《志愿服务条例》也对党领导志愿服务事业做出了明确规定，志愿服务组织要依据党章设立党组织，并支持党组织的活动。④

3. 鼓励党员积极参与志愿服务

《关于支持和发展志愿服务组织的意见》第十七条对党员参与志愿服务

---

① 《习近平为志愿者点赞：你们所做的事业会载入史册》，新华网，2019 年 1 月 18 日，http：//www. xinhuanet. com/politics/leaders/2019-01/18/c_ 1124009449. htm。

② 《推动新时代志愿服务事业持续健康发展——中央文明办负责同志答记者问》，新华网，2020 年 6 月 5 日，http：//www. xinhuanet. com/politics/2020-06/05/c_ 1126080268. htm。

③ 《关于支持和发展志愿服务组织的意见（全文）》，新华网，2016 年 7 月 11 日，http：//www. xinhuanet. com/politics/2016-07/11/c_ 1119199194. htm。

④ 《志愿服务条例》，民政部网站，2017 年 9 月 6 日，http：//www. mca. gov. cn/article/gk/fg/shflhcssy/201709/20170915005823. shtml。

做出了明确指引：党政干部要在工作之外参加志愿服务活动，中共党员及共青团员要带头做出表率。①

（二）党员参与社区志愿服务的积极意义

1. 党员参与社区志愿服务，践行初心使命

党员参与社区志愿服务，就是要在社区中为人民服务，为老百姓办实事；党员参与社区治理，解决社区问题，促进社区发展，带领居民建设和谐社区，能提升居民的幸福感。党员参与社区志愿服务，是在践行“不忘初心、牢记使命”。

2. 党员参与社区志愿服务，有利于密切党群关系

党员带头参与社区志愿服务是密切党群关系的重要途径。党员进入社区带头开展志愿服务，容易与其他志愿者、社区居民打成一片。党员参与社区志愿服务，帮扶困境群体，传递党的温暖，让困境群体感受到党的关怀。党员在社区志愿服务中表现出的待人热情、和善以及不怕困难、不惧劳累，是共产党人应有的精神面貌，这种面貌以生动、朴实的形式呈现在广大居民群众面前，十分具有感染力。

二　广州市党建引领社区志愿服务的主要实践

（一）“双报到”加强了党组织、党员在社区志愿服务中的引领作用

1. 8000多个党组织在社区引领志愿服务发展

截至2021年7月底，广州市一共有8807个单位党组织在“穗好办”平台向属地镇街报到，参与属地社区治理，为属地居民提供志愿服务。② 组织

---

① 《关于支持和发展志愿服务组织的意见（全文）》，新华网，2016年7月11日，http://www.xinhuanet.com/politics/2016-07/11/c_1119199194.htm。

② 《“穗好办”用户数突破1000万，上线服务超1700项》，大洋网，2021年8月6日，https://news.dayoo.com/guangzhou/202108/06/139995_54011718.htm?from=timeline。

共建的优势体现在以下方面。

一是有效发挥党组织的战斗堡垒作用，充实基层治理力量。番禺区化龙镇是一个工业大镇，2020 年面对返工复工潮，来穗返穗人员增多，镇内各村居人流、车流量大，部分村居出现测温岗检疫人手不足、防控巡逻人手不足、来穗返穗人员信息录入人手不足等问题。广汽乘用车集团党委了解此情况后，立即响应，积极发动下属各党组织，组织党员开展防疫志愿服务。2020 年 2~3 月，广汽乘用车集团党委共组织了 127 名党员志愿者到明经村、塘头村等 9 个村居出入口开展为期 2 个月的防疫志愿服务。在化龙镇，有 18 支防疫党员先锋队活跃在社区防疫一线，而且，在他们的引领带动下，超过 3500 人主动加入防疫志愿服务中。①

二是党的组织资源和技术资源在社区志愿服务中发挥关键作用。如广州中院与白云区鹤龙街道签订全面党建共建协议，23 个党支部与鹤龙街道 4 个机关、3 个经济联社、11 个社区居委会、3 个“两新”组织、2 个驻街国有企业党组织开展“一对一”的“双结对、共创建”活动，包括主题党日活动、“关爱女童 · 护苗成长”法治教育宣传活动、“反家暴”普法宣传活动、“法在身边 案说民法典”系列宣讲活动等。广州中院党组织的资源和技术输出，让普法宣传志愿服务成为鹤龙街道社区志愿服务发展的特色、亮点。②

2. 近30万名党员在社区志愿服务中发挥先锋模范作用

据媒体报道，2019 年 6 月至 2021 年 6 月，全市共有 27.9 万多名在职党员回社区报到。③ 在职党员在社区志愿服务中的先锋模范作用主要体现在以下几个方面。

一是在职党员成为志愿服务队的骨干力量。中共党员陈晓霞荣登 2021

① 《化龙镇党建引领凝心聚力齐抗“疫”》，番禺文明网，2020 年 4 月 14 日，http：//wmpy.panyu.gov.cn/article/content.do？contextId=51438。

② 《广州法院：党建+法律服务，助力基层社会治理》，广东政法网，2020 年 10 月 30 日，http：//www.gdzf.org.cn/zwgd/202010/t20201030_1058946.htm。

③ 《广州持续开展党员志愿服务活动》，大洋网，2021 年 7 月 12 日，https：//news.dayoo.com/guangzhou/202107/12/139995_53987895.htm。

年 7 月“中国好人”榜。[①] 其上榜事迹为：志愿服务队队长扎根社区，真情为民服务十余年。陈晓霞，现任广州市国资委法规处党支部书记、处长，工作之余，担任广州机关党员志愿者红棉暖心服务队（广州市新时代文明实践社区关爱志愿服务队）队长。陈晓霞热心公益 18 年，从事志愿服务的时间达 10025 余小时。陈晓霞带领的团队首创“特群之家”，建立“志愿者+社工+受助者”的社会支持网络和多方帮扶机制，撬动 40 个社会组织资源，创立“5566+”（5 共建 5 课堂 6 聚会 6 主题月+）帮扶模式，创建 5 基地 5 平台（手工秀、交友、文艺秀、榜样和惠民坊平台），每周按需服务，累计组织开展新时代文明实践活动 1846 场次，带动 1.20 万多人次参与，惠及全市 108 个村社 7.26 万余人次。陈晓霞带领的团队获评广东省最佳志愿服务组织、广东省新时代文明实践志愿服务首批百佳团队。其团队的公益项目获评全国第二届党建创新成果展示交流活动服务群众十佳案例银奖、广东省学雷锋志愿服务先进典型最佳志愿服务项目、广东省新时代文明实践专项赛示范项目及重点培育项目。如此成就，离不开党员队长陈晓霞的带领与示范。

二是在职党员敢于冲锋在前。尤其在社区防疫工作中，“我是党员，我先上”成为无数党员的口号。疫情防控期间，各机关党组织、各事业单位党组织、各国有企业党组织，均积极推动党员回社区参与防疫工作。2020 年 3 月，《广州日报》报道了《天河党员教师突击队：校外战“疫”网上尽职》的服务事迹。[②] 党员教师陈晓娟、甘思丽，党员教职工赵杰等，因疫情不能返穗，主动在家乡参加防疫工作。员村小学党总支书记张娜、昌乐小学党支部书记郑蕙积极组织支部党员参与社区联防联控工作。2021 年 6 月初，番禺区大石街对大兴村、北联村部分区域进行封控。番禺区青年地带大石站党员社工庞金莉也在封控区内，她主动穿起红马甲，值守村口、协助核酸检

① 《致敬！陈晓霞荣登 2021 年 7 月“中国好人”榜》，广州文明网，2021 年 8 月 12 日，http：//gdgz.wenming.cn/2020index/xxgg/202108/t20210812_ 7264071.html。

② 《天河党员教师突击队：校外战“疫”网上尽职》，《广州日报》2020 年 3 月 2 日，https：//www.gzdaily.cn/amucsite/web/index.html#/detail/1181231。

测等，带动越来越多村民、租户加入其中。

三是在职党员能够快速响应各级党组织号召。2020 年 2 月，《广州日报》报道了《有呼必应！越秀 3 万余在职党员融入社区防控主战场》；2020 年 9 月，《广州日报》报道了《海珠区 1 万余名在职党员志愿者参与周末卫生整治活动》；2021 年 6 月，《羊城晚报》报道了《近三年，广州约有 30 万名在职党员回到社区参与垃圾分类服务》。广大党员以实际行动不断营造党建引领社区志愿服务的氛围。

（二）“双微”行动让党组织、党员为群众办实事落到实处，进一步提升党建工作在社区志愿服务领域的影响力

2021 年 4 月，广州市出台《“您的心愿、我的志愿”——党组织、党员为群众办实事“双微”行动工作方案》，把党史学习教育和“我为群众办实事”实践活动充分结合起来，发动全市各级党组织和广大党员广泛开展征集、认领和办好民生微项目、实现群众微心愿的“双微”行动，积极为群众排忧解难。这次行动，要求全市各级党组织、全部党员为问题突出的社区和社区困境群体提供资源和服务，是近年来规模最大、涉及范围最广的一次党员服务群众的行动。“双微”行动启动不到半个月，全市已初步收集 1894 个微项目、8721 个微心愿。“双微”行动的落实进一步增强了党建在社区志愿服务领域的引领作用。

（三）党员参与社区志愿服务的平台得到不断完善

1. 新时代文明实践中心发挥堡垒作用，党建引领社区志愿服务核心阵地的功能逐步显现

建设新时代文明实践中心，是党中央重要战略决策。文明实践中心是党向广大群众进行文化宣传、政策教育的重要阵地，也是党员服务群众的重要阵地。中共中央办公厅印发的《关于建设新时代文明实践中心试点工作的指导意见》指出，志愿者是文明实践中心的主体力量，志愿服务是文明实

践中心的主要活动方式。[①]

2020 年 3 月 5 日，广州市文明办副主任鲍炜公布数据：广州市发布的志愿服务项目涉及疫情防控的有 1532 个，超过 200 万人次志愿者投入防疫工作中，1955 个新时代文明实践中心在防疫工作中发挥作用。[②] 鲍炜还对广州市志愿者参与防疫工作的亮点进行了总结：一是全力织密社区疫情防控的第一道防线，二是发挥各级新时代文明实践中心的堡垒作用，三是广泛开展关心关爱医护人员志愿服务活动。

2020 年 8 月 5 日，广州市召开深化拓展新时代文明实践中心建设工作推进会。会上，时任市委书记张硕辅强调：一要强化理论武装，二要坚持政治引领，三要深化改革创新，四要强化文明创建，五要坚持以人民为中心，六要加强组织领导。要深化在职党员到社区报到工作，完善以志愿服务为基础的组织形式和运行机制，把新时代文明实践中心建设成为做好群众工作的桥梁纽带。[③]

2. 街道社工服务站是党组织、党员参与社区志愿服务的重要补充平台

在“113X”服务框架下，街道社工服务站为党组织、党员提供社区志愿服务的实践平台。在该服务框架下，社工服务站将“党建引领服务”作为核心服务。“党建引领服务”，一方面要求社工服务站发展党员，建立党组织，发挥社工服务站党支部、党员的带头作用；另一方面要求社工服务站整合辖区党组织资源和党员力量，服务社区困境群体，参与社区治理，参与社区文明建设，以及传扬红色文化。

以天河南街社工服务站为例，2020 年，该服务站共与 23 个党组织合作，为 712 名党员提供社区志愿服务岗位。这些党组织、党员经社工牵线搭桥，深入参与天河南街社区治理，为居民提供各项服务。如广州市交通运输

---

① 《中共中央办公厅印发〈关于建设新时代文明实践中心试点工作的指导意见〉的通知》，华阴文明网，2020 年 5 月 12 日，http://www.hywm.gov.cn/zx/gggq/ABzi6j.htm。

② 《广州市政府新闻办疫情防控新闻通气会（第三十二场）》，广州市人民政府网站，2020 年 3 月 5 日，http://www.gz.gov.cn/zt/gzsrmzfxwfbh/fbt/content/mpost_5728897.html。

③ 《广州市召开深化拓展新时代文明实践中心建设工作推进会》，广州文明网，2020 年 8 月 6 日，http://gdgz.wenming.cn/2020index/yw/202008/t20200806_6623889.html。

局机关党委等党组织，承接了党建引领垃圾分类“美丽四色桶”项目，在社区中为居民宣讲垃圾分类的条文规定、播放环保电影等。在党员的带领下，共有198人次陆续参与垃圾分类投放点守桶工作，收集居民意见30多条，社区垃圾分类情况得到改善。该项目获媒体报道11次。

3. 社区党组织是推动社区志愿服务发展的主导力量

社区党组织领导社区居委会、村委会开展各项社区工作，是创新社区治理、推动社区精神文明建设、推动和谐社区（幸福村）建设以及助力困难群众脱贫脱困的主导力量，而发展社区志愿服务对这几项工作意义重大。社区基层党组织书记在党群志愿服务队伍培育方面的带动作用凸显。2020年，花都区秀全街道花港社区以“最美志愿服务社区”称号入选全国学雷锋志愿服务“四个100”先进典型，这与花港社区党总支书记李凤招的努力分不开。作为一名有25年党龄的中共党员，李凤招为“南漂”的秀全大妈搭建平台，组建了“秀全大妈”志愿服务队，并促成该队建立党支部，打造“秀全大妈”品牌。“秀全大妈”志愿服务队发展至今已有2000名队员，在秀全街道开展困境帮扶、垃圾分类宣讲、红色节目演出、社区安全巡逻、纠纷调解等多项志愿服务。

4. 老干部工作系统持续发力，老党员在社区发光发热

2020年2月，广州市老干部工作系统有39支党员支援队、突击队或志愿服务队，905名老党员、老干部，其持续奋战在宣传、监测、排查、值守等社区防疫工作一线。[①] 2020年10月22日，广州市委老干部局发布《关于进一步做好老干部志愿服务工作的通知》，强调把离退休干部党建工作有机贯穿到老有所为的志愿服务中，支持和引导广州市老干部在社会主义核心价值观培育、和谐社会建设、思想道德建设等方面发挥优势和作用，推动全市老干部志愿服务走进社区、走进乡村、走进基层。《关于进一步做好老干部志愿服务工作的通知》明确提出要组建市老干部志愿服务队，开展志愿服

① 冯艳丹：《广州老党员、老干部为抗“疫”捐款220余万元》，南方Plus网站，2020年2月14日，http：//static. nfapp. southcn. com/content/202002/13/c3117100. html？colID＝38。

务，以及大力宣传老干部志愿服务典型和示范作用。2021 年，在广州市学雷锋月志愿服务大行动启动仪式上，广州市委老干部局发布以下信息：一是组建“广州市委老干部局志愿服务总队”，打造银发志愿服务品牌；二是助力疫情防控，充分发挥全市各级离退休干部党组织作用；三是助力经济社会发展，深入开展“增添正能量 · 共筑中国梦——广州老干部为实现老城市新活力添光彩”主题活动；四是助力下一代健康成长。这些信息的发布，进一步明确了退休老党员在社区志愿服务中的角色定位。

在老干部工作系统、社区党组织的支持下，退休老党员成为社区志愿服务的重要带领者。越来越多退休老党员的服务事迹得到传播。《羊城晚报》全媒体记者报道了《志愿服务添彩夕阳红！广州有支退休人员组建的义修服务队》①，主角是被广州市志愿者协会评为 2020 年度“优秀社区志愿者”的退休老党员张朝广。张朝广组建的粤晖家电义修队中的大部分成员和他一样，是退休老党员。“广州天河发布”微信公众号发布的《她充当社区“健康使者”，让居民更安全、更安心！》一文，讲述的是退休老党员、天河区沙东街志愿服务骨干吴晓静的服务事迹。2020 年，吴晓静报名加入天平架社区成立的疫情防控党员突击队，在社区坚持值守测温岗的同时，开设线上瑜伽班，通过网上教授的形式使居民身心得到放松。2021 年，吴晓静又主动参与沙东街疫苗接种、核酸检测、电访关怀志愿服务。除此之外，吴晓静还是沙东街党军群志愿服务队、乐善服务队的队长，并兼任多支志愿服务队的骨干。这些退休老党员能够成为社区志愿服务的骨干、领袖人物，很大程度上源于共产党员的奉献精神。

（四）党建全面引领社区志愿服务发展

在社区党组织的带领下，单位党组织、在职党员、退休老党员积极发挥先锋模范作用，在社区志愿服务各个领域都起了带头作用。近两年，党组

① 《志愿服务添彩夕阳红！广州有支退休人员组建的义修服务队》，羊城晚报 · 羊城派网站，2020 年 10 月 19 日，http：//ycpai. ycwb. com/ycppad/content/2020 - 10/19/content _ 1228029. html。

织、党员在社区防疫、文明实践、社区养老、困境帮扶四大领域发挥了重大作用。

1. 在社区防疫志愿服务领域，党组织、党员冲锋在前

在各镇街党工委、社区党组织的组织、推动下，党员突击队、党员先锋岗遍地开花，成为社区防疫工作的“排头兵”，有效地调动了广大居民参与防疫志愿服务的热情。广州市志愿者协会在2020年共推出87期《众志成城，志愿同行！广州市疫情防控志愿服务简报》，每期都有党组织、党员带头服务的案例。

2. 党组织、党员是文明实践社区志愿服务的主导力量

在广州市，文明实践社区志愿服务领域需求最大的是垃圾分类宣教社区志愿服务和文明劝导社区志愿服务，这两项工作也是广州市“创文”的重点工作。广州市是全国46个垃圾分类工作重点城市之一，垃圾分类一直是市委、市政府高度重视的一项工作。以党建为引领，充分发挥基层党组织的战斗堡垒作用，广泛动员党员、领导干部和公职人员带头开展垃圾分类，从而推动社会治理创新，推动构建共建共治共享的社会治理新格局。2020年11月，广州市启动“垃圾分类，社区党员在行动”主题实践活动，进一步强化党员在垃圾分类宣教社区志愿服务中的作用。2019年以来，广州市已有约30万名在职党员回到社区参与垃圾分类服务。根据广州市城管部门的测算，2020年因垃圾分类而减少的厨余垃圾约1587.76吨、快递包装垃圾2.78万吨、塑料垃圾袋67.94万个。[①] 这当中有志愿者的一份功劳。

在文明劝导社区志愿服务方面，以交通文明劝导为例，2020年8月，广州市文明办组织开展文明单位与重点交通路口结对共建行动。文明单位发动员工以志愿者身份参与文明交通示范点创建工作，服务内容包括在交通路口引导市民遵守交通秩序，纠正行人、非机动车交通违法行为。近200名文明单位员工在单位党组织的带动下参与该项工作。交通文明劝导志愿者成为

---

① 《近三年，广州约有30万名在职党员回到社区参与垃圾分类服务》，新浪网，2021年6月29日，http://k.sina.com.cn/article_5787187353_158f1789902001amc0.html。

广州市各路口一道亮丽的风景线。

3. 在社区养老志愿服务领域，退休老党员起带头作用

“初老服务老老”是广州市社区志愿服务的一个品牌，初老志愿服务队伍的骨干、负责人有不少是退休老党员。花地街活力长者志愿服务队成立于2018年，由社区退休长者及专才志愿者组成，其中50岁以上初老志愿者28人，党员志愿者10人。该志愿服务队致力于关怀社区困境长者，自2018年开始，每月定期开展探访及电访服务，热心帮助低收入长者及长期照顾他们的家属，为他们筹措生活物资和生活照顾的资源。六榕侨颐初老志愿先锋队成立于2016年，是由六榕街东风社工服务站培育发展的一支“初老服务老老”志愿服务队，目前队内共有39人，其中初老志愿者37人，党员志愿者9人，以“用心服务、真诚付出、互爱互助、幸福晚年”为服务理念，致力于为社区困境长者提供电访关怀、上门探访、上门送餐、义剪、代购物资、居家清洁、健康保健等多元化社区照顾支持服务。这两支志愿服务队是在退休老党员带领下的“初老服务老老”志愿服务队典范。

4. 在困境帮扶志愿服务领域，党组织、党员积极发挥自身资源和技术优势

“双微”行动的重点在于帮扶社区困境群体，党组织、党员的资源和技术优势发挥了重要作用。例如，广东省工伤康复医院党委和广州市疾控中心机关党委认领了白云区鹤龙街道“展翅计划”微项目。该项目主要针对鹤龙街道困境儿童（有注意力缺陷、多动症、学习障碍、各类发育迟缓、孤独症、脑瘫等情况的儿童）开展感统综合、运动功能、视觉手工、语言、认知、呼吸筋膜训练等六类训练课程，这些课程主要由认领组织的党员开展。这体现了党组织、党员在困境帮扶志愿服务中的资源和技术优势。

（五）注重社区志愿服务中党建引领作用的宣传

在社区志愿服务领域，要加强党建引领宣传。一是让广大居民群众切实感受到党组织和党员的服务，并知晓党组织、党员在社区的服务事迹；二是为各级党组织和全体党员在社区志愿服务领域提供样板参考；三是向广大居民群众传播党的理念、方针。在促进党建引领社区志愿服务的宣传方面，主

要有以下具体做法。

1. 成立党员突击队、党员志愿服务队、党群志愿服务队

党员突击队、党员志愿服务队是由党员组成的社区志愿服务队，这些社区志愿服务队在居民服务、社区治理中发挥着带头作用。党群志愿服务队是以党员为核心骨干，社区居民群众参与其中的社区志愿服务队。在中共广州市直属机关工作委员会负责的“党员 i 志愿”小程序平台上，总共有超过 250 支党员志愿服务队。这些志愿服务队下沉社区后，成为社区志愿服务队标杆。各区、街道、社区相继成立大量党员志愿服务队。

2. 设立党员社区志愿服务岗

设立党员社区志愿服务岗，采用党员轮值形式，为居民群众提供优质的、持续的服务，同时展现党员的精神面貌。在疫情防控期间，社区涌现大量党员测温岗，彰显了中共党员不畏艰险、不辞辛劳的品质。

3. 开展党员社区服务日等专题活动

2020 年是党组织到属地街道报到、党员回居住社区报到政策落实的重要一年。结合“创文”工作，各街道积极开展党员社区服务日活动。2020 年 9 月，《广州日报》全媒体发表《在职党员服务社区，九成市民投赞成票》，报道了越秀区北京街、番禺区南村街相关主题活动的开展情况。随着“双报到”的进一步落实，各街道、各社区党员社区服务日活动将常态化开展。党员社区服务日活动能够让党组织、党员在短时间内为居民群众提供多样化服务，受到社区居民广泛关注。

4. 提升了党员在社区志愿服务中的辨识度

党员佩戴党徽、穿红色党员志愿服务马甲，党员志愿服务队在活动中使用红色队旗。在社区防疫和“创文”工作中，党徽、红马甲、红色队旗成为一道亮丽的风景线。

5. 通过电视、报纸、新媒体等多种渠道传播党员社区志愿服务事迹

除党政宣传线口外，社会组织、志愿服务组织自媒体在宣传党员社区志愿服务方面的作用越来越明显。如“广州市志愿者协会”微信公众号推出《我为群众办实事简报》《党史学习教育简报》等党员服务专题推送，在

《众志成城，志愿同行！广州市疫情防控志愿服务简报》《“初老服务老老”志愿服务行动简报》等服务信息推送中凸显党员服务事迹。

三　党建引领社区志愿服务的经验总结

（一）组织推动是党建引领社区志愿服务的核心保障

广州市“双报到”制度在促进党组织和党员参与社区志愿服务方面起了关键作用。2021 年的“双微”行动，直接向各单位党组织、党员给出具体服务任务，让党组织、党员服务社区困境群体，解决社区问题。对于退休老党员，全市老干部工作系统积极发动老干部带头参与社区志愿服务。具有为人民服务的初心和强有力的组织性是党组织、党员能引领社区志愿服务发展的根本原因。

（二）在群众关切的问题上，最能体现党建对社区志愿服务的引领作用

2020 年，党组织、党员在社区志愿服务中作用凸显，一定程度上是因为党组织、党员在社区防疫与“创文”两项重大工作中的担当。社区防疫工作关系到广大社区居民的安全，“创文”工作关系到居民社区生活的各个方面。2021 年的“双微”行动，同样聚焦群众关切的问题，为群众办实事。在这些群众关切的问题上，广大党员不畏难、不怕苦，对社区志愿者起到榜样作用。

（三）党建引领下的社工成为党组织、党员服务社区的有效助力

将“党建引领”作为核心服务后，各街道社工在助力党组织、党员服务社区居民方面的成效日益凸显。社工是社区困境群体的需求管理者和资源协调者，能高效地将党组织、党员的资源与服务匹配给有需要的居民。社工还是创新社区治理的专业力量，运用社区工作评估、计划、协调、培育等专

业手法，助力党组织、党员带领社区志愿者、广大居民协力解决社区问题，推动社区发展。

四　党建引领社区志愿服务的完善空间

（一）党组织、党员参与社区志愿服务的线上、线下平台有待整合

目前，广州市党员参与社区志愿服务的线上信息平台有广州公益“时间银行”平台、“i 志愿”平台、“党员 i 志愿”平台，个别区域还有区域性的“时间银行”平台和“党员时间银行”平台。各平台还未实现数据共通，这不利于服务需求信息的共享，也不利于党员服务数据的统计。党组织、党员分别到街道、社区报到后，可在党群服务中心、新时代文明实践中心（所、站）、街道社工服务站等多个平台为居民提供服务，但几个平台的活动发布缺少整合，宣传报道也缺乏整合。

（二）党组织、党员参与社区志愿服务的项目化水平有待提升

目前，广州市党组织、党员参与社区志愿服务以参与活动为主，而且主要是街道、社区和社工服务站组织的活动。“双微”行动对于促进党组织提供项目化的社区志愿服务有很大的促进作用，但社区党员、退休老党员提供社区志愿服务的项目化水平仍然不高。社区志愿服务项目化运作的好处，一是能更有效解决问题，二是持续性和自主性更好，三是成效更为清晰。在这方面，需要更多地运用专业理论知识设计高质量社区志愿服务项目。

五　强化党建引领社区志愿服务的对策建议

（一）进一步加强信息管理，完善平台建设

要想发挥好党组织和党员在社区志愿服务领域的带头作用，就要进一步

完善党组织、党员参与社区志愿服务的信息管理机制，尤其要打通几大信息平台。在打通信息平台后，可以进一步完善数据监测机制、供需配对机制、服务反馈机制等。在线下平台方面，进一步厘清新时代文明实践中心（所、站）、党群服务中心、街道社工服务站及社区服务平台在社区志愿服务发展方面的分工、协作关系，让党组织、党员更好地为居民提供服务。

（二）做好案例收集和宣传推广

收集各街道动员党组织和党员开展社区志愿服务的案例、社区组织党员服务居民及参与社区治理的案例、党组织服务居民的案例、在职党员服务居民的案例、党员带领社区志愿服务队的案例、党员发展社区志愿服务项目的案例，把好的方法进行推广，为街道、社区、党组织、党员提供参考。在推广形式上，除了传统的电视、报纸，还可以多运用抖音、视频号、虎牙直播间等新媒体。如广州市志愿者协会开展的“广州市党员志愿服务百场直播访谈”，就是一种与时俱进的推广形式。

（三）提高党员在社区志愿服务队带领方面的能力

各志愿者组织、志愿者学院可以进一步开设党员志愿服务骨干能力提升班，促进党员对社区志愿服务管理相关知识的了解，提升党员在社区志愿服务队中的沟通协调能力。支持一批以党员为骨干的社区志愿服务队，为党员骨干提供相关专业指导，并加强党员骨干和队伍服务事迹的宣传。

（四）增强单位党组织的社区服务项目策划与管理能力

社区服务项目策划与管理属于社会工作专业知识领域，加强社区服务项目策划与管理，能让单位党组织为社区提供的服务更有效。应通过对问题发掘、需求评估、制订计划、提供服务、项目评估等过程的控制，让单位党组织提供的社区志愿服务更加专业化。

（五）提升社会组织、社区志愿服务组织的政治素养

社会组织是推动社区志愿服务发展的重要力量，社区志愿服务组织是

提供社区志愿服务的主体。对于已经成立党支部的社会组织、社区志愿服务组织，其党支部应重视自身党建工作；对于未成立党支部的社会组织、社区志愿服务组织，主管部门和社区党组织可有针对性地为其开展政治素养方面的专题培训，引导志愿者和社区志愿服务与社会主义现代化建设大局同向同行。

B.8

志愿服务助力新时代文明实践中心建设的经验探索

——以广州市为例

李晓欣　王一平　谭建光*

摘　要： 建设新时代文明实践中心，是有效推动习近平新时代中国特色社会主义思想落地，教育和引导人民群众运用科学理论持续提高思想道德觉悟、指导生产实践的创新举措。广州市坚持以新时代文明实践为抓手，以志愿者为主要力量，以志愿服务为主要活动方式，以群众满意为根本标准，引导全市各部门、各单位以及社会组织、志愿组织、社区群众积极参与新时代文明实践活动，让其在参与中提高思想认识、获得精神滋养。广州市通过志愿服务推进新时代文明实践中心的建设，目前已初步形成"志愿+实践+参与"的创新路径，志愿服务专业化水平和工作能力得到进一步提升。

关键词： 新时代文明实践中心　志愿服务　广州市

一　建设新时代文明实践中心的背景

习近平总书记在2018年7月6日主持召开的中央全面深化改革委员会

* 李晓欣，广州市志愿服务发展中心九级职员，主要研究领域为志愿服务、社会工作等；王一平，广州市志愿服务发展中心九级职员，主要研究领域为文明实践、志愿服务等；谭建光，广东省团校（广东青年政治学院）教授，广东省志愿者联合会副会长，广东省社工与志愿者合作促进会会长，主要研究领域为志愿服务、青年发展。

第三次会议上对建设新时代文明实践中心做出精确定位并提出明确要求。① 在2018年8月21~22日的全国宣传思想工作会议上，习近平总书记再次强调加强和改进思想政治工作、推进新时代文明实践中心建设的重要性，并为新时代文明实践中心建设、志愿服务制度化常态化的推进指明方向。② 广州市认真贯彻落实中央、省委和省政府关于推进新时代文明实践中心建设的会议精神和有关要求，先后印发了《广州市建设新时代文明实践中心试点工作实施方案》《关于扎实推进广州市建设新时代文明实践中心试点工作的通知》等文件，以区、镇（街道）、行政村（社区）三级为单元，以志愿者为主要力量，以志愿服务为主要活动方式，以群众满意为根本标准，引导全市各部门、各单位以及社会组织、志愿组织、社区群众积极参与新时代文明实践活动，助力新时代文明实践中心建设。广州市将传播新思想、引领新风尚与激励社区群众参与社区治理相结合，将弘扬奉献、友爱、互助、进步的志愿精神与引导社区群众共建共治相结合，积极探索“志愿+实践+参与”的路径。

二 广州市新时代文明实践中心建设情况

2018年以来，广州市深入学习贯彻习近平总书记关于新时代文明实践中心建设的重要指示精神，整合党群服务中心、政务服务中心等基础资源，扎实开展试点工作，注重农村与城区统筹推进、同步建设，构筑起“全市覆盖、出户可及、群众便利”的新时代文明实践服务网络，有效将激励与教育群众、关心和服务群众的“最后一公里”打通。③ 截至2022年5月，全市共有新时代文明实践中心（所、站）2996个，各级文明实践阵地结合

① 《习近平主持召开中央全面深化改革委员会第三次会议》，中国政府网，2018年7月6日，http：//www. gov. cn/xinwen/2018-07/06/content_ 5304188. htm。

② 《习近平出席全国宣传思想工作会议并发表重要讲话》，中国政府网，2018年8月22日，http：//www. gov. cn/xinwen/2018-08/22/content_ 5315723. htm。

③ 《广州市召开深化拓展新时代文明实践中心建设工作推进会》，广州文明网，2020年8月6日，http：//gdgz. wenming. cn/2020index/yw/202008/t20200806_ 6623889. html。

“七个一百”精品项目下基层、新时代文明实践主题月、“我们的节日”等，累计开展线上、线下活动5万多场次，惠及群众近千万人次，持续不断在广州市践行习近平新时代中国特色社会主义思想，做出满足群众实际需求的实效。2019年，广州市从化区被认定为全国新时代文明实践中心建设试点单位，花都区、番禺区被认定为省级新时代文明实践中心建设试点单位。同年10月，时任中共中央政治局委员、中宣部部长黄坤明到从化区西和村调研指导，充分肯定了广州市新时代文明实践中心试点的建设成效。

广州市新时代文明实践中心建设的主要举措有以下四个层面。一是紧紧围绕学习宣传贯彻习近平新时代中国特色社会主义思想主线，组建“四个100”宣讲队伍。开辟线下宣讲、线上直播、移动传播等路径，以文明实践阵地为依托打造宣讲学习党史的大课堂，累计开展新时代文明实践系列网上直播活动361场次，累计在线观看近7200万人次。二是完善机制。深化“党建+实践”融合模式，加快新时代文明实践中心（所、站）与党群服务中心、政务服务中心融合建设。优化完善阵地建设，在窗口单位、便民服务点、景区景点等公共区域建设文明实践驿站166个。由属地新时代文明实践中心（所、站）统筹管理，与党群服务中心、社区综合服务中心等深度融合，提高公共服务资源的综合使用效益。三是推动文明实践活动满足人民精神文化生活新期待。以“主题月+实践日”活动模式，集中开展弘扬红色文化和志愿文化、文明旅游、环境保护等文明实践活动，常态化推动文明实践塑造社会新风尚。四是精心组织开展志愿服务活动。在区一级设立志愿服务总队，下辖配置“8+N”志愿服务队伍。建立广州文明实践云平台，搭建志愿服务信息平台，形成百姓“点单”、中心“派单”、志愿者“接单”、群众“评单”的工作模式，让市民群众在亲身参与中提出新时代文明实践中心（所、站）建设优化完善的意见。

三　志愿服务助力新时代文明实践中心建设做法剖析

为深入贯彻中央、省文明办的总体部署及全省建设新时代文明实践中心试点工作座谈会会议精神，突出重点成效、务求实效，扎实推进新时代文明实践中心的试点工作，广州市在充分发挥各级新时代文明实践中心作用的基础上，有效推进文明实践志愿服务工作，在市域社会治理现代化、社区治理创新中形成自身特色做法。

（一）文明实践“我要参与”

“群众是文明实践志愿服务的活力源泉，没有群众的主动投入、广泛参与，文明实践中心建设就会变成‘挂牌子’‘空壳子’。”[①] 新时代文明实践活动必须始终以基层群众为主体，做好凝聚力量、引导宣传的工作，最广泛地发动群众参与，建立多元化的新时代文明实践志愿服务队伍，常态化开展宣传宣讲、友爱互助等活动，积极调动社区群众参与的热情和主动性。广州市在这方面的做法主要体现在以下四个方面。一是新思想引领社区群众参与。通过广泛深入社区、农村，运用通俗易懂、活泼生动的形式开展学习习近平新时代中国特色社会主义思想的宣传宣讲活动，激发广大群众参与社区建设、社区治理的兴趣和热情。如越秀区依托全区 241 个新时代文明实践中心（所、站）及党群服务中心，以“服务党员、服务群众、服务企业、服务人才”为根本宗旨[②]，以学习实践科学理论、宣传宣讲党的政策、培育践行主流价值、丰富活跃文化生活、持续深入移风易俗为五大服务内容，坚持每月一主题，广泛开展理论宣讲、政策法规解读、道德品质教育、文明行为引导、主题活动宣传、广场文化传播、群众实践等一系列活动，使文明实践活动有内涵、有温度、有人气、可持续。二是新风尚推进婚俗改革。广州市以建设“全国婚俗改革实验区”为契机，将婚俗改革与新时代文明实践相结合，加强文明婚俗的宣传教育和有序引导，有力推动形成婚事新办简办的文明新风尚。从化区依托新时代文明实践阵地贴近群众的优势，揭牌成立

---

① 《文评：以更大力度推进新时代文明实践志愿服务》，光明网百家号，2021 年 4 月 12 日，https：//m. gmw. cn/baijia/2021-04/12/34758921. html。

② 孙蕙：《勇做新时代文明实践“探路者”——访贵州省委宣传部副部长、省文明办主任、省电影局局长李朝卉》，《当代贵州》2019 年第 14 期，第 2 页。

婚姻登记处新时代文明实践站和新时代文明幸福礼堂，把传统婚俗与新时代文明元素相结合，“推出百年好合、花好月圆、情比金坚等新时代文明婚礼套餐”[①]，探索“广府”“客家”“潮汕”等具有地域特色的新时代文明婚礼标准流程，为推进全省形成“文明实践+婚俗改革”发展模式奠定理论基础，并在全市乃至全省推广经验、探索做法。三是文明实践项目促进社区治理创新。广州市各个区、镇（街道）、村居开展文明实践志愿服务项目，让广大群众在参与的过程中建立友善关系、建设和睦社区。如黄埔区推出文明实践系列项目——“黄埔生活地图”，只要轻轻一点，区内志愿服务点、家政服务门店、养老机构、母婴室、地铁无障碍出入口、核酸检测点、新冠疫苗接种点等分布就一目了然。四是文明实践阵地构建社区生活共同体。在新时代文明实践中心的建设过程中，各区、镇（街道）、村居根据本地特色和群众需求，探索建立更加贴近群众生活的实践基地。如增城区永宁街“市民驿站+颐康中心”，把为社区居民提供生活便利作为出发点，打造15分钟便利生活圈。新时代文明实践中心建设在“群众家门口”的实践阵地，成为社区群众休闲娱乐、交流沟通的好去处，推动形成一起关心家园、一起建设家园的社区治理共同体。

（二）志愿服务“我能参与”

志愿服务是促进各项工作的有力抓手，是推进事业发展的重要力量。结合城市发展要求、社区治理需要，广州市大力推进志愿服务组织的登记注册、志愿服务项目的培育发展，为社区群众提供更多的参与机会。一是弘扬志愿服务精神，营造社区氛围。全市各单位充分发挥党员志愿者、专业志愿者的力量，为社区群众开展志愿服务精神传播、志愿服务知识传播活动，吸引越来越多不同层级的群众了解和参加志愿服务。广州市图书馆社区志愿服务项目坚持目标导向、需求导向、效果导向，聚焦读者的“急难愁盼”，有

---

① 朱伟良、符超军：《文明婚礼也时尚　道德模范送祝福》，《农民日报》2021年7月28日，第7版。

效发挥“志愿服务+专家咨询”模式的倍增效应，通过图书馆专业服务吸引专家资源汇聚，通过讲座、分享、咨询等多种形式为公众提供法律、教育、心理、健康等多个领域的专业信息服务。二是发展志愿服务组织，吸引群众参与。为了引导和激励社区群众参加志愿服务组织，各区深入社区，了解社区需求，为群众提供精神抚慰和人文关怀等志愿服务，打造品牌项目，进一步凝结群众。如从化区以活跃在农村的村第一书记、优秀村干部、农村党员代表、农村致富带头人、回乡创业青年、农技推广员、好婆婆、好媳妇等为主体，组建百姓宣讲“轻骑兵”志愿服务队伍，定期开展宣讲员培训，组织宣讲员“你讲我评”等活动，向农民群众讲党的惠民政策，讲村里发生巨大变化的原因，讲使家庭和睦的做法，让宣讲更接地气。同时，志愿服务队伍深入家家户户，嘘寒问暖、关爱帮助，让广大群众感觉贴心和暖心，也吸引了很多群众自愿报名成为志愿者，在志愿服务的过程中理解和领会党的方针政策，自觉参与文明实践志愿服务。三是开展社区志愿互助，增进邻里友善。构建社区志愿互助的志愿服务网络，是促进社区治理创新、减少安全问题的重要一环。广州市志愿者协会在社区培育发展“初老”志愿服务队，精准把握困难长者需求，广泛开展“初老服务老老”社区助老志愿服务活动，并以“微心愿”形式为社区困难长者提供专业助老服务和志愿服务，促进社区助老志愿服务持续健康发展。截至 2021 年 12 月 24 日，广州公益“时间银行”注册志愿者超过 23 万名，50 岁及以上志愿者约占 11%，培育超 100 支社区“初老”志愿服务队，累计发布活动逾 34000 场次。①

（三）社区治理“我会参与”

广州市通过开展文明实践志愿服务，让社区群众在参与团队合作、服务协作的过程中学会治理创新。一是志愿者壮大治理创新力量。原来很多人认为社区治理是“干部的事情”“党员的事情”。如今，群众通过加入志愿服务队伍，逐渐成为社区治理的中坚力量。如白云区石井街注册的志愿者有

① 参见广州公益“时间银行”平台数据库。

1600多名，培育的志愿者骨干有56名，有26支志愿服务队伍，志愿服务队伍主要由学生志愿者和居民志愿者组成，辖区志愿服务氛围较好，志愿者参与的积极性高。社区志愿服务项目通过整合社工资源和社区内的医疗资源、初老志愿者和学生志愿者资源，建立长者慢性病志愿服务平台，以建档服务的形式，围绕一名建档的慢性病长者提供“社工+多元志愿者+医疗专家”三大服务支持力量，以及五大服务内容。通过发动初老志愿者和学生志愿者资源开展自助互助，促进其关心和参与社区事务，壮大社会治理创新力量，营造友爱温暖的生活家园。二是志愿者汇聚治理创新智慧。通过文明实践志愿服务吸引社区群众在志愿服务中发挥聪明才智、技能特长，为改善乡村社区作出贡献。从化区格塘村文化资源丰富，优势明显。坐落于从化区格塘村乡村“复兴少年宫”旁的南药小镇岭南中医药文化博览园，是全国中医药文化的宣传教育基地之一，该博览园以中医药文化为主题，为社区群众策划推出了一系列中医药文化研学课程，依托乡村“复兴少年宫”、新时代文明实践站以及现有场地设施，为乡村少年儿童开设中医药文化研学等有特色、有内涵、有新意的活动课程。同时，注重结合红色文化开设引领式培育课程，乡村“复兴少年宫”已经成为乡村少年儿童课外学习和实践活动的重要场所、新时代文明实践的重要阵地。通过社区群众参与精心策划，促进社区群众友爱互助、参与社区治理，不断改善乡村社区的生活环境。三是志愿服务丰富治理创新形式。黄埔区的为民公园、铁军精神公园、创业公园是连接党和政府与老百姓的民心项目，该项目由知名红色艺术专家志愿服务队提供党建艺术作品建议方案，基于红色文化、岭南文化、海丝文化三个维度，充分挖掘黄埔区的红色资源，讲好传统故事，弘扬红色文化，传承红色基因，打造独具广州特色的红色文化新地标，塑造有高度、有特色的黄埔党建公共艺术形象，将其打造成党建教育、党建活动的标志性节点，成为群众潜移默化接受党性熏陶的休闲空间。三个公园都蕴含新时代思想，承担着推动新时代文明实践使命，为群众提供丰富多彩的活动，也为探索社区治理创新提供了更多可能性。四是志愿服务完善治理创新机制。市域社会治理的现代化、社区治理的创新化，既要贯彻中央和省、市的政策精神，也要发动群众参与制定适合本地区、适合本社区的制度措施。如“广州好人”尚丙辉建立的“天河区尚丙辉好人工作室”，在新冠肺炎疫情防控期间，该工作室党支部响应号召，第一时间成立党员服务突击队，有序组织队员参与战“疫”，为做好防控工作贡献一份力量。该突击队先后到露宿者聚集较多的体育西广场、广州火车站、一德路等地，给露宿者派发口罩，向他们普及如何正确佩戴口罩、宣传防控疫情等相关知识；还通过建立工作档案，一人一档一编码，详细记录露宿者照片、个人资料、测量情况等细节，以便跟进。这种规范有序的志愿服务，有效提升了群众综合素质、提高了社会文明程度，切实有效地促进了广州市域社会治理的现代化。

（四）共建共享“我愿参与”

文明实践志愿服务吸引和动员社会各阶层、各群体参与社区治理，充分发挥群众的主体作用，努力形成共建共治共享的社会治理格局。一是党员、团员志愿者示范带动。如越秀区充分发挥党员、团员志愿者的示范引领作用，迄今为止累计发动党员、团员志愿者超过 1200 人次，开展周末义务劳动 43 场次，清扫卫生死角 391 个，铲除“牛皮癣”458 处，清理积水 45 处，疏通沟渠 25 处，整治共享单车超过 1300 辆，发放宣传资料 1500 余份。另外，广州机关党员志愿者红棉暖心服务队（广州市新时代文明实践社区关爱志愿服务队）聚焦社区失独、自闭、单亲、残障、孤寡等特困群体需求，一户一策提供接地气的服务，实现月月有主题、周周有活动，有效打通服务群众的“最后一公里”。党员、团员志愿者秉承“全心全意为人民服务”的宗旨，在参与志愿服务的过程中充分发挥带头示范作用，吸引和带动群众参与共建共治共享。二是青年志愿者创新探索。2021 年 5～6 月，广州市发生本土新冠肺炎疫情。团广州市委以广州市志愿者行动指导中心和广州青年志愿者协会为依托，统筹调动市、区、镇（街道）、村居四级共青团组织力量，组织 23.5 万人次的青年志愿者在全市 1033 个新冠疫苗接种点、核酸检测点持续开展维护秩序、服务指引、宣传教育、信息录入等多项志愿服务工作，累计服务时长超 117 万小时。广州市梳理总结了疫情防控青年志愿服务工作阶段性经验，并以此为基础制定了《广州市分级分层大规模新冠病毒核酸检测等志愿服务工作指引》，该指引的制定是“重大突发公共卫生事件中志愿服务机制建设的重要一步，为其他地区疫情防控志愿服务工作提供重要参照”。[①] 三是专业志愿者推动提升。广州市吸引和发动大量专业人士如教师、医生、律师、会计师等参与文明实践志愿服务，他们成为社区治理的专业资源。如“徐克成关爱健康直播室”志愿服务项目自 2020 年 5 月启动，旨在帮助更多的人了解健康知识，从容应对疾病，通过直播传递正能量，至今共计直播 105 期，线上多平台（抖音、YY、西瓜、云犀、映客、斗鱼等）同步直播，合计 600 万人次观看。徐克成关爱健康工作室坚持公益，通过“对话生命与健康”，向民众普及健康知识、癌症治疗及康复知识，链接广州复大肿瘤医院的医疗资源，组建医疗义工队，为社区居民开展户外公开义诊志愿服务，为社区独居、孤寡长者进行入户义诊志愿服务，得到长者及社区社工的一致认可及高度评价。四是社区志愿者共创家园。如从化区西塘村是一个问题村，村民法治意识比较薄弱，全村 1200 多人中涉毒人员超 100 人。经过多年努力，由从化区人大常委会携手中山大学南方学院，会同从化区司法局、鳌头镇建设的西塘宪法馆于 2018 年 12 月 4 日正式开馆，该馆是全国第一个在乡村建设的宪法馆，也是广东省第一个宪法馆。[②] 馆内讲述了宪法的发展历史以及精神主旨，通过文献资料、影像图片、漫画故事、宣誓互动等，使村民充分学习法律、了解法律，提高法治意识。[③] 村里的大小事务越显规范化，村民的参与让村集体的发展更加有活力，为实施乡村振兴战略、“打造共建共治共享的社会治理格局”[④] 提供了强大的法治支持。

---

① 郭帅：《广州出台志愿服务抗疫指引》，《人民政协报》2021 年 8 月 24 日，第 10 版。

② 《全国首个乡村宪法馆开馆 珍贵文献静述历史》，金羊网，2018 年 12 月 5 日，https：//news. ycwb. com/2018-12/05/content_ 30145907. htm。

③ 《全国首个乡村宪法馆在从化开馆》，《南方日报》2018 年 12 月 5 日，第 GC4 版。

④ 《社会治理格局共建共治共享》，《经济日报》2018 年 1 月 22 日，第 5 版。

四　志愿服务助力新时代文明实践中心建设的效能

广州市通过多渠道开展多元化文明实践志愿服务，吸引社区群众、志愿者积极参与，群众参与度和满意度持续提升，推动了文明实践志愿服务实现制度化常态化专业化发展，成功打造“四个广州”的特色品牌。一是志愿者参与，打造“活力广州”。在粤港澳大湾区、先行示范区的“双区”建设机遇与背景下，加大力度在广州市推动实现老城市新活力和“四个出新出彩”的奋斗目标。引导社区群众参与文明实践活动、参与志愿服务项目，激发其热情和动力，发挥其聪明才智，为广州市带来新的活力、新的生机。二是志愿者参与，打造“平安广州”。在广州市民对于社会治理现代化、社区治理创新的需求中，最突出的是建设平安社区、保障生活安全。志愿者积极参与社区平安巡查、化解社区矛盾纠纷、倡导环境保护、维护食品安全等文明实践志愿服务，为群众的健康安全作出贡献，有力促进“平安广州”建设。三是志愿者参与，打造“友善广州”。广州是全国“慈善城市”建设的试点市，正努力打造“友善广州”的品牌。社区群众参与文明实践志愿服务，奉献爱心、助人为乐，广泛传播友善互助的社会文化，促进社区生活的和谐安全，让城市更友善、让社区更友好。四是志愿者参与，打造“幸福广州”。幸福生活、美好生活是群众的追求，也是党的奋斗目标。党员志愿者、青年志愿者、专业志愿者以及社会各类志愿者奉献爱心、帮助他人，鼓励和吸纳社会大众积极投身于社区志愿服务，为社区群众创造幸福家园，营造良好的共建共治共享美好生活氛围。

五　志愿服务助力新时代文明实践中心建设的经验启示

广州市探索“志愿+实践+参与”的机制，让志愿服务持久深入推动新时代文明实践中心建设，形成“四个坚持”的特色经验。

（一）坚持党对“志愿+实践+参与”的领导

始终坚持把习近平新时代中国特色社会主义思想融会贯通到新时代文明实践中心建设的进程中，切实把“一个目标、四个定位、五项工作、三个到位、六种能力”的要求落到实处，集中凝聚群众力量，引导群众参与，倡导以文感人化人育人的社会风俗，把握新思想传播有效路径，推进“志愿之城”建设工作，保障日益壮大的志愿服务力量坚持正确方向，发挥积极作用。

（二）坚持发动最广大人民群众参与文明实践

坚持来自群众、服务群众、依靠群众，充分调动群众的主体积极性，让群众成为文明实践参与者。通过研究常态化联系群众的办法，进一步拓宽与群众面对面、键对键、心贴心的联系沟通渠道，不断发动群众积极参与文明实践志愿服务，引导群众邻里互助、守望相助，让最广大人民群众成为建设新时代文明实践阵地的雄厚力量。

（三）坚持发挥群众主动性创新社区治理

通过文明实践大力传播新思想、引领新风尚，用习近平新时代中国特色社会主义思想和志愿精神启发广大群众，激励社区群众发挥主动性、创造性，探索乡村社区治理的新机制、新措施，形成邻里互助、化解纠纷、促进和谐、共建共治的网络，推进基层群众互帮互助、自我服务，提升市域社会治理现代化的实效，使社区治理创新落到实处、实现效用最大化。

（四）坚持以志愿服务推动社区共建共治共享

持续将志愿者作为建设新时代文明实践中心（所、站）的主体服务力量，采取多元化志愿服务活动形式，强化文明实践志愿服务。及时总结群众自我服务、自我教育、自我提高的创新做法，营造“我为人人、人人为我”的志愿服务氛围，将社区群众团结起来，逐渐形成共建共治共享的社区共同体，齐心协力建设美好家园。

B.9

广州社区志愿服务参与新冠肺炎疫情防控的经验探索

周海明　陆嘉欣　杨玉婵*

摘　要： 本文以广州社区志愿服务参与新冠肺炎疫情防控的实践为例，阐述了广州社区志愿服务在参与突发公共卫生事件中的作用与成效，探讨了社区志愿服务的运作机制及发展方向，提出了畅通四级服务应急体系对接、建立服务指引清单、强化参与渠道多样性广泛性在地性、提升服务专业性和完善长效激励与保障机制等优化建议。

关键词： 社区志愿服务　突发公共卫生事件　运作机制

社区志愿服务是指由社区居民参与的志愿服务。具体来说，社区志愿服务是指由社区居民提供或以社区居民为服务对象的志愿服务。① 社区志愿服务已经成为社区建设、社区治理现代化的不可或缺的社会力量。面对经济社会发展的新形势和新要求，社区志愿服务的领域越来越丰富多元，不再局限于传统的困境人群帮扶，进一步扩展到群众关切、乡村振兴、社区治理、公

* 周海明，广东工业大学社会工作学科硕士研究生导师，广州市大同社会工作服务中心总干事，主要研究领域为社区治理、慈善与志愿服务、社会工作实务等；陆嘉欣，广州市大同社会工作服务中心项目主任、中南社工站站长，主要研究领域为社区发展与治理、长者社会工作等；杨玉婵，广州市社会工作协会项目主管，主要研究领域为慈善与社会工作、社会工作评估等。

① 吴刚：《中国社区志愿服务发展分析》，载袁媛、谭建光主编《中国志愿服务：从社区到社会》，人民出版社，2011，第42页。

共危机事件应急等范畴。

新冠肺炎疫情影响范围甚广，成为全球重大突发公共卫生事件。近两三年，常态化疫情防控已成为我国的重要工作。社区志愿服务是社区治理的重要组成部分。在面对重大突发公共卫生事件时如何有效发挥志愿服务组织、志愿者优势作用，化解社区公共危机，已成为我国志愿服务发展的重要研究方向之一。

习近平总书记在2020年新冠肺炎疫情防控重要工作部署中强调："社区是疫情联防联控、群防群控的关键防线，要推动防控资源和力量下沉，把社区这道防线守严守牢。"[①] 可见，做好疫情防控不仅仅是政府的工作，更需要动员、整合更广泛的社会力量和资源，筑牢社区疫情防控的安全网。2020年2月23日，习近平总书记在统筹推进新冠肺炎疫情防控和经济社会发展工作部署会议上发表重要讲话："要发挥社会工作的专业优势，支持广大社工、义工和志愿者开展心理疏导、情绪支持、保障支持等服务。"[②] 习近平总书记对志愿者在疫情防控中的作用给予了充分的肯定："广大志愿者等真诚奉献、不辞辛劳，为疫情防控作出了重大贡献。"[③] 社区志愿服务参与疫情防控是激发社区居民参与意识和活力、有效落实"群防群控"的重要途径。各地疫情防控工作，不能仅依靠政府"自上而下"的行政部署，更需要在地的、专业的、广泛的、有组织的社会力量"自下而上"的积极参与。

一 广州社区志愿者参与疫情防控现状

2021年8月18~31日，课题组对广州市11个区参与疫情防控的286名社区志愿者进行了问卷调查。对社区志愿者参与疫情防控的基本情况进行了分析，具体呈现如下。

---

① 习近平：《在统筹推进新冠肺炎疫情防控和经济社会发展工作部署会议上的讲话》，中国政府网，2020年2月23日，http：//www. gov. cn/gongbao/content/2020/content_ 5488908. htm。

② 习近平：《在统筹推进新冠肺炎疫情防控和经济社会发展工作部署会议上的讲话》，中国政府网，2020年2月23日，http：//www. gov. cn/gongbao/content/2020/content_ 5488908. htm。

③ 习近平：《在统筹推进新冠肺炎疫情防控和经济社会发展工作部署会议上的讲话》，《人民日报》2020年2月24日，第2版。

（一）社区志愿者的人口学特征

如图1、图2所示，广州市参与疫情防控的社区志愿者以当地36~59岁的辖区社区居民、辖区村民为主，其在受访社区志愿者中占比较高。参与疫情防控的18岁以下和60岁及以上的社区志愿者占比合计不超过10.00%。

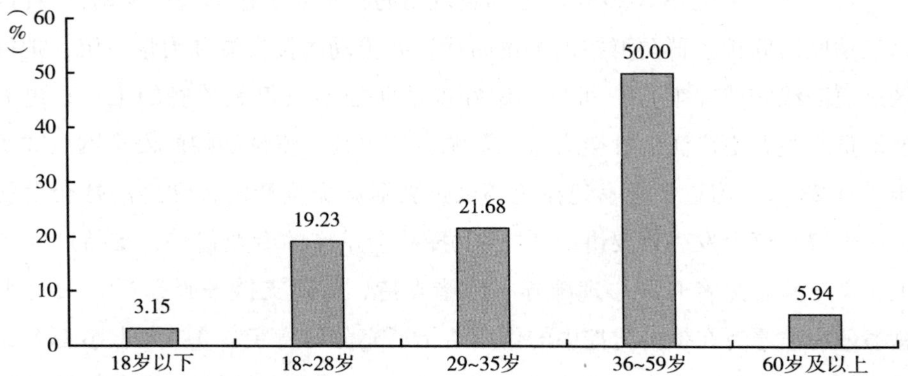

图1　广州市参与疫情防控的社区志愿者年龄分布情况

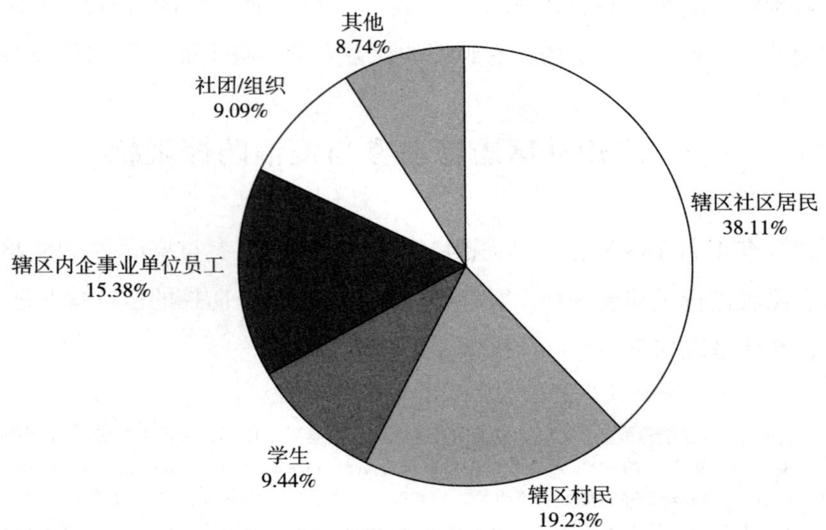

图2　广州市参与疫情防控的社区志愿者身份分布情况

广州市参与疫情防控的社区志愿者学历分布较为多样化。如图3所示，受访社区志愿者多为大专学历，少部分社区志愿者为研究生学历，而高中及以下学历的社区志愿者占比合计为44.76%，接近调查样本的一半。

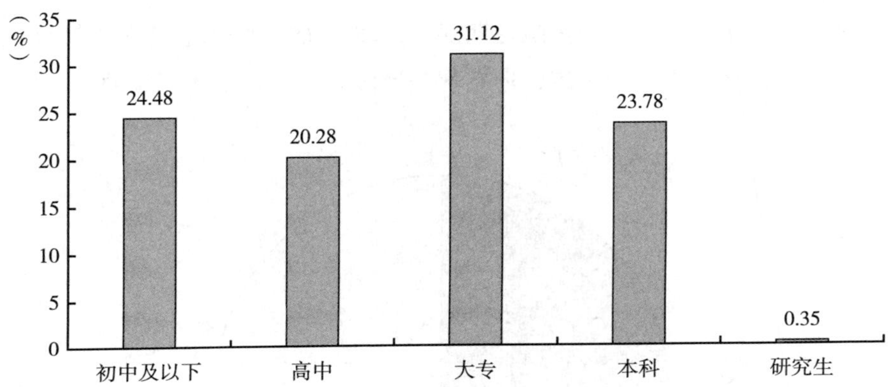

图3　广州市参与疫情防控的社区志愿者学历分布情况

（二）社区志愿者参与疫情防控的次数与意愿

如图4所示，在广州市疫情防控实践中，社区志愿者参与次数主要为1~5次，参加10次以上的占34.27%，少部分社区志愿者一次都没有参加过。

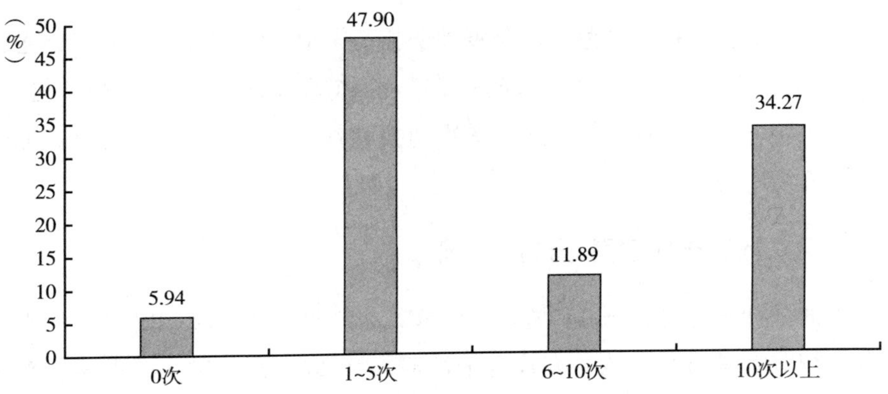

图4　广州市社区志愿者参与疫情防控次数情况

社区志愿者再次参与疫情防控的意愿普遍强烈。99.30%的受访社区志愿者表示愿意再次参与疫情防控。

（三）社区志愿者对疫情防控的了解和参与渠道

如图5所示，在社区疫情防控期间，88.81%的社区志愿者对于镇/街疫情防控管理的情况有一定了解，还有部分社区志愿者是不太了解的。

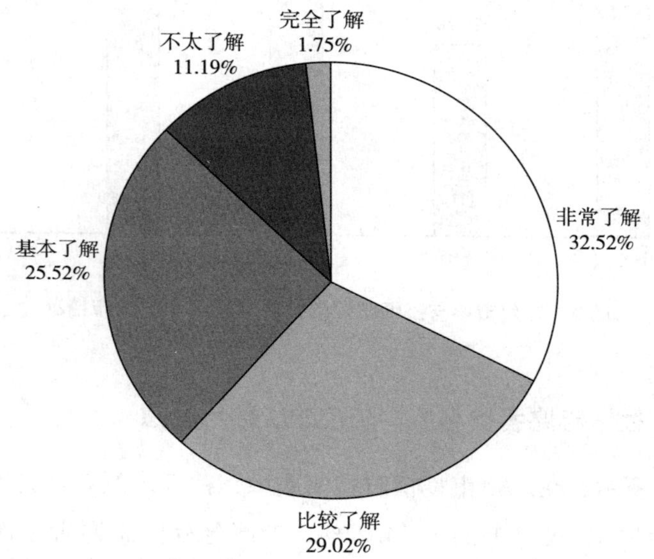

图5　广州市社区志愿者对于镇/街疫情防控管理的了解情况

如图6所示，社区志愿者参与疫情防控的渠道较为多元化，大部分通过广东“i志愿”与广州公益“时间银行”等志愿服务系统、镇/街、村/社区、社工服务站、公司和事业单位等渠道报名参加，有极少部分通过其他渠道参与疫情防控。

（四）社区志愿者登记注册情况

大部分社区志愿者已在广东“i志愿”和广州公益“时间银行”等志愿服务系统或者是通过其他的方式登记注册，25.52%的受访社区志愿者则表示没有做任何的登记。

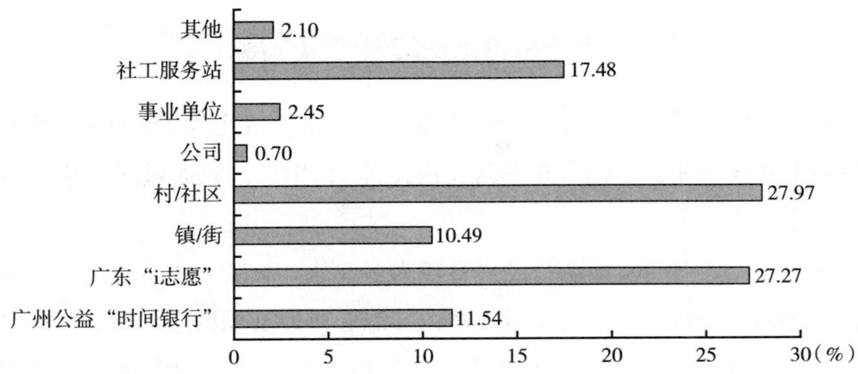

图 6　广州市社区志愿者参与疫情防控的渠道情况

（五）社区志愿者参与疫情防控的原因

社区志愿者参与疫情防控的原因具有多样性，主要体现为“为疫情防控尽自己一份力”“获得新的体验和丰富生活”“学习新的知识或是技能，积累实践经验”，有的是“受到他人的鼓励、影响或响应政府的号召”，也有的是为了“积累志愿服务时数（用于积分入学、入户、服务兑换）”等，如图 7 所示。

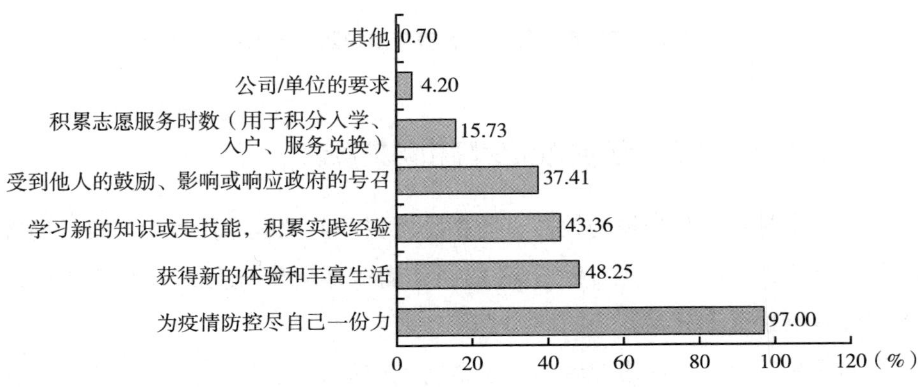

图 7　广州市社区志愿者参与疫情防控的原因情况

（六）社区志愿者参与疫情防控的形式和内容

社区志愿者参与疫情防控的形式以线下为主，占比为65.03%，其次是通过线上和线下相结合的形式参与，占比为25.87%，只通过线上形式参与的占比为9.09%。

社区志愿者参与疫情防控的内容较为多元化。如图8所示，疫情防控主要包括协助核酸检测、协助测量和登记体温、协助现场秩序维护、协助物资派送等四项内容，也有社区志愿者参与到协助运输、协助电访随访隔离居民、协助提供心理疏导和支持以及协助热线接听等服务当中。

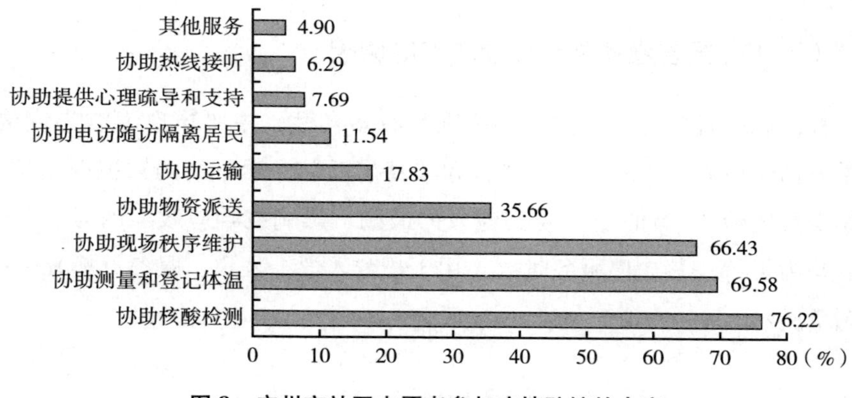

图8　广州市社区志愿者参与疫情防控的内容

（七）社区志愿者防护物资保障和防护意识

社区志愿者参与疫情防控需有防护物资保障。社区志愿者参与疫情防控的防护物资供给较为充足。94.70%的受访者表示物资充足，仅有5.25%的受访者表示物资不充足。

如图9所示，社区志愿者参与疫情防控前需有充足准备，“保障个人安全，做好防护”被视为上岗前的首要工作，显示社区志愿者参与疫情防控时有较强的防护意识。

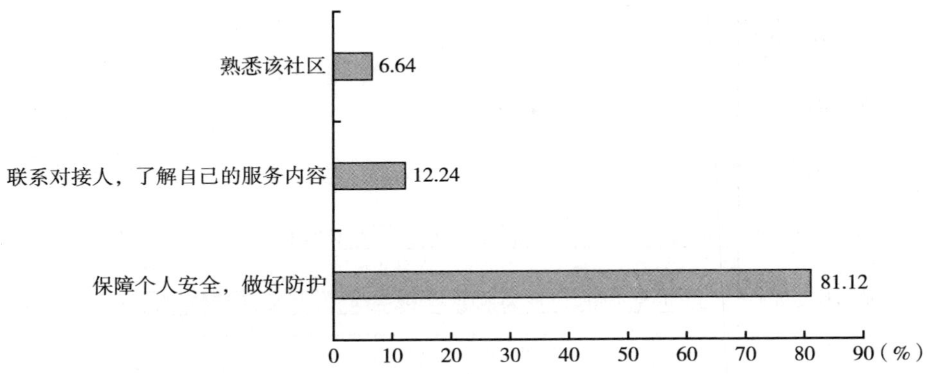

图 9　广州市社区志愿者认为参与疫情防控上岗前的首要工作情况

（八）社区志愿者所遇困难及其处理情况

社区志愿者在疫情防控中会遇到各种困难，主要是“工作内容分工不清晰及居民的不认可、不理解”“解决不了居民的问题”“工作信息传达不及时”“其他方面”“防疫物资不充足”等，以上困难比例区间为 18.88%~31.12%，如图 10 所示。

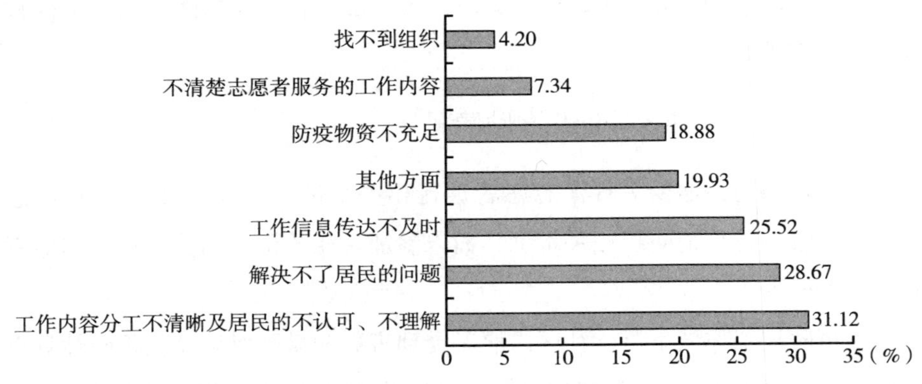

图 10　广州市社区志愿者在疫情防控中所遇困难情况

社区志愿者在疫情防控中所遇到的困难基本能及时得到处理。如图 11 所示，只有 1.05%的受访社区志愿者表示在疫情防控中所遇困难不能被及时处理。

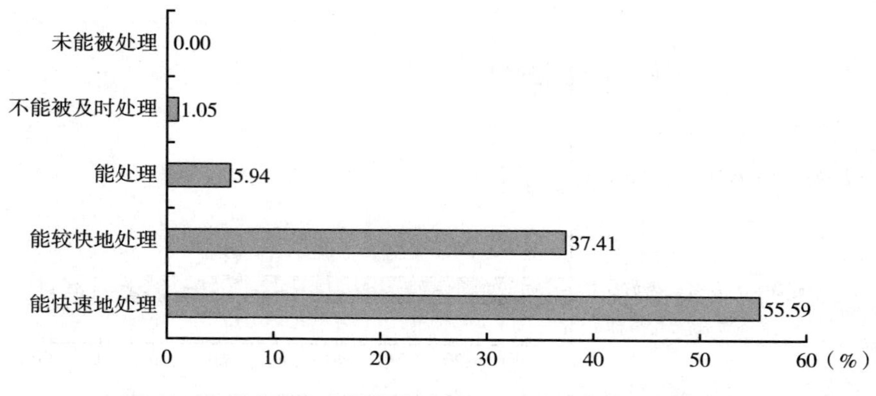

图 11　广州市社区志愿者在疫情防控中所遇困难的处理情况

在疫情防控过程中出现突发情况的时候，社区志愿者首先要与对接负责人进行联系。本次调查显示，有 97.90%的受访社区志愿者表示能够立即找到对接负责人，仅有 2.10%的受访社区志愿者表示不能够立即找到对接负责人。

社区志愿者基本能够回应和解决社区居民有关疫情防控的需求和问题。本次调查显示，87.06%的受访社区志愿者表示能快速或较快地回应和解决社区居民的需求和问题，0.35%的受访社区志愿者表示不太能回应和解决社区居民的需求和问题。

（九）社区志愿者培训和激励情况

开展疫情防控需要对社区志愿者进行相关培训。61.19%的受访社区志愿者表示参加过疫情防控相关培训，而未参加过相关培训的受访社区志愿者有 38.81%。

疫情防控工作结束后，社区志愿者受到表彰和激励对调动其积极性具有重要意义。调查显示，53.15%的受访社区志愿者获得志愿服务时数证明；30.77%的受访社区志愿者获得优秀个人/团体表彰、优秀事迹宣传；17.13%的受访社区志愿者参与过志愿者团建活动；而 25.52%的受访社区志愿者表示无任何激励。具体情况如图 12 所示。

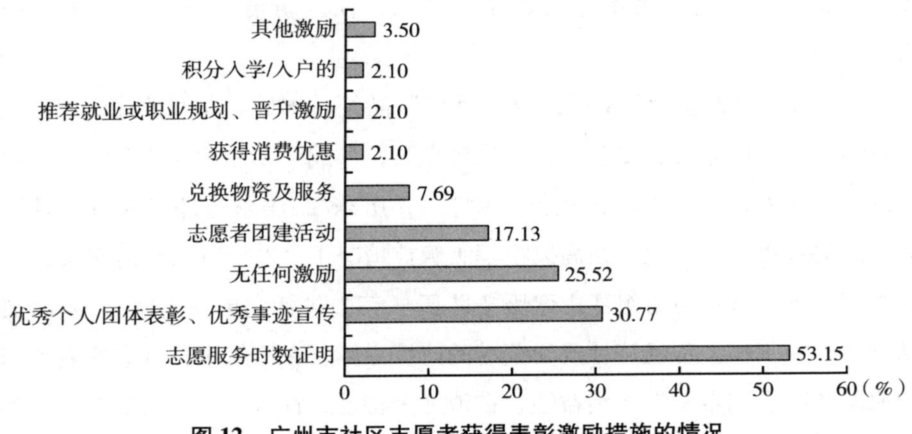

图 12　广州市社区志愿者获得表彰激励措施的情况

二　Z 街道社区志愿服务参与疫情防控案例分析

2021 年 8 月 19~22 日，课题组访谈了 Z 街道的 8 名社区志愿服务管理者，分析后发现社区志愿服务参与突发公共卫生事件呈现多样性特点。

（一）Z 街道社区志愿服务参与疫情防控概况

2021 年 5 月 21 日，荔湾区龙津街出现 1 例本土病例后，广州市疫情发展迅速，并蔓延到海珠区、南沙区及荔湾区芳村片区，其中以荔湾区最为严重。截至 2021 年 5 月 28 日，荔湾区新增 18 例本土病例（含确诊病例和无症状感染病例），而 Z 街道自 5 月 28 日出现首例新冠肺炎确诊病例到 6 月 2 日，关联病例达到 19 例，与此同时，海南村发现新冠肺炎感染者累计达 28 人。面对严峻的疫情形势，2021 年 6 月 2 日起，Z 街道被调整为高风险地区，社区内的经济、文化休闲活动全面停止，全体居民采取足不出户的封闭式管理。Z 街道是城市边缘地带典型的“村改居”社区，辖区面积大，社区内房屋鳞次栉比，村内道路错综复杂，村内门牌新旧交叠，在册居民约 6000 人，流动人口达到 4 万人，居民以花草种植、土地租赁、房屋出租为主要经济来源，社区防疫工作面临巨大的压力和困难。

Z街道保留着较为明显的“熟人社区”特征，本地居民间彼此认识，关系较为亲密；居务找居委会，村务找村委会，形成“居委会+村委会”并存格局；外来人口与本地居民比例“倒挂”，房东/二房东是外来人口与社区联结的关键枢纽。因此，在高风险等级管控情况下，Z街道的政府机关、社会组织及各经济社纷纷组建志愿服务队伍（其中包括党员突击队），及时援助社区防疫工作。各经济社成为关键的防控主体，在组织本社区志愿者参与志愿服务时呈现自发性、利益性、在地性等特性，社区认同感与归属感得到空前的强化。

（二）Z街道社区志愿服务参与疫情防控特点

1.形成以党委领导、镇/街统筹为核心，以村/居委会为主力，社会组织及志愿者广泛参与的社区防控格局

党委领导、镇/街统筹是Z街道社区疫情防控工作的核心，志愿服务组织在疫情防控工作中负责工作执行和工作落实。各经济社志愿服务组织具有一定自主性，能自我统筹各项工作的安排和分工，并与街道建立“每日一会”沟通协调机制，向街道汇报防疫工作的同时，明确次日防疫指示，以便及时协调各项防疫工作。在整个过程中，各经济社志愿服务组织表现出高度的自我管理意识和良好的对外沟通能力。

> 疫情防控期间，每晚10点，街道对当天工作进行总结并对次日的工作内容提前做好人员部署及分工。①
>
> 服务过程中如发现特殊情况，按照“经济社—村/居委会—街道”方式逐层上报，同时根据紧急程度及处理能力实行先处理再上报的做法。②

---

① 2021年8月19日对Z街道a经济社负责人的访谈。

② 2021年8月19日对Z街道c经济社负责人的访谈。

2.“村改居”形态下，社区居民就地转化为社区志愿者

疫情不断蔓延使Z街道疫情防控工作加码升级，Z街道利用水马将经济社划分为多个封闭区域，只留一条主路通往各经济社，在每个重点关卡配置防疫人员，限制和禁止居民随意走动，以此遏制疫情传播。在街道党委的领导下，各经济社负责人自行组织和招募防疫志愿者，社区居民就地转化为社区志愿者投入疫情防控志愿服务中，服务范围以其所在经济社划分的区域范围为主，呈现“自我救助”与“志愿服务”相结合的特点。

疫情的升级、感染人数的增加使一线工作人手出现紧缺情况，蔬菜无法及时送到封控在家的居民手中。我们发动社区年轻人参与社区志愿服务，受朋辈影响参与社区志愿服务的居民也越来越多。[①]

3. 社区志愿者发挥在地化优势，及时回应民生需求

在Z街道党委的统一指挥下，各经济社迅速组建社区防疫志愿服务队伍，积极配合当地疫情防控工作。一是积极回应居民的生活物资需求，经由政府链接的生活物资采购平台，完成物资分拣和配送工作，保障封闭式管理社区居民的日常生活；二是配合政府各项疫情防控工作在基层的开展和执行，如协助社区核酸排查、药物配送、密接/次密接人群排查、陪诊就医等，在地化的社区志愿服务组织，凭借熟悉社区、人际关系紧密的优势，提高了各项防疫工作的执行速度和完成质量。

封路造成的交通问题使物资提供和运送时间不固定，如物资数量多，晚上8点收到物资，路边堆满物品，需到凌晨才能完成各项整理分类工作。[②]

① 2021年8月19日对Z街道a、b、c经济社负责人的访谈。

② 2021年8月19日对Z街道a经济社负责人的访谈。

根据当天的核酸检测任务而协调各岗位人员。熟悉村里情况的志愿者带三人小组工作人员上门核酸检测，其他志愿者分工通知租户和居民做核酸、派发物资。①

4. 经济社负责人作为志愿者负责人，积极动员居民参与社区疫情防控志愿服务

Z 街道各经济社的志愿者多以负责人为核心，以“负责人+房东”的模式开展社区志愿服务。村/居委会工作人员作为骨干，组织所在经济社的大学生、二房东、热心居民等建立社区防疫志愿服务队伍。同时，因应本地/外地人口组成、房屋出租、社区地域等的特点，组织志愿者也存在不同做法。如 Z 街道的防疫志愿服务队伍负责人，积极挖掘社区二房东作为志愿者及对接众多社区外来人员的联络员，保障社区外来人员的生活物资，有效开展疫情防控工作。

当时我们社处于疫情防控重心，确诊几例，然后又有很多密接人员需要隔离，防疫人手严重不足。前期外来工较多，主要是通过人均管理十几栋出租屋的二房东转发防疫通知。疫情稳定后，随着更多本地居民的加入，人手就比较充足。②

5. 社区志愿者以高度社区责任感达成社区居民“群防群控”共识

在疫情突发的紧急情况下，社区志愿者经各经济社负责人的号召自觉组织，冒着可能会被感染的风险积极参与。由于社区疫情防控工作量大、内容繁多，社区志愿者时常产生各种紧张、害怕的情绪和压力。但在实践中，社区志愿者表现出高度统一、强烈的志愿服务精神，促使社区志愿服务持续开展，保障社区生活物资的稳定供给和疫情防控工作的有序进行，受到各方的高度认可和赞赏。

---

① 2021 年 8 月 19 日对 Z 街道 c 经济社负责人的访谈。

② 2021 年 8 月 19 日对 Z 街道 a 经济社负责人的访谈。

疫情防控期间，有时工作量比较大，志愿者尽力将事情提前做、及时做，争分夺秒与时间赛跑。①

6. 安全风险成为社区防疫志愿服务的主要问题

Z 街道的社区防疫志愿服务遵循“谁组织，谁负责”的原则，各社区的志愿服务组织、社会组织等在开展志愿服务过程中承受着巨大压力。各经济社负责人作为志愿服务的统筹者既需要对社区志愿者的生命安全负责，特别是在社区疫情传播情况不明、社区病例不断新增的形势下；又需要保证服务的稳定提供和团队的稳定性。社区志愿者安全和志愿服务组织履行责任二者间的矛盾，成为开展防疫志愿服务的主要压力来源之一。

（三）疫情防控风险区社区志愿服务实践过程分析

结合高、中、低风险区域，社区志愿者参与疫情防控的实践过程从招募、分工、执行/开展、对接、反馈等方面展开。

1. 社区志愿者招募——基于人际关系网络吸纳社区志愿者

疫情防控期间，社区志愿者招募主要是基于社区志愿者骨干或者志愿服务组织的人际关系网络，挖掘和发展新的社区志愿者参与疫情防控志愿服务。社区志愿者之间的亲属关系也促使他们在志愿服务组织内形成更为亲密的合作伙伴关系。同时，回归社区的党员响应所在党组织号召，加入所在社区志愿服务队伍中，积极发挥党员的先锋模范带头作用。

招募社区志愿者主要是通过居民群发布相关招募信息，也会用广东“i 志愿”和广州公益“时间银行”平台发布招募信息。②

因是封控区，主要是以自愿为原则在村社群进行内部招募。另外邀请二房东协助招募，因出租屋太多，二房东一个人管理着十几栋出租

① 2021 年 8 月 19 日对 Z 街道 a 经济社负责人的访谈。

② 2021 年 8 月 18 日对 D、H、L、J、N 街道社工服务站志愿服务负责人的访谈。

屋，可以快速进行信息对接。[①]

2. 社区志愿者分工——根据个人特点适配志愿服务岗位

各社区疫情防控工作因疫情程度不同而不同，社区志愿者的分工根据社区防疫的重点服务需求而灵活调整。物资派送方面，由熟悉社交媒体操作和擅长信息核对的年轻社区志愿者承担起物资清单核对、发送领取信息微信通知的工作，提高物资派送效率。长者社区志愿者熟悉社区巷道，适宜成为社区核查工作组的向导，加快社区防疫工作的有效推进。此外，因应社区防疫工作的调整和变化，各经济社灵活调整社区志愿者的工作内容，以此支持社区整体防疫工作的开展。

对中、低风险的社区，一方面让社区志愿者根据个人条件报名匹配度更高的岗位，实现首轮分工；另一方面街道相关负责人根据实际情况进行再分工安排，强化岗位的合理安排。

社工服务站招募的社区志愿者经统一组织后向街道报到，由街道负责人根据现场需求来进行岗位分配。[②]

3. 志愿服务执行/开展——社区志愿者任务繁重，身兼多职

实行封闭式管理的社区，居民只能统一在政府开设的平台上购买生活物资，由统一物流配送到指定物资派发点，各经济社志愿服务队伍负责分拣和派送。从访谈中了解到，个别经济社一天需要分拣派发生活物资多达8000件，社区志愿者不但负责物资接收、整理、分拣、通知、派送，还需要配合街道开展多次全员核酸检测、测温站岗、药物配送、人员信息核查等工作。

① 2021年8月19日对Z街道a经济社负责人的访谈。

② 2021年8月18日对越秀区L街道社工服务站志愿服务负责人的访谈。

参与服务类型包括物资派送、协助核酸检测、两码登记、秩序维持等。社区居民的基本生活保障方面以送物资上门为主，包括将2000多户困境兜底人群的一日三餐送上门；协助6个社区进行核酸检测工作等；上门摸查核实非本街户籍困境人员情况；紧急问题介入和跟进，如督促吃药，给独居长者分药等。[①]

4. 社区志愿服务组织对接沟通——镇/街政府机关部门领导，协同合作顺畅

社区防疫志愿服务过程中，志愿者与镇/街政府机关部门的沟通是顺畅的，并呈现相互合作和协调的特点。[②] 当收到镇/街政府机关部门新的防疫信息和工作指引时，负责人根据相关工作指引安排志愿服务工作。与社区志愿服务组织的协同合作，使镇/街政府机关部门掌握更多社区防疫工作第一线相关情况，及时对疫情防控工作进行优化调整。

在疫情防控期间，基本每天保持沟通对接，围绕当天工作情况以及次日需跟进内容进行协调沟通，提前做好工作安排和调整，电话沟通处理特殊情况。[③]

5. 社区志愿服务组织反馈——畅通反馈机制，有效应对突发危机

防疫一线的社区志愿者在服务过程中遇到各种难以解决的问题或突发情况时，及时将相关情况向志愿服务负责人反馈和上报。课题组在对越秀区L街道社工服务站志愿服务负责人访谈时了解到，疫情防控期间，社区志愿服务组织将遇到的各种情况及时整理，统一向所在居委会、街道办反馈上报，确保信息沟通的及时性、有效性。

---

① 2021年8月18日对荔湾区D街道社工服务站志愿服务负责人的访谈。

② 杜孝珍、袁乃佳：《公共卫生应急协同治理中志愿组织“嵌入”研究》，《北京航空航天大学学报》（社会科学版）2020年第5期，第54~62页。

③ 2021年8月20日对H、Z、B街道社工服务站志愿服务负责人的访谈。

三　社区志愿服务参与突发公共卫生事件的实践反思

（一）社区志愿服务参与突发公共卫生事件的作用发挥

1. 社区志愿者能有效弥补疫情防控一线的人力不足

疫情防控工作所需人力随防疫风险的升级而剧增，特别是高风险等级的社区完全处于各项活动停滞状态，在社区铺设疫情联防联控工作网络需要大量的人员投入，仅靠一个镇/街的政府工作人员远不足以应对。社区志愿者就地参与疫情防控工作，能有效补充疫情防控一线所需人力，保证各项防疫工作正常开展。

2. 社区志愿服务夯实疫情防控工作基础，织密社区联防联控安全网

社区志愿服务是为社区疫情联防联控工作搭建安全网络的重要支撑力量。从群众动员的角度看，“在地化”社区志愿服务组织具有良好的群众基础，能积极引导社区居民听从安排，配合社区防疫工作开展；从服务优势的角度看，社区志愿服务组织熟悉本社区地理状况和居民情况，借助沟通、协调方面优势能有效促进各项社区防疫工作的顺利开展；从人力支持的角度看，广大社区志愿者能充实社区疫情防控队伍，保证各环节防疫工作相互衔接、持续落实。

3. 社区志愿者贴近需求开展志愿服务，保障居民生活

社区志愿者既是本地居民，也是基层疫情防控工作者，他们熟悉社区情况，了解社区内不同群体的多元需求，能迅速协调各类社区资源，快速解决社区居民的生活困难问题。如疫情初期，社区志愿者第一时间关注到社区孤寡长者的生活困难问题，迅速收集社区孤寡长者的名单，并做出相关的工作安排。

4. 社区志愿者畅通社区内生活物资获取渠道，保障社区和谐稳定

实行封闭式管理期间，社区居民皆需“足不出户”，每日大量的物资如何送到社区居民的手上成为最突出的问题。社区志愿者承担了物资入社区的

渠道联通、网络搭建、信息传播、人力分拣等工作。社区志愿者的有效介入，保证了居民下单、平台配送、社区分拣、物资获取等环节的有效衔接，社区居民生活物资得到基本保障，社区维持一贯的和谐与稳定。

（二）社区志愿服务参与突发公共卫生事件的不足

1. 社区志愿者的话语权不高，影响其问题解决的能力

社区志愿者更多是以从属性质的服务提供者身份参与社区防疫志愿服务，志愿服务项目的开展主要听从镇/街政府的意见和指挥。镇/街政府提供的指导意见对志愿服务过程中出现的具体问题和实际困难存在不适用、不好操作的情况，同时，部分镇/街政府听取社区志愿者反馈意见的意识不强，忽略社区志愿者的实际操作建议，容易对社区志愿者产生消极影响，不利于深层问题的解决。

2. 社区志愿服务缺乏顶层设计，忽视志愿服务的长期效应

回顾疫情防控下社区志愿者招募、服务提供和服务效能三者的情况，可以看出社区志愿者招募渠道较多、短期效应明显，缺乏对社区志愿者和社区志愿服务组织的长期培养；志愿服务内容局限于辅助工作，较少涉及心理辅导等专业性较强的服务；同时，志愿服务缺乏整体规划，工作具有明显的临时组建性质，社区志愿服务队伍的短期效应强，存续时间短，疫情防控工作结束后即告解散。

3. 社区志愿服务的内外沟通机制不畅，影响志愿服务的效率

突发公共卫生事件具有成因多样性、传播广泛性、危害复杂性、治理综合性以及种类多样性等特征，志愿服务介入突发公共卫生事件需要一个信息通畅的内外沟通机制，需要正确、有效的信息进行规划和指导，确保有限社区志愿者资源实现“效率最大化”。但从实地访谈和问卷调查中发现，社区防疫志愿服务存在信息单向沟通、信息传播多为自上而下、信息错误延迟等情况，由此引发志愿服务执行有误、志愿服务质量不高等问题，同时也容易引发更严重的公共安全事件。

4. 志愿服务缺乏介入突发公共卫生事件的培训体系，影响服务的专业性

疫情防控的特殊情境要求社区志愿者必须具备专业服务能力与服务技巧，如专业知识（包括病毒传染、防疫等方面的知识）、良好的沟通能力、强大的心理素质和抗压能力等，否则，仅靠日常经验不仅会危及社区志愿者的自身安全，甚至会造成更为严重的疫情传播，也难以应对防疫志愿服务过程中的困难和挑战。如此情况下不仅容易消磨社区志愿者服务积极性，引发其消极情绪，而且可能导致社区志愿者与居民发生矛盾和冲突，影响志愿服务的社会声誉和公信力。

5. 社区志愿者激励机制不完善，影响社区志愿服务的可持续性

目前，社区志愿者的激励机制设计缺乏顶层规划意识，社区志愿者及社区志愿服务组织的服务考核、表彰、培训、发展、待遇保障等方面缺少统一的政策指引和财政支持。在社区志愿者个体层面，社区志愿者单凭“责任感”“情怀”等内在驱动力，缺少被表彰和被社会认可的“价值赋予”，服务热情容易被磨灭，不少社区志愿者在服务过程中心生退意，难以长期坚持下去，不利于社区志愿服务组织的人员稳定和志愿服务精神的维系；在社区管理层面，志愿服务活动缺少稳定的专项资金扶持，部分志愿服务无法系统性地组织和开展，出现志愿服务时有时断的现象，社区志愿者及其服务的发展呈现零散化的特征，服务难以持续、有效地到达社区，社区志愿服务长期发展受阻。

四　社区志愿服务参与突发公共卫生事件的机制构建

社区志愿服务介入突发公共卫生事件，需要整体规划、系统推进。社区志愿服务提供过程中机制的构建与落实是发挥社区志愿服务力量有效性的重要保障。社区志愿者在参与疫情防控工作中扮演协助者、服务者、引导者、教育者、支持者等多重角色。社区疫情防控志愿服务的对象是社区居民，为他们排忧解困，需要各方的协同效应。社区志愿服务参与突发公共卫生事件的机制如图 13 所示。

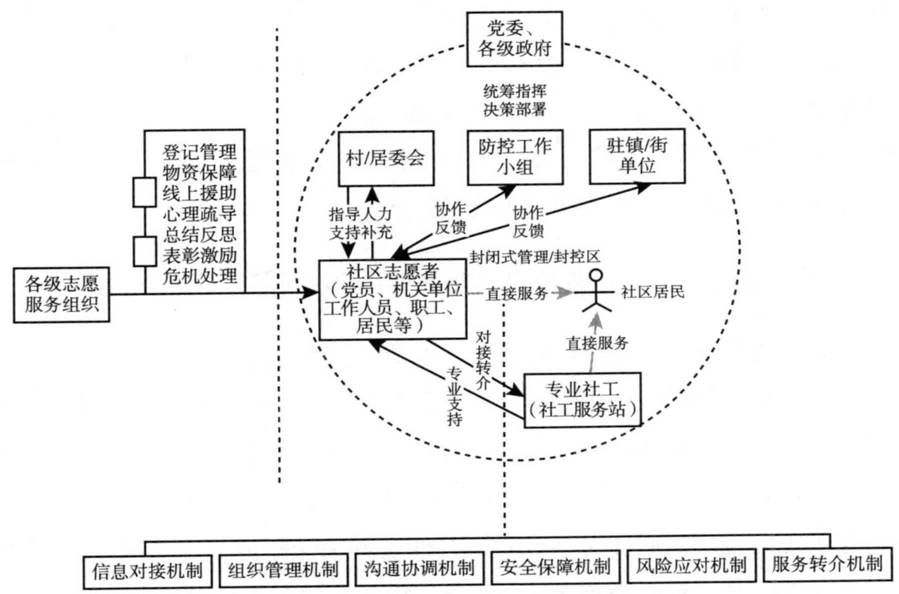

图 13　社区志愿服务参与突发公共卫生事件的机制

（一）信息对接机制是社区志愿者介入突发公共卫生事件的关键

社区志愿者进入防控区域开展志愿服务尤为关键的一步，是第一时间找到“组织”。与当地党委、政府、村/居委会保持密切联系，对接沟通信息清晰，明确自身角色和功能，避免出现角色不清、无效服务的情况。严格按照防控要求做好自身防护，以“科学、安全、有序”为基本原则参与前线疫情防控工作，成为政府干预介入的重要补充力量，发挥有效的支持补充作用。

（二）组织管理机制是有效开展社区志愿服务的前提①

通过各级政府、社会组织、村/居委会、单位等渠道报名的社区志愿者，

① 魏娜、王焕：《突发公共卫生事件下应急志愿服务体系与行动机制研究》，《南通大学学报》（社会科学版）2020 年第 5 期，第 71~80 页。

坚持“统一指挥、不私自行动”的原则，并严格按照志愿服务指引流程展开各项工作，做到“有事提前报备、过程及时沟通、事后及时反馈”，且与志愿服务组织保持密切沟通，确保“不落一人、不掉一队”。及时做好服务内容、服务时数的登记存档，对于社区居民反馈的问题，及时了解处理进度并上报，确保志愿服务组织内部的有效运作。

（三）沟通协调、服务转介机制是社区志愿服务效率的保障

疫情防控期间，社区居民存在生活及防疫物资保障、外出就医、看病服药、上学就业、核酸检测等多样化需求，社区志愿者作为服务的提供者，面对复杂多样的问题需要评估和研判，对不能单独解决的问题，第一时间反馈给上级组织或三人小组。社区志愿服务组织要建立服务转介机制，对超出社区志愿者能力范围的服务对接转介；将外出就医转介至卫健系统和防控办；将极度紧张、焦虑等心理疏导转介至社工服务站的专业社工；将购药用药转介至社区医院；将生活保障、垃圾处理转介至村/居委会……充分发挥多元联动协作效应，形成社区志愿服务的合力。

（四）安全保障、风险应对机制为社区志愿者设了一道安全防线

通过制定突发危机应对预案，做到“提前设计、提前部署、提前防范”，进一步减少社区防疫志愿服务的安全隐患。对于突发状况导致的自杀倾向或心理崩溃特殊案例，社区志愿者切勿独自行动，须及时联动社工、心理师、医师等专业人士介入。危机事件干预过程中注意遵循“及时处理无助感、提供支持、提高应对危机能力”的三阶段六原则，注重运用专业技术提升社区居民应对风险的心理韧性。

（五）后援保障工作是前方社区志愿者的坚强后盾

社区志愿者冲锋在前，志愿服务组织在动员招募、信息登记管理、物资整合输送、线上线下支援、心理疏导支持等方面要发挥重要的“后方保障”功能。当阶段性风险被解除之后，需做大量总结反思工作，特别是前线社区

志愿者心理压力舒缓疗愈方法的归纳、经验模式的总结、服务指引的完善修订、及时的表彰激励等，对于振奋社区志愿服务士气、鼓舞人心、凝聚团队、弘扬志愿服务精神起到重要作用，应形成“有组织、有管理、有保障、有指引、有制度、有激励”六有规范，积极推进突发公共卫生事件中志愿服务本土化、规范化、专业化、持续化建设。

五　优化社区志愿服务参与突发公共卫生事件的建议

（一）构建社区志愿服务参与突发公共卫生事件的应急体系

将社区志愿服务参与突发公共卫生事件纳入整体应急治理体系，确立社区志愿服务的重要位置及角色、功能。一是畅通“市—区—镇/街—村/居”四级服务应急体系的对接运作。明确各级政府的功能及分工，畅通及完善各级政府之间的对接沟通机制，确保各级政府的作用得到充分发挥。二是明确社区志愿者在参与突发公共卫生事件应急体系中的角色和功能。“群防群控”的有效落实，社区志愿者的积极参与尤为关键，应建立以社区为单位的长期志愿服务队伍，对志愿服务进行整体性规划，实现社区志愿者从“人手补充”角色向不可或缺的“综合支援力量”转变。三是建立清晰的社区志愿者参与突发公共卫生事件指引清单。对在各风险等级下如何做好评估、组织、应对、转介、反馈等方面的内容、步骤、注意事项做出清晰指引。

（二）鼓励多渠道参与社区志愿服务，强化在地性统一管理模式

疫情就是命令，防控就是责任。广州市参与社区志愿服务的渠道丰富多样，包括广州公益“时间银行”、社工服务站、村/居委会以及基层政府/党组织、机关单位等，各系统大力招募、发展社区志愿者，助力疫情防控前线工作。同时，须强化社区志愿者服务辖区的镇/街政府统一领导作用，强化突发公共卫生事件应对的“属地管理原则”，成立属地应急领导小组，引入“大数据”手段，提升广东“i 志愿”、广州公益“时间银行”等系统 App

与电脑端对接的一致性，对所有参加志愿服务的人员，统一录入信息、建立服务档案，做好规范化建设，确保符合防控要求、保障到位、步调一致、内容清晰、分工合理、联动有效，对社区志愿者无法解决的问题建立“一键上报”绿色通道，避免出现多头指挥造成的混乱、推诿等现象。

（三）加大培训力度，提升社区志愿服务的专业性、有效性

部分社区志愿者在突发公共卫生事件的认知、防护科学性的了解、风险识别与预判等方面存在较多的疑惑与担忧，需加大社区志愿者参与突发公共卫生事件应急服务的专题培训力度，包括岗前培训、在岗督导支持、岗后激励等，培训内容应涵盖突发公共卫生事件危机干预、防疫专业知识、科学使用防护物资、风险识别与评估应对、心理压力疏导、沟通协调等专业性、综合性的知识技能，培训方式应以实操演练为主，线上线下相结合，并及时总结过往经验，制定社区志愿服务应急服务工作指南，更好地提升社区志愿者在参与突发公共卫生事件危机应对中的安全防范意识和专业服务技能。

（四）强化社区志愿者的长效激励与保障机制

社区志愿服务是一项长期的事业，也是社区治理重要的组成部分，无论在“战时”还是“平时”，对于突发公共卫生事件应急工作都起到尤为关键的作用。强化社区志愿者的长效激励与保障机制，对于社区志愿服务的可持续发展具有重要意义。[①] 建议对广州公益“时间银行”积分兑换继续创新与投入，在积分兑换的及时性、精准性等方面寻求创新突破，“战时”特殊时期特殊机制创新，激励广大人民群众积极加入志愿服务行列；此外，还应及时做好志愿服务的总结表彰工作。在保障方面，建议从防疫物资保障、风险危机评估机制、安全保险购买、心理疏导机制等方面着手，让社区志愿者得以安心、安全、健康地参与到突发公共卫生事件的应急服务中，推进社区志愿服务的可持续发展。

---

① 汪伟全：《社区应急志愿者参与公共安全治理的影响因素分析——基于新冠肺炎疫情背景的 Nvivo 质性研究》，《社会科学辑刊》2021 年第 4 期，第 46~55 页。

B.10

广州公益"时间银行"志愿服务打造社区互助养老模式的经验探索

甄 鹤　刘 茜　林 瑶*

摘　要： 为积极应对人口老龄化的挑战，破解养老服务不足的难题，广州市志愿者协会在市民政局的指导下，搭建广州公益"时间银行"平台，倡导"年轻时做志愿者，储蓄志愿服务时间，年迈时兑换养老服务"的互助理念，引导广大市民通过参与志愿服务积累"爱心时间"来服务未来的自己。本文对广州公益"时间银行"通过社会化运作初步形成共建共享的开放管理模式、经由专业化发展聚焦探索供需并重的养老服务模式、以系统化运营探索构建"初老服务老老"服务体系等方面的经验做法进行阐述，并就如何打造社区互助养老模式提出相应的建议，包括：加强顶层设计，促进广州公益"时间银行"可持续发展；增加资金投入，确保广州公益"时间银行"建设的推进；提升适老化程度；扩大广州公益"时间银行"朋友圈。

关键词： 互助养老　"时间银行"　"初老服务老老"

* 甄鹤，广州市志愿者协会秘书长、中共广州市志愿者协会支部委员会书记，主要研究领域为志愿服务、基层治理等；刘茜，广州市志愿者协会副秘书长，主要研究领域为志愿服务、长者服务等；林瑶，广州市志愿者协会志愿服务发展部部长，主要研究领域为志愿服务、长者服务等。

一　“时间银行”与互助养老概述

（一）“时间银行”的由来

1980 年，美国耶鲁大学的法学博士埃德加·卡恩开始探索实践“时间银行”养老服务模式。他把“时间货币”的概念与社区养老相联系，把为他人提供有效服务的时间转换为“时间货币”，而在参与者年老或有服务需求时，可以把存储在“时间银行”里的“时间货币”兑换为与自己提供服务时间相对等的服务。① 这个模式为参与者的服务时间赋予价值，开拓了用服务换服务的社会支持模式。20 世纪 90 年代晚期，上海市开始尝试实践“时间银行”服务模式，并将此模式应用到社区互助养老实践中。1999 年，为方便参与入户活动的健康老人记录服务时间，广州寿星大厦建立了“时间银行”。随后，北京、武汉、南京等地相继引入“时间银行”服务模式。广州公益“时间银行”借助互联网技术，对传统的“时间银行”服务模式进行拓展和延伸，在“时间银行”助力养老服务方面进行了更为深入的探索。

（二）互助养老概述

《2018 年政府工作报告》明确提出积极应对人口老龄化，发展居家、社区和互助式养老。② 目前，学者对于互助养老尚无一致的定义，普遍将互助养老的含义分为狭义和广义两种。狭义的互助养老指的是“老老互助”，指生活在共同区域的老年人，依托社区养老资源、老年人间的互相照顾，满足养老需求的一种新型养老模式。这种互助养老模式局限于社区内，提供服务

① 张欣蕾、高春兰：《“时间银行”开展多元化社区互助养老新模式》，《家庭科技》2021 年第 4 期，第 39~40 页。

② 《李克强说，不断提升人民群众的获得感、幸福感、安全感》，中国政府网，2018 年 3 月 5 日，http：//www. gov. cn/xinwen/2018-03/05/content_ 5270934. htm。

的主体是身体健康、资源较为丰富的低龄老人，接受服务的对象是已经丧失或者半丧失生活自理能力的高龄老人。[①] 广义的互助养老则在“老老互助”的基础上增加“初老互助”[②]，拥有更广泛的活动主体，各种年龄、各种职业的人都能参与进来并突破了地域上的界限[③]，互助活动场地可以是实地，也可以是网络等虚拟空间，实现全民互助，促进和谐社会建设。

（三）“时间银行”对社区互助养老模式的意义

1. 弥补传统养老模式不足，缓解养老服务压力

1990 年以来，我国人口老龄化速度加快，65 岁及以上老年人数量从 6299 万人增加到 1.9 亿人，占人口总量的比例由 5.57%上升到 13.50%，全国人口结构已逐步变为老年型。根据广州市发布的 2020 年老年人口和老龄事业数据，2020 年，广州市 60 岁及以上人口 179.95 万人，占户籍人口的 18.27%，2016 年以来，社会总抚养比、少年人口抚养比和老年人口抚养比均逐年提高，2020 年老年人口抚养比为 29.27%（以 60 岁作为老年人年龄起点）；从 2019 年开始，少年人口抚养负担超过老年人口抚养负担。[④] 逐渐增长的老年人口比例与日渐降低的人口出生率，让传统的养老模式受到冲击。受城镇化、独生子女相关政策及“4—2—1”家庭结构等多元因素的影响，农村的留守老人问题逐渐凸显，城镇亦产生了很多空巢家庭，居家养老的需求也越来越大。在这样的社会现状下，建立一个完善的社会支持养老服务模式，减轻居家养老、在地养老压力尤为重要。互助养老“时间银行”是通过在所在区域成立互助组织，带动包括低龄老人在内的社区志愿者为有

---

① 别雁偌：《上海社区互助养老模式的运行机制研究》，硕士学位论文，上海工程技术大学，2020，第 14 页；朱玉龙：《武汉市社区老年人“时间银行”养老模式参与意愿及影响因素》，硕士学位论文，湖北中医药大学，2020，第 8 页。

② 张志雄、孙建娥：《多元化养老格局下的互助养老》，《老龄科学研究》2015 年第 5 期，第 33~41 页。

③ 余晓庆：《城市社区空巢老人互助养老的小组工作介入研究》，硕士学位论文，中共吉林省委党校（吉林省行政学院），2021，第 10 页。

④《广州市发布 2020 年老年人口和老龄事业数据》，广州市人民政府网站，2021 年 12 月 31 日，http：//www.gz.gov.cn/zwgk/zwwgk/jggk/lsqkgk/fzghlsqk/content/post_ 7987212.html。

需要的高龄老人提供服务，挖掘并活用闲置的或对专业技术要求较低的劳动力资源，可以有效地满足社区养老服务中的养老护理人力需求。这个模式为低龄有能老人提供具体的老有所为实施方式，同时使参与该模式的有能老人在互相帮助的过程中重新建立社区互助支持网络，并为其增加新的社会资本，缓解家庭代际沟通矛盾和养老压力，最终实现提高弱能老人的获得感、幸福感和安全感。①

2. 创新养老服务模式，完善社区养老服务体系

李克强总理在《2018 年政府工作报告》中强调“发展居家、社区和互助式养老”。②“时间银行”作为一种新型的社区互助养老模式，将服务量化，通过用服务时间兑换同等服务的方式，将社区里的养老服务公平化，有利于促进社区养老服务的可持续发展。同时，“时间银行”作为一个线上线下相结合的平台，可以把各年龄阶段人群的力量汇聚起来，培育社区社会资本，最大限度节约社区养老服务的成本，有助于和谐社区的建设，完善具有中国特色的社区养老服务体系。

3. 丰富养老资源，满足多元化养老需求

随着我国经济的发展和人民生活水平的提高，老年人的养老需求越来越多元化，除了物质生活，还有精神慰藉、社会参与、尊重与自我实现等方面的不同需要。越来越多的老年人有意愿、有能力参与社会活动，而当前老年人多样化的养老需求还难以满足，社会参与渠道有待拓展。“时间银行”汇集社区养老服务需求和各方资源，丰富的需求和资源供给既能提供服务机会，使老年人获得参与社会活动和自我展示的平台，又能使老年人在平台上获取他人提供的服务，实现提供服务和享受服务的有机结合。

4. 推崇互助精神建设，有利于和谐社区的构建

“时间银行”服务模式让志愿者以及健康老人为有需要的高龄老人提供养

① 任素娟、张奇：《我国发展互助养老“时间银行”的必要性及路径研究》，《医学与法学》2021 年第 3 期，第 88~91 页。

② 《2018 年政府工作报告》，中国政府网，2018 年 3 月 5 日，http：//www.gov.cn/zhuanti/2018lh/2018zfgzbg/zfgzbg.htm。

老服务，用虚拟的时间币作为支付的货币，既能避免人们刻意去追求物质满足，也能体现服务者的劳动价值，使服务者可以在未来免费获得别人的服务，这有利于社会建立一种“我为人人、人人为我”的互信机制。“时间银行”的互助养老服务建立在自愿且拥有助人为乐品质的基础上，是一种积极参与社会活动、实现老有所为的方式，有效提高了老年人的成就感与幸福感。提升老年人社会活跃度不但能够改善他们自身的生活状态，还能促进社会关系的和谐，对老年人自身和社会都起到积极的作用，有利于和谐社区的构建。

二　广州公益“时间银行”的实践探索

（一）建设背景

近年来，中央、省、市各级部门相当重视志愿服务事业的发展，出台了一系列政策措施推动志愿服务工作机制的形成，并在重要会议上强调了推进志愿服务建设的重要性。中央文明委在2014年2月印发的《关于推进志愿服务制度化的意见》中明确指出，要加强对志愿服务制度化的组织推动，积极搭建志愿服务活动平台，搭建志愿者、服务对象和服务项目对接平台，要“建立完善长效工作机制和活动运行机制，积极构建中国特色志愿服务制度，推动志愿服务活动广泛深入开展，营造我为人人、人人为我的良好社会风尚”。[①] 2015年8月出台的《中央文明办　民政部　教育部　共青团中央关于规范志愿服务记录证明工作的指导意见》，对志愿者服务时数的申请、受理、开具、公示等环节如何操作分别进行了规定，确定志愿服务记录证明的出具主体需要坚持“谁记录谁证明”的原则，并要求“规范志愿服务记录证明工作，不断提升志愿服务规范化水平”。[②] 2016年7月，由中宣

① 杨兴：《中央文明委印发〈关于推进志愿服务制度化的意见〉》，中国文明网，2014年2月26日，http：//www. wenming. cn/zyfw_ 298/yw_ zyfw/201402/t20140226_ 1768051. shtml。

② 《中央文明办　民政部　教育部　共青团中央关于规范志愿服务记录证明工作的指导意见》，民政部网站，2015年8月3日，http：//xxgk. mca. gov. cn：8011/gdnps/pc/content. jsp?id=14234&mtype=1。

部等八部门联合印发的《关于支持和发展志愿服务组织的意见》提出要："充分利用信息技术手段，及时有效匹配志愿服务供给与需求。推广'菜单式'志愿服务经验，鼓励引导志愿服务组织公开本组织志愿者技能、特长和提供服务时间等信息，与群众需求有机结合，逐步建立志愿服务供需有效对接机制和服务长效机制，全面提高志愿服务水平。"① 2017 年 12 月 1 日实施的《志愿服务条例》提出了一系列激励志愿者和志愿服务组织的措施，"县级以上人民政府应当根据经济社会发展情况，制定促进志愿服务事业发展的政策和措施"，"县级以上人民政府应当建立健全志愿服务统计和发布制度"。② 2018 年 4 月，中央宣传部、中央文明办在全国学雷锋志愿服务工作推进会上强调，要深入贯彻落实习近平新时代中国特色社会主义思想和党的十九大精神，认真贯彻落实《志愿服务条例》，大力推进志愿服务制度化常态化，着力强化社会的责任意识和奉献意识。

各地也出台了相关的志愿服务激励政策或措施，在"时间银行"运营中积累了一定的经验。2010 年，天津市建立了全国第一个正式以"时间银行"命名的志愿者激励机制。根据志愿者在"时间银行"的个人记录和志愿组织的绩效，每三年进行一次考核认定，根据考核结果为志愿者个人及组织提供资金捐助、授予荣誉称号，并在评选、聘任等方面给予便利与支持。浙江省政府于 2011 年出台的《浙江省老龄事业发展"十二五"规划》首次明确"广泛建立'时间银行'制度，进行志愿服务储蓄，促进为老志愿服务持续健康发展"。③ 2014 年上海市出台《上海市志愿服务记录办法（试行）》，明确志愿服务记录标准，并对志愿服务时间记录日常化的组织机构给予荣誉优先申报的便利。④ 南京市在 2019 年发布的《南京市养老服务时

① 《关于支持和发展志愿服务组织的意见》，《人民日报》2016 年 7 月 12 日，第 15 版。

② 《志愿服务条例》，民政部网站，2017 年 9 月 6 日，http：//www. mca. gov. cn/article/gk/fg/shflhcssy/201709/20170915005823. shtml。

③ 《浙江省人民政府关于印发浙江省老龄事业发展"十二五"规划的通知》，浙江省民政厅网站，2020 年 8 月 4 日，http：//mzt. zj. gov. cn/art/2020/8/4/art_ 1229262777_ 2169398. html。

④ 《上海市志愿服务记录办法（试行）》，上海市民政局网站，2014 年 7 月 30 日，http：//mzj. sh. gov. cn/MZ_ zhuzhan1512_ 0-2-8-15-55-1509/20200519/MZ_ zhuzhan1512_ 38122. html。

间银行实施方案（试行）》中提到“鼓励志愿者为老年人提供养老服务，按一定的规则记录储存服务时间，当年老需要时可提取时间兑换服务。时间银行是政府治理、社会调节、居民自治良性互动理念在养老服务领域的具体应用，是发展互助养老的重要方式，可以缓解养老服务力量不足的矛盾，扩大社会参与”。①

（二）广州公益“时间银行”的实践

2018年广州市两会期间，《推动建立公益“时间银行”形成一个可持续社会互助性养老机制》由黄翔等60位市人大代表联名提出。② 广州市民政局作为主办单位，积极指导广州市志愿者协会组织开展广州市“时间银行”的探索实践工作，2019年8月26日，广州公益“时间银行”平台正式上线。历经三年的探索与实践，虽然已经取得了一定成效，但也曾遭遇不少瓶颈，广州市正是在不断试错和突破中，总结实践经验，逐渐走出具有广州特色的“时间银行”社区互助养老模式。

1. 公益属性得以确认

“时间银行”开始在我国推行之时，就有学者质疑其属性，认为“时间银行”是基于服务回馈而建立的，与志愿服务事业的“无偿”性质不符。但广州公益“时间银行”在发展初期就确立了其公益属性，并倡导志愿者将时间积分捐赠给有需要的人，实现“二次公益”。同时，根据《2020年广州市初老志愿者参与志愿服务状况调查报告》③ （以下简称《报告》），76.5%的受访者参与志愿服务的动机是“帮助有需要的人，做对社会有意义的事”，属于利他型动机；在回答“参加志愿服务后，您希望获得什么?”时，有57.2%的受访者选择“不求回报”。可见，许多人加入广州公益“时

① 《市政府办公厅关于印发南京市养老服务时间银行实施方案（试行）的通知》，南京市民政局网站，2019年8月19日，http：//mzj.nanjing.gov.cn/njsmzj/njsmzj/201908/t20190819_1629314.html。

② 秦松：《时间存起来　义工兴起来》，《广州日报》2018年10月15日，第2版。

③ 广州市志愿者协会于2020年8月18日至9月4日面向全市11区50岁及以上的初老志愿者开展线上问卷调查，共回收问卷1899份，其中，有效问卷1762份。

间银行”的初心是能够帮助他人，时数的积累和交换只是平台对志愿者价值的肯定，广州公益“时间银行”的本质依旧是志愿服务。

2. 服务定位逐步明晰

广州公益“时间银行”在建立之初以综合性志愿服务平台为发展目标，面向全社会广泛宣传，联合了市文化广电旅游局、市退役军人事务局等不同领域多方力量，使得平台用户激增，服务范围不断扩大。在迅速发展的过程中，原来的发展定位日益显现出局限性。随着“全国志愿服务信息系统”的全面上线，各地的志愿服务信息系统都面临被兼并甚至弃用的情况，且不少志愿者也表示希望能够尽快统一志愿服务信息系统。如此，广州公益“时间银行”持续化发展的出路何在？通过深入地探讨和研究，广州公益“时间银行”逐步明确了自身助力养老服务的发展定位：政府协同社会力量，通过制度设计，搭建线上线下服务管理平台，鼓励和支持志愿者特别是低龄老年志愿者参与养老服务，按一定的比例为其记录及储存服务时间，当其有需要时可提取时间兑换服务。它是党建引领基层创新共建共治共享社会治理格局的具体应用，是发展互助养老的重要平台，可以缓解养老服务力量不足的矛盾，扩大社会参与。

3. 发展重点不断聚焦

根据广州公益“时间银行”平台数据，截至 2020 年 12 月 31 日，平台注册志愿者 111861 人，其中，50 岁及以上的志愿者 14308 人，占总注册人数的 12.8%。值得注意的是，在志愿服务时长前 100 名的注册志愿者中，初老志愿者占六成，而在排名前十的注册志愿者中，更是有 8 名初老志愿者，最高服务时长累计达到 2712 小时。[①] 这充分体现了发挥初老志愿者力量为社区养老服务提供支持具有可观的开拓空间。所以，广州公益“时间银行”逐渐形成以平台为依托、制度机制建设为基础、养老志愿者队伍建设为重点、“初老服务老老”为核心，“党建引领、政府主导、社会协同、公众参与、科技支撑、制度保障”的“时间银行”发展机制，从而打造具有广州

① 参见广州公益“时间银行”平台数据库。

特色的“在地培训、在地服务、在地兑换、在地颐养”的社区互助养老模式，助力本市社区养老服务高质量发展。

（三）广州公益“时间银行”社区互助养老模式的主要经验

1. 社会化运作，初步形成共建共享的开放管理模式

有别于南京市养老服务“时间银行”及广州市南沙区“时间银行”等由政府出资购买服务并提供兜底资金的运行模式，广州公益“时间银行”主要通过凝聚社会力量获取资源支持，从而促进“时间银行”的可持续发展。

首先，促进“慈善+志愿”融合发展。2019 年 8 月，广州市志愿者协会联合市慈善会设立专项基金，结合每年的“99 公益日”，通过“线上+线下”的筹款动员，筹集善款超 20 万元。其次，通过场地共建、队伍共建、项目共建、培训共享、信息共享、资源共享等方式，依托全市 203 个社工服务站实现街（镇）“时间银行”志愿服务站点全覆盖。同时，联合了中国银行股份有限公司广州分行及中国建设银行股份有限公司广州分行，发挥银行网点多、布局广的优势，挂牌成立志愿助老服务学堂、公益“时间银行”志愿服务港湾等志愿服务站点，进一步延伸“时间银行”服务触角，深入社区，让志愿服务“人人可及”。最后，广泛吸纳社会资源，鼓励企业和社会大众通过项目合作、项目认捐等多种方式发挥第三次分配作用，充实广州公益“时间银行”资源库。广州公益“时间银行”正式上线运行以来，先后获得李锦记（中国）销售有限公司、亚太森博（广东）纸业有限公司、中国人寿保险股份有限公司等多个爱心企业支持。

2. 专业化发展，聚焦探索供需并重的养老服务模式

一方面，通过“资金+资源+专业”三大手段培育初老志愿服务队伍。根据《报告》，超过八成的受访者参与过养老志愿服务，其中，参与养老志愿服务类型最多的是探访服务，占比为 86. 7%，其次是电访服务，占比为 29. 8%。由此可见，养老志愿服务类型仍比较单一且专业性较低，不利于发挥初老志愿者的专长，也难以满足老年人多样化的需求。因此，广州市志愿者协会以广州公益“时间银行”为平台，推进初老志愿服务队伍培育工作，

充分挖掘初老志愿者的个人才能和专长，进一步拓展和创新社区志愿服务内容，从而满足社区困难老年人的服务需求。经过培育及推广，截至2021年底，平台共有养老志愿服务队伍619支，其中254支为初老志愿服务队伍，组织开展了包括义诊、义剪、义修、送餐、助行等多种类型在内的养老志愿服务共3046场次，服务364914人次。①

另一方面，为了畅通社区老年人需求与养老志愿服务资源的对接渠道，广州市志愿者协会以广州公益“时间银行”微心愿板块为载体，完成“耆望成真”供需对接平台搭建，联动多个专业养老企业提供家居环境消毒、居家清洁与照护、中医理疗等专业类养老服务。该平台于2020年7月上线，引导志愿者、志愿服务团队、社会服务机构、志愿服务组织等通过“群众点单—平台派单—志愿者接单—群众评单”的服务流程为社区困难老年人申请养老服务。这一形式受到了社区长者的广泛好评，70岁的郝婆婆在社工服务站的协助下申请了两次中医理疗服务，经过中医理疗后，从原来的行走困难变得可以尝试独立行走，同时在理疗师的鼓励下，慢慢克服了恐惧的心态，愿意尝试进行适当的运动，郝婆婆表示这样的服务是切切实实帮助到了自己，有了广州公益“时间银行”，即使在家也能申请到需要的服务，十分方便。

3. 系统化运营，探索构建“初老服务老老”服务体系

为进一步规范广州公益“时间银行”管理，促进数据互联互通，推进标准化打造，构建完善的“初老服务老老”服务体系，广州市志愿者协会修订完善了平台管理制度、成立广州公益“时间银行”运营办公室、建立动态观察和反馈机制……通过多项配套制度的建立和完善提升广州公益“时间银行”社区互助养老模式的制度化和标准化水平。此外，先后与市委老干部局、市老龄办等部委办局沟通对接，完善广州公益“时间银行”平台功能，促进资源整合；积极与市发改委对接，将广州公益“时间银行”志愿服务数据归集至广州市公共信用信息资源数据库；加强与省民政厅、团

① 参见广州公益“时间银行”平台数据库。

省委、团市委的沟通对接，积极推动与全国、全省志愿服务信息平台的数据对接，多措并举推进数据共建共享。

同时，重点推进试点工作开展，进一步研究总结“初老服务老老”在社区实施的经验模式。2021 年 9 月，首个颐康中心志愿服务站点在六榕街颐康中心揭牌，通过线上开通广州公益“时间银行”账号，恒常发布生活照料、助餐配餐、医疗保健等助老志愿服务，鼓励在地初老志愿者线上报名参与并记录时数，线下标准化打造志愿服务站点，常态化开展初老志愿者培育及社区养老志愿服务，并面向参与颐康中心养老服务的初老志愿者提供定制兑换福利，实现社区“初老服务老老”的信息化管理，形成“在地培训、在地服务、在地兑换、在地颐养”全流程兼顾的广州公益“时间银行”一站式服务站点。

三　广州公益“时间银行”打造社区互助养老模式的建议

（一）加强顶层设计

推动广州公益“时间银行”的良性持续发展，需要相应的法律制度作为保障，从而消除参与者对于后续服务兑换的顾虑和担忧。目前，平台面临应用模式仍在探索、使用场景受到限制、长效支持力度不足等问题，导致其推广运营存在一定困难，亟须通过政策支持、制度保障等措施，进一步明确广州公益“时间银行”功能定位、资源支持、服务保障等核心议题，从而促进广州公益“时间银行”可持续发展。对此，提出如下建议。

一是加强广州公益“时间银行”顶层制度设计和管理，进一步完善广州公益“时间银行”志愿服务制度保障体系，“规范‘时间银行’各管理主体责任、志愿者的责任和义务、监督与评估机制、资金管理方式、社会服务要求”。[①] 保持政策的连续稳定性和建立投入的可持续增长机制，提升平台

① 凌瑾：《以时间银行引领志愿服务新模式——由英国时间银行说开去》，《湖北经济学院学报》（人文社会科学版）2018 年第 10 期，第 77~79 页。

公信力。

二是建立全市统一的公益“时间银行”服务管理标准体系，重点在时数管理、时间积分管理、服务安全管理、监督管理、突发事件应急处置管理等方面制定、修订一批标准，积极争取使之转化成为地标、行标。

三是将“支持广州公益‘时间银行’社区互助养老服务开展”相关指标纳入社工服务站及颐康中心评估体系，激励其发挥自身优势，为广州公益“时间银行”社区互助养老机制建设提供强有力的阵地支撑、专业支撑及服务支撑。

（二）增加资金投入

目前，广州公益“时间银行”的资金来源单一、支持少且不稳定，靠参与者的责任感和奉献精神的单向付出，难以保障广州公益“时间银行”的可持续发展。同时，广州公益“时间银行”的平台维护、运营管理、宣传推广、服务激励、参与者信息管理等都需要较多的资金保障，因此需要政府投入稳定资金以确保广州公益“时间银行”的发展。

一是争取将广州公益“时间银行”纳入市、区两级财政预算，通过政府购买服务的方式，为广州公益“时间银行”的运维保障、宣传推广及升级改造等提供稳定的资金来源，或通过福利彩票公益金支持等方式，解决广州公益“时间银行”专区运营和服务费用问题。

二是建立时间积分兑换“蓄水池”，在市慈善会设立广州公益“时间银行”专项基金，发挥其影响力募集慈善捐赠，为平台志愿者购买保险、开展供兑换的补充服务提供经费支持，保障广州公益“时间银行”可持续兑换与运营。

三是借助福利彩票公益金等资金支持，为社区困难老年人提供其所需的养老志愿服务和专业养老服务，织密织牢困难群众兜底保障网。

（三）提升适老化程度

随着用户数量与平台使用量的不断上升，用户需求也日趋多元化，但目前平台技术无法及时满足用户需求，导致用户体验感较差，影响了平台进一步的推广和应用。初老志愿者在使用智能化平台的过程中会遇到各种障碍，如 App 或小程序不会使用、字体看不清、无法求助、记不住使用步骤等。平台操作使用步骤繁多以及平台操作指引不足，使初老志愿者在使用广州公益“时间银行”手机 App 及微信小程序参与服务时稍显吃力。为此，提出以下改善措施。

一是推进适老化改造。根据老年人特点及需求优化初老专区页面布局，优化字体按键等操作显示功能；开通 App 初老专区新手教程功能，增强操作指引性；开通初老尊享功能，实现初老志愿者积分兑换优待功能；开通服务地点导航指引功能，实现初老志愿者前往活动地点的便捷指引功能；开通远程协助功能，实现对初老志愿者参与志愿活动的远程协助功能。

二是组建广州公益“时间银行”技术团队。根据平台建设发展需求，组建专门技术人员团队，对平台进行总体优化、适老化完善，并根据平台的发展需求，做出及时的升级调整，保障平台的体验感及稳定性。

三是推进与志愿服务信息系统对接和资源整合，实现养老志愿服务数据对接、资源共享，提升线上平台养老志愿服务协作能力。

（四）扩大广州公益“时间银行”朋友圈

目前，资源提供方参与度不高、用户少及激励内容不丰富是广州公益“时间银行”发展的短板，导致广州公益“时间银行”用户增长缓慢，志愿者参与服务的积极性和活跃度低，且资源方提供资源捐赠的热情不高。改善的方法可有以下几个。

一是组建专家顾问团队。整合人大代表、政协委员，以及法律、养老行业人才等专业力量，组建专家顾问团队，为广州公益“时间银行”发展出谋划策、链接资源。

二是构建资源链接平台。整合社会养老服务资源，引导企业参与第三次分配，深化与专业养老服务企业（机构）、医养结合机构，以及金融保险、法律援助、信息科技等相关单位的合作，为广州公益“时间银行”提供技术支持、金融支持、人才支持、专业支持、场地支持、物资和服务支持等，探索建立多元参与、互利共赢的广州公益“时间银行”生态圈。

三是加强宣传推广。除传统的宣传渠道外，重视与多部门的横向联动，发挥老年人相关媒体平台作用，着眼于地铁、公交等公共交通场景，适当投放公益广告，提升广州公益“时间银行”养老服务的显示度。

B.11
广州社会组织参与社区志愿服务的经验探索

吴冬华*

摘　要： 探索广州社会组织参与社区志愿服务的经验做法，既是实现“十四五”时期社区社会组织高质量发展的必然要求，也是构建我国社会治理现代化格局的应有之义。分析发现，广州社区志愿服务以社区社会组织、志愿服务组织（团体）、社工服务站为主要实施者，社会组织参与社区志愿服务呈现党建引领高位化、阵地建设多元化、服务项目品牌化、项目实施专业化等特征，并面临新时代发展需求的新挑战，需要从建立健全工作机制、加大组织培育力度、提升志愿服务专业化水平等方面来应对新挑战。

关键词： 社会组织　社区志愿服务　志愿者

党的十八大以来，党和政府将支持和发展志愿服务组织作为创新社会治理机制的重要内容。《中共中央关于制定国民经济和社会发展第十四个五年规划和二〇三五年远景目标的建议》提出，“健全志愿服务体系，广泛开展志愿服务关爱行动”，“发挥群团组织和社会组织在社会治理中的作用，畅通和规范市场主体、新社会阶层、社会工作者和志愿者等参与社

* 吴冬华，广州市团校（广州志愿者学院）志愿者工作部部长、讲师、助理研究员，主要研究领域为社区治理、志愿服务等。

会治理的途径”。[①] 志愿服务不仅是现代社会文明进步的标志，也成为公众参与社会治理的重要方式。2021 年 10 月，民政部印发的《“十四五”社会组织发展规划》提出，实施“培育发展社区社会组织专项行动”，“深入开展‘邻里守望’关爱行动，引导社区社会组织联动社会工作者、志愿者参与社区治理、提供社区服务、培育社区文化、开展社区协商、化解社区矛盾、促进社区和谐”。[②] 可见，社会组织尤其是社区社会组织不仅是志愿服务的重要实施者与推动者，也是推进国家治理体系和治理能力现代化的重要力量。为此，在第二个百年赶考的新征程上，探索广州社会组织参与社区志愿服务的经验做法，既是实现“十四五”时期社区社会组织高质量发展的必然要求，也是构建我国社会治理现代化格局的应有之义。

一　广州社会组织参与社区志愿服务的政策逻辑

我国现代意义上的社区志愿服务起源于 20 世纪 80 年代。作为改革开放的前沿阵地，广州是我国志愿服务起步最早、发展最快、规模最大的城市之一。1987 年，广州开通全国第一条志愿服务热线——中学生心声热线，拉开了志愿服务的序幕，广州社区志愿服务与志愿者队伍也开始涌现。2009 年，市人大制定出台《广州市志愿服务条例》。2012 年，广州提出建设“志愿之城”。2014 年 5 月，市政府常务会议提出在全市实现志愿服务人人可为、处处可为、时时可为。2015 年底，广州成为全国首批创建“志愿服务模范城”的 8 个试点城市之一。截至 2021 年 12 月，广州实名注册志愿者突破 426 万人，占广州常住人员的比重约为 22.82%，其中 35 岁及以下青年志

---

① 《中共中央关于制定国民经济和社会发展第十四个五年规划和二〇三五年远景目标的建议》，中国政府网，2020 年 11 月 3 日，http：//www. gov. cn/zhengce/2020-11/03/content_5556991. htm。

② 《民政部关于印发〈“十四五”社会组织发展规划〉的通知》，民政部网站，2021 年 10 月 8 日，http：//www. mca. gov. cn/article/xw/tzgg/202110/20211000037062. shtml。

愿者共346.26万人，占比为81.25%，青年志愿者是全市志愿服务的主力军。[①]“志愿之城”建设氛围日益浓厚。

2017年，广州在全国率先提出创建“慈善之城”，并将之写入了《2017年广州市政府工作报告》，纳入城市发展战略。党的十九大以后，广州的“慈善之城”建设有了更坚实的政策制度保障，制定出台《广州市慈善促进条例》，专门设立“羊城慈善月”。2020年，市政府印发了《广州市推动慈善事业高质量发展行动方案》，市民政局和市文明办联合印发《广州市推进社区志愿服务建设的实施方案》，进一步明确社区志愿服务建设重点任务。2021年，广州市民政局印发了《广州市推动社区慈善发展行动方案（2021—2023年）》，提出了24项工作举措。截至2021年，共设立407个社区慈善基金，社区慈善和志愿服务项目、品牌影响力不断提升，成效日益显著，“慈善之城”成为广州新名片，也为“十四五”时期实现广州慈善事业、志愿服务事业高质量发展开好局、起好步。

广州“慈善之城”“志愿之城”建设路径清晰，创建效果鲜明，无论是参与主体力量的不断壮大延伸，还是覆盖领域内容的不断纵深发展，广州社区志愿服务事业均紧贴时代发展需求，逐渐总结提炼出独具岭南特色的社区志愿服务“双城经验”。

二　广州社会组织参与社区志愿服务的现实逻辑

（一）社会组织是社区志愿服务的主要依托

1.依托社区社会组织开展社区志愿服务

社会组织是区别于政府、企业的一种组织形式。党的十六届六中全会通过的《中共中央关于构建社会主义和谐社会若干重大问题的决定》中首次

① 《广州注册志愿者超426万人，志愿项目聚焦群众“急难愁盼”》，广州文明网，2021年12月7日，http://gdgz.wenming.cn/2020index/zyfw/202112/t20211207_7453280.html。

使用了“社会组织”这个词语，并且其被写进了党的十七大报告，替代原来的“民间组织”称呼。由于社会组织自身的复杂性与多样性，民政部在借鉴联合国的国际非营利组织统计分类体系基础上，根据我国社会组织发展特征，将社会组织依据登记形式划分为社会团体、社会服务机构（民办非企业）和基金会。由于社区志愿服务是在特定的地理区域、由社区人员发起并面向特定人群提供的，本文所提及的社会组织与广义上的社会组织概念有所区分。2021 年 3 月 18 日，广州市社会组织管理局印发《广州市社区社会组织管理办法（试行）》，将社区社会组织定义为：“由本社区为主的社区居民、驻区单位发起成立，在本社区开展为民服务、公益慈善、邻里互助、平安创建、文体娱乐和农村生产技术服务等活动的社会组织。”[①]“十三五”期间，全市共培育社区社会组织 22422 家[②]，遍布于社区每个角落的社会组织是社区志愿服务的主要承担者。

2. 依托志愿服务组织（团体）开展社区志愿服务

近年来，广州志愿服务组织（团体）迅猛发展，数据显示，截至 2019 年 12 月 31 日，在广州市、区两级登记注册的社会组织名称中有“志愿服务”“志愿者”“义工”字样的共有 106 家。[③] 除了这些业已登记注册的志愿服务组织（团体）外，还有一些尚未达到登记条件的组织（团体），根据广东省志愿者行动指导中心于 2021 年 12 月 5 日发布的“i 志愿”大数据，广州志愿服务组织（团体）数量达到 15271 家，其中大型志愿服务组织（团体）（超过 100 人）有 2442 家，在民政局注册的法人志愿服务组织（团体）有 3345 家。[④] 可见，近几年，广州志愿服务组织（团体）呈几何级数

① 《广州市社会组织管理局印发广州市社区社会组织管理办法（试行）的通知》，广州市民政局网站，2021 年 3 月 18 日，http://mzj.gz.gov.cn/gkmlpt/content/7/7138/post_7138192.html#345。

② 《广州市民政事业发展“十四五”规划（2021—2025 年）》，广州市民政局网站，2021 年 12 月 8 日，http://mzj.gz.gov.cn/gkmlpt/content/7/7955/post_7955458.html#346。

③ 《创新社区志愿服务，激活社区治理活力——广州市社区志愿服务发展 2019 年度综述》，载广州市社区服务中心、广州市志愿者协会、广州志愿服务联合会编《广州市社区志愿服务发展报告（2020）》，中国社会出版社，2020，第 8 页。

④ 参见第十一届广东公益志愿文化月暨第十届志愿服务广州交流会开幕活动。

增长，规模不断扩大，功能更是日趋全面。蓬勃发展的志愿服务组织（团队）是社区志愿服务的主要实施者。

3. 依托社工服务站等社会服务机构开展社区志愿服务

自广州政府购买社工服务站以来，“志愿服务”作为“自选动作”被大部分社工服务站纳入合同服务范围。在社区，主要由社工服务站社工带领志愿者开展相关社区志愿服务项目。志愿服务内容力图贴近当地社区居民需要，社区居民中的各类问题被简单划分为青少年服务、长者服务、残障人士服务、家庭服务等几大类，个别社区也会根据自身能力和资源开展诸如就业服务、婚姻关系调解服务以及家政服务等志愿服务。可以说，现阶段依托社工服务站的社区志愿服务已初步成形。社区志愿服务的主要内容由各社区既有固定服务项目而定。

（二）社会组织参与社区志愿服务的“四化”经验

1. 党建引领高位化

作为党和国家事业的重要组成部分，新时代的志愿服务是实现第二个百年奋斗目标的重要力量。以党的思想、政策、主张来引领志愿服务工作，以党的引领来充分激发中国特色志愿服务的生命力，这正是新时代中国特色志愿服务的“根”和“魂”。广州社区志愿服务始终坚持党的领导，加强党的建设，深化社区社会组织党建提升计划。党从方向、服务、价值、队伍、项目等维度来引领志愿服务。首先，社区志愿服务行动紧紧围绕党和国家的中心工作和重大战略开展，它们引领广大社区志愿者投身改革开放主战场、经济建设第一线、社会服务最前沿。其次，志愿服务的内容要切实满足人民最根本、最迫切的需求，着力解决“急难愁盼”现实困难。比如，社区的志愿服务聚焦脱贫攻坚、聚焦特殊群体、聚焦群众关切，探索“社会工作+公益慈善+志愿服务”工作模式，广泛开展以低保低收入对象、特困人员、留守老人、孤寡老人、困境儿童、贫困重度残疾人等为重点服务对象的困难群体社区志愿服务，发挥社区志愿服务在民生保障中的积极作用。社区志愿服务以“奉献、友爱、互助、进步”为精神内核，以培育和践行社会主义核心价值观为根本，要把社区志愿服务行动与学雷锋活动有机结合起来，体现党的全心全意为人民服务的根本宗旨。要发挥党员志愿者队伍在各项社区志愿服务中的先锋模范作用，比如，在抗击新冠肺炎疫情大考面前，广大党员志愿者在社区抗疫工作中率先垂范，不惧风险，冲锋在前，为战“疫”作出突出贡献。2021 年是建党百年，广州各区推动在职党员回社区报到，就近就便开展“党员+志愿服务”，将“我为群众办实事”实践活动真正落到细处、落到实处，实现了党员社区志愿服务常态化、规范化。

2. 阵地建设多元化

党的十九届四中全会《中共中央关于坚持和完善中国特色社会主义制度推进国家治理体系和治理能力现代化若干重大问题的决定》和五中全会《中共中央关于制定国民经济和社会发展第十四个五年规划和二〇三五年远景目标的建议》明确提出要健全志愿服务体系，为此，各级党委和政府积极为志愿服务搭建更多平台，更好地发挥志愿服务在社会治理中的积极作用。近年来，广州市着力推进志愿服务阵地建设，推动志愿服务覆盖到城市运行管理的各个环节，社区志愿服务阵地建设迎来了春天。一方面，历经广州亚运会、亚残运会等大型赛会活动后，广州社区志愿服务阵地得以实现长足的发展。数据显示，广州市现有面向街头，遍布公园、购物广场周边，辐射社区，常态化运行的志愿驿站 77 个、“康园工疗站” 166 个。此外，2021 年以来，围绕广东省“共创美好社区”——广州青年志愿者服务社区行动，探索建立 6 个社区志愿服务试点，实现中心城区 15 分钟社区志愿服务圈全覆盖，以社区志愿服务为抓手，便于市民选择和志愿者深度参与社区治理以及社会建设；除了扩大阵地、优化功能，还注重打造示范性社区志愿服务点——“红色实践空间”，引领青年志愿者、企事业单位团员青年、少先队员、市民群众等广泛参与社区志愿服务，加强对志愿者的思想引领。另一方面，坚持“互联网+志愿服务”思维，以持续升级的广州公益“时间银行”及“i 志愿”系统发挥网络阵地有效补充的作用，实现了对社区志愿服务招募、培训、运行、管理、交流、研讨、维系、激励、督查、保障等的信息化管理流程，同时，完善民生服务“结对式”“订单式”功能，变“大水漫灌”为“精准滴灌”，有效打通社区志愿服务的供需渠道。

特别值得一提的是，遍布街头巷尾的新时代文明实践中心（所、站），以志愿者为主体力量，以志愿服务为主要活动方式，深入宣传习近平新时代中国特色社会主义思想，发挥凝聚群众、引导群众、以文化人、成风化俗的积极作用，并助力打通服务群众的“最后一公里”，成为社区志愿服务的有生力量。据不完全统计，2020 年，广州规范巩固 2852 个新时代文明实践中心（所、站）、2000 多个社区志愿服务站点的常态化运作，完成 40 个志愿驿站的升级改造工作，建立 14 个巾帼志愿服务基地，同时不断完善“文明实践云平台”、“志愿时”综合管理系统、广州公益“时间银行”等志愿服务信息平台，优化“党员 i 志愿”“广州街坊”等微信小程序。[①] 这些全覆盖、多元化、线上线下相结合的社区志愿服务网络，积极响应社区群众需求，成为推动志愿服务工作在社区常态化发展的重要力量。

3. 服务项目品牌化

从垃圾分类到社区文明，从爱心助人到街区文明，从防疫指引到城市文明……近些年，越来越多的社区居民自发自觉投身到社区志愿服务当中。随着我国社会主要矛盾的转化，人民群众对美好生活的向往、对社会服务的需求呈现多元化、多样化的发展态势，社区志愿服务从指导性供给向需求性供给转变，从突击的、定点的、仪式性的活动向常态化、社区化、项目化的活动转变，社区志愿服务项目从单一到丰富、从传统到新颖，品牌化进一步凸显。近年来，广州市整合社会各界资源，充分调动社区志愿者力量，立足社区居民的真实需求和基层党政需要，为社区居民提供便民服务、应急救援、青少年权益维护、困境青少年帮扶、疫情防控等社区志愿服务，精心打造“文化大篷车社区行”“金秋送暖·义心传城”“花城有爱志愿同行”“广州街坊”“长者心声热线”“关爱女童·护苗成长”“红棉关爱——暖心行动”等社区志愿服务活动品牌，让社区群众特别是特殊群体有更多获得感、幸福

① 《广州大力弘扬志愿精神 推动“志愿之城”品牌建设》，广州文明网，2021 年 2 月 8 日，http：//gdgz. wenming. cn/2020index/zyfw/202101/t20210122_ 6921331. html。

感。由海珠区民政局、团海珠区委等单位发起的“福袋传城”行动，通过“政府主导+机构承接+社会参与”的形式，向社会公开募集爱心物资形成“福袋”，然后再组织开展向社区特殊群体派发“福袋”的志愿服务行动。从2013年开始，该行动连续8年为2.5万个以上特殊群体筹集“福袋”超过2.5万个，折合资金约250万元，得到200多个社会公益组织和许多市民群众的热情支持，该行动曾被评为全国学雷锋志愿服务“四个100”先进典型宣传推选活动最佳志愿服务项目。2021年12月，第九届“福袋传城”行动正式启动，启动当天，由企业组建的爱心车队搭载着40名志愿者向各社区出发，为独居长者上门赠送“福袋”。结合中华民族优秀传统文化来发起创新“福袋传城”行动，将优秀民族文化和志愿服务、慈善公益有机结合起来，让市民在感受文化自信的同时参与志愿服务。这样的社区志愿服务行动坚持多年、精耕服务，品牌效应显著。

4. 项目实施专业化

一是队伍凸显专业。细分领域，加强社区志愿服务队伍专业化建设。利用现有的社区志愿服务阵地，广州成立包括医疗、环保、交通、应急、科普、民防等在内的多个专业社区志愿服务队伍，同时在应对突发性重大公共事件中，及时成立社区突击队，如成立社区应急志愿服务队伍。围绕社区新冠肺炎疫情防控，招募社区党员、团员青年、企业员工等志愿者参与社区的核酸检测点和疫苗接种点志愿服务工作。当疫情进入常态化防控阶段，疫情防控志愿者进行了社区转化，成立社区应急志愿服务队伍。社区志愿服务队伍专业化程度不断提高，细分领域持续增多。据统计，广州成立交通、法治、科普等专业社区志愿服务队伍，目前已组建4364支党政机关和事业单位党员志愿服务队及网络文明志愿服务队、220多支企业志愿服务队、27支行业性志愿服务队和115支助残志愿服务队等。[①]

二是内容注重变化。历经多年发展与沉淀，广州已经培育了一批优秀的

---

① 《广州大力弘扬志愿精神　推动“志愿之城”品牌建设》，广州文明网，2021年2月8日，http://gdgz.wenming.cn/2020index/zyfw/202101/t20210122_6921331.html。

社区志愿服务品牌项目，这些项目即使已取得不菲的成绩，也仍然注重内容变化与形式创新，让社区志愿服务拥有强大的生命力。比如，从 2019 年开始，广州社区志愿者、志愿服务组织积极响应号召，依托社区志愿服务阵地，常态化开展垃圾分类志愿服务活动。1.0 版本的垃圾分类志愿服务活动采用社区巡逻宣传的方法来呼吁实施；2.0 版本的垃圾分类志愿服务活动，则体现为游戏互动、歌曲传唱、站桶体验等形式；3.0 版本的垃圾分类志愿服务活动则采用“线上+线下”“小手拉大手”等双效推广模式，对居民垃圾投放进行多维度的指引、教育和监督。再如，2016 年始于海珠区的“幸福·家”项目，面向社区困难家庭青少年进行阅读空间改造，2017 年在全市 11 个区推广，并且项目内容由阅读空间改造延伸为居家环境微改造，并为参与项目的青少年提供心理、学习、亲子关系等服务，在暑假期间，为青少年提供为期两周的圆梦课程，打造综合性服务平台。

三是模式强调创新。2013 年底，广东省文明办、广东省民政厅、广东团省委联合下发《关于印发〈关于推进社会工作者与志愿者联动工作的实施意见〉的通知》，探索建立社工和志愿者优势互补、良性互动的长效机制。广州最早推出“社工+志愿者”联动模式，即全市 203 个社工服务站将社区志愿服务纳入整体服务规划，由专业社工协助组建社区志愿服务队伍、组织，并策划社区志愿服务活动、项目，实现社工与志愿者的双向互动，构建常态化的社区志愿服务体系。随着社区志愿服务在实践中持续探索，深入反思，特别是围绕广州加快实现老城市新活力、“四个出新出彩”的战略定位，社区志愿服务的模式不断推陈出新。广州市志愿者协会通过广州公益“时间银行”，实现社区志愿服务“随处可为、随时可为”，探索形成“公益慈善+社会工作+志愿服务”工作模式。从化区打造全省首个“如愿行动”众扶互助平台，打造“互联网+慈善+志愿+N”的启航模式。

（三）广州社会组织参与社区志愿服务的挑战

1. 工作机制有待进一步理顺

目前，在广州社区志愿服务工作机制上，虽然已经基本形成了党委领导、文明委协调规划、民政统筹指导、社会协同参与的工作格局，但在实际推进过程中，各系统的社区志愿服务工作却面临多头领导的困境，出现部门职责不清、系统重复录入、数据重复报送、服务数据难以统计等问题。政出多门、条块分割、重复重叠的工作机制使推动社区志愿服务制度化的工作陷入困境。在志愿者登记注册方面，有归口于民政部的，有归口于共青团、妇联的，还有归口于政法委的，由于不同系统之间缺乏兼容性，实践中志愿者登记注册工作的重复问题时常发生。有的系统登记注册较为严格，有的则水分较多。在志愿服务项目开展方面，由于缺乏协调和信息共享，志愿服务项目出现有的社区重复服务、有的社区无人问津的现象。在志愿服务事业的指导协调方面，不同系统、不同战线、不同部门都有自己的社区志愿服务队伍，这些队伍之间缺乏服务信息与资源共享的机制与平台，而且每一支队伍在同一个社区开展同质性服务，造成有限资源的浪费。由于工作体制机制的不顺畅，工作缺乏统筹和联动，出现多头管理、管理资源浪费的现象。显然，缺乏统一的协调机制已经成为社区志愿服务发展的体制性桎梏。

2. 组织培育有待进一步加强

迈入新时代，广州社区社会组织呈几何级数增长，社区志愿服务事业虽然得到了蓬勃的发展，但是发展的内生动力仍然不足，存在过度依靠政府的行政动员体系来开展服务的现象。目前，社区志愿服务组织在总体上还存在规模不大、能力不强、作用发挥不够全面、所提供服务与群众需要还有不少差距、与广州“志愿之城”“慈善之城”的定位还不相适应等不足和薄弱环节。一是官方倡导建立的志愿服务行业组织官方色彩过于浓厚，未摆脱对行政体制的路径依赖，自主性不强。二是社区志愿服务组织的运作模式有待进一步创新和规范。三是社区志愿服务组织人员的专业素质不高、稳定性较差，培训资源不均衡，能力有待进一步提升。社区志愿者在岗前有简单的上岗培训，但没有系统化、分层分类化的培训机制，此种情况既无法满足社区群众日益增长的高质量需求，也是对专业资源的浪费。大部分社区志愿服务队伍由居民自发创建、自治管理，服务队伍的专业性有待加强，群众需求量大、专业要求高的抢险救灾、医疗卫生、教育科技、环境保护、司法援助等方面的志愿者较为短缺，且需要加强培训。四是社区志愿服务组织的自我造血功能较弱，资源整合能力不强。因此，需要进一步加强社区志愿服务组织的孵化培育扶持工作，培育社区志愿服务发展的内生动能。

3. 专业化水平有待进一步提升

专业化是志愿服务事业发展的重要趋势和必然要求。经过“十三五”时期的快速发展，广州社区志愿者规模已经较为壮观，队伍专业化、内容创新性有了一定进步，并探索了“社工+志愿者”联动机制。理论上，“社工+志愿者”联动机制可以通过社工的专业性提升志愿者的专业化水平，但是，在实践中，往往是社工提供服务，而志愿者只是提供协助，开展的志愿服务多为浅层次、简单化、低水平，专业性志愿服务与技能性志愿服务开展得相对较少。而且社区专业领域志愿服务队伍尚处于初步发展阶段，在组织动员社区居民分类分领域参与志愿服务方面存在短板，需要加快培育社区志愿服务的内生力量，充分发挥社区居民的作用，引导居民群众深度参与社区志愿服务，重点培育专业社区志愿者骨干。新时代对志愿服务事业的专业化提出更高、更新的要求。党的十九届四中全会通过的决定首次提出：“重视发挥第三次分配作用，发展慈善等社会公益事业。”[①] 2021 年 8 月 17 日召开的中央财经委员会会议提到，要发挥第三次分配的作用，促进共同富裕。值得注意的是，第三次分配的主要载体——慈善事业目前发展相对滞后，且存在很大的上升空间。当前，我国参与第三次分配的主体仍然以企业为主，但个人的意愿在明显增强，这也意味着未来个人层面的捐赠还有很大提升空间。因此，社区志愿服务未来运作要大力培育社区慈善组织，以专业的社区基金会、社会服务机构为载体，营造社区慈善氛围，从而调动个人参与第三次分配的积极性，最终实现共同富裕的目标。

---

① 《重视发挥第三次分配作用　推动慈善事业迈上新台阶》，民政部网站，2019 年 11 月 25 日，http：//mzzt. mca. gov. cn/article/zt_ 19jszqh/mtbd/201911/20191100021607. shtml。

三　广州社会组织参与社区志愿服务的探索逻辑

2021年是“十四五”规划的开局之年，也是开启全面建设社会主义现代化国家新征程的第一年。2021年4月28日，《中共中央　国务院关于加强基层治理体系和治理能力现代化建设的意见》印发，强调“完善社会力量参与基层治理激励政策，创新社区与社会组织、社会工作者、社区志愿者、社会慈善资源的联动机制，支持建立乡镇（街道）购买社会工作服务机制和设立社区基金会等协作载体，吸纳社会力量参加基层应急救援。完善基层志愿服务制度，大力开展邻里互助服务和互动交流活动，更好满足群众需求”。[①] 这也为“十四五”时期广州社会组织参与社区志愿服务指明了方向。

（一）建立健全社区志愿服务的工作机制

要贯彻落实《广州市推动社区慈善发展行动方案（2021—2023年）》，从顶层设计着手，完善社会组织参与社区志愿服务的工作机制，以创新社区与社会组织、社会工作者、社区志愿者、社区慈善资源的“五社”联动机制为抓手，全面提升新发展阶段社区志愿服务工作管理水平，助推国家治理体系和治理能力现代化。将志愿服务工作纳入各乡镇（街道）、村（社区）年度重点工作内容，成立由区民政部门牵头、各社区有关部门组成的社区志愿服务工作领导协调小组，实施跨部门领导，全面指导、协同推动社区志愿服务工作。着力建设社区志愿服务大数据信息平台，解决重复服务、多头对接的资源浪费问题，实现人、财、物、信息等资源在管理层面和服务层面之间的无缝衔接与及时转化应用，不断完善社区志愿服务统一高效的工作机制。着力开展社区志愿服务有效供需模式探索，围绕就近就便、常态化的技术路径和制度设计目标，逐步形成将社区志愿者零散的时间与分散的精力汇

① 《中共中央　国务院关于加强基层治理体系和治理能力现代化建设的意见》，中国政府网，2021年7月11日，http：//www. gov. cn/zhengce/2021-07/11/content_ 5624201. htm。

聚成重要力量的工作局面。着力构建多元化、综合性服务载体并形成持久推进的工作体制，在党政部门职能和公共服务的边界上寻找社区志愿服务切入点，在企业、媒体等社会化力量和各类社区志愿服务组织中寻求供需结合点。在强化组织领导、明确部门责任、加强协调配合的同时，注重对社区志愿服务活动成效的考核评价。

（二）加大社区志愿服务组织的培育力度

加大社区志愿服务组织培育力度，建设社区慈善（志愿）工作站，创新社区志愿服务组织培养模式。以社区志愿服务项目为重点来引导各类型社区志愿服务组织，形成公益创投的工作模式，通过项目外包、资金保障、过程控制、绩效评估一系列机制来有效动员更广泛的社区志愿服务组织的参与，加强对社区志愿服务组织负责人的引导教育工作，扶持社区志愿服务组织提升服务能力和组织管理水平。推动各区域、各行业外来务工人员志愿服务组织建设，以村（社区）、规模企业为重点，以社区志愿者协会、社区慈善（志愿）工作站等融合组织为依托，以注册、自愿和有组织服务为主要形式，全面建设社区外来务工人员志愿服务组织。进一步完善区、乡镇（街道）、村（社区）三级志愿服务组织建设，着力完善组织体系。进一步完善以区志愿者协会为龙头，乡镇（街道）志愿者分会、直属志愿服务大队为主体，村（社区）志愿者之家（服务站）、企事业单位志愿服务队（站）为主干的指导体系建设，增强各级志愿服务组织在社会联络、组织整合、项目推进、资源汲取等方面的功能。加快推进社区志愿服务阵地建设，完成社区志愿者协会等综合性阵地的硬件配备及升级改造，强化人员和经费保障，深化社区志愿服务的有形依托。

（三）提升社区志愿服务的专业化水平

党的十九大报告提出："我国社会主要矛盾已经转化为人民日益增长的美好生活需要和不平衡不充分的发展之间的矛盾。"[①] 人民对美好生活的追

① 《不断满足人民日益增长的美好生活需要》，人民网，2017 年 11 月 14 日，http：//theory.people.com.cn/n1/2017/1114/c40531-29644237.html。

求有了多重含义，原来单一功能的生活共同体——社区也被赋予了更多功能，转型为复杂融合的治理共同体。以“奉献、友爱、互助、进步”为精神内核的社区志愿服务，恰好能构建新时代社区有机协作和价值共享机制，促进社区成员的利益融合。如此，对于社区志愿服务就远远不满足于“扫大街、看老人、做表演”的“老三样”做法，对社区志愿服务质量与专业化的期待也被提上日程。因此，社会组织要因应时代发展与社会变化，立足于社区，深入实施《广州市推进社区志愿服务建设的实施方案》，深化“五社”联动机制，不断拓展社区志愿服务领域、不断丰富社区志愿服务内容、不断细化社区志愿服务项目、不断提升社区志愿服务实效。针对社区志愿服务需求多元化的现实，社会组织要注重培育和发展涵盖各个领域的细分的志愿服务组织或队伍，以此提供更为专业化的社区志愿服务项目。开展多种形式的社区志愿服务培训，提升广大社区志愿者的专业化服务水平。这种专业化不仅体现在培育当地社区志愿服务品牌项目上，还包括提升社区志愿者骨干的人力资源管理、财务投资、社区治理等多元管理能力，以及提升广大社区志愿者的智能化、技能化等专才服务水平。

B.12

老年志愿者服务动机与培育路径研究*

李颖奕　李嘉怡　叶钰炜**

摘　要： 本文以三种服务机构为案例，对广州市老年志愿者参与服务的动机、路径以及培育志愿者和志愿服务团体的方式进行研究。以此为依据，对推动广州市老年志愿者参与社区志愿服务提出四方面的建议：一是党建引领，立足社区；二是以“积极老龄化”为目标，重视老年人的参与需求；三是以“优势视角”为指导，充分发挥老年人能力；四是以专业服务为手段，促成老年人参与动机持续满足。

关键词： 老年志愿者　服务动机　志愿者培育

老年群体在广州市多数社区人口中占比为10%至20%，他们拥有充裕的时间、丰富的生活经验和人生阅历、成熟的心理等优势，是社区治理多元主体中的重要力量。社区志愿服务是老年人参与社会活动的重要途径，也有助于老年人维护身心健康、实现“积极老龄化”。然而，由于社区志愿服务在我国广泛开展的时间还不长，许多老年人对此认识不深，因此，引导、培育老年人参与社区志愿服务的任务仍然艰巨。10余年来，广州市大力推动老年人参与社区志愿服务，取得了良好的成效，探索出形式多元、适宜本土

---

* 本文资料来源为笔者开展的调研。

** 李颖奕，华南农业大学公共管理学院社会工作系讲师、硕士研究生导师，主要研究领域为老年社会工作、社区社会工作；李嘉怡，华南农业大学MSW，主要研究领域为老年社会工作；叶钰炜，华南农业大学MSW，主要研究领域为老年社会工作。

的老年志愿者动员及组织策略。

本文采用多案例法，对三种服务机构推动老年人参与志愿服务的方法和效果进行考察，对老年志愿者培育的有效路径进行分析和探索。第一种是区一级居家养老服务中心，该中心服务全区老年人，服务类型丰富、资源较丰裕；第二种是街道社工服务站，其与街道办事处、居委会等行政机构联系更加紧密；第三种是以社会资源为主要资金来源的专业为老非营利服务机构，其服务方式灵活度较高。① 三种服务机构均由专业社会工作者进行志愿者服务与管理。

一　广州市老年志愿者参与社区志愿服务的基本情况

截至2021年12月7日，在广州公益“时间银行”系统登记注册的50~90岁志愿者为23417人，但其中仅四成记录了志愿服务时数。② 登记志愿服务时数的8972名50~90岁志愿者中，50~59岁这个年龄段参与人数较多，55岁、60岁这两个节点之后参与人数有显著上升，可能与这两个年龄分别为女性和男性的法定退休年龄有关；64岁后参与人数逐渐减少，75岁后参与人数锐减，推测与志愿者的身体功能退化有关。值得关注的是，虽然活跃的志愿者以低龄老年人为主，但中、高龄老年人也在参与（见图1）。

从性别构成来看，参与社区志愿服务的男性志愿者约占23%，女性志愿者约占77%；女性参与社区志愿服务的人数明显多于男性。不少研究发现，老年人的社会活动参与有明显的性别差异，女性的参与率大大高于男性。广州市老年志愿者参与社区志愿服务的性别特点与之一致。

从政治面貌来看，参与社区志愿服务的人群主要是群众、中共党员；各

---

① 感谢越秀区长者综合服务中心（广州恩善社会服务中心承办）、天河区元岗社工服务站（广州市北斗星社会工作服务中心承办）、广州市启创社会工作服务中心对调研的支持。

② 可能有部分老年人仅报名注册，后来没有参加实际服务，也有部分老年人参加了实际服务但是没有登记志愿服务时数（在调查中发现老年志愿者存在不想麻烦、认为不登记志愿服务时数体现自己不计较回报等心理，导致未登记志愿服务时数）。

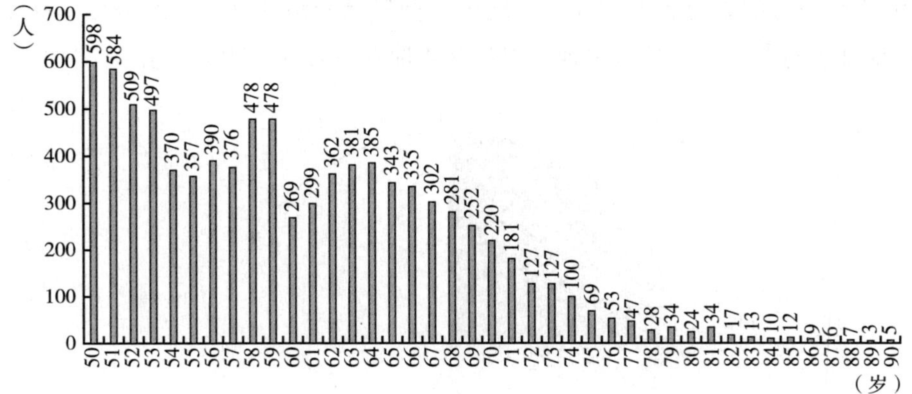

图 1　登记志愿服务时数的 50～90 岁志愿者在不同年龄段上的人数分布

民主党派和无党派人士占比较低（见图 2）。中共党员占比较高，可以作为重点的关注对象；积极动员退休党员参与社区志愿服务活动是切实可行的。

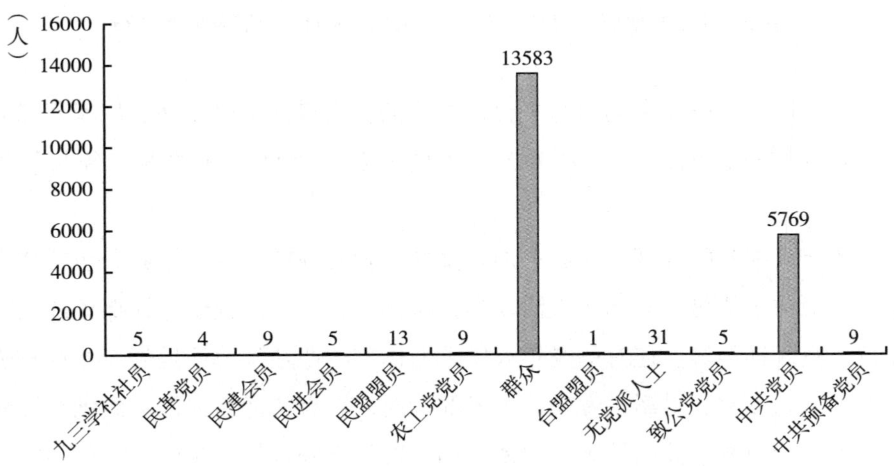

图 2　登记志愿服务时数的 50～90 岁志愿者的政治面貌分布

已有登记志愿服务时数的 50～90 岁志愿者中，44%的志愿者参与社区志愿服务的时数为 0～10 小时，投入时间不多；志愿服务时数在 10～40 小时的人数占 27%，体现出近三成志愿者有较高的服务意愿；志愿服务时数在

40～100 小时的志愿者占 13%，体现出他们较高的活跃度；志愿服务 100 小时及以上的占 16%，体现出他们对社区志愿服务投入度很高（见图 3）。

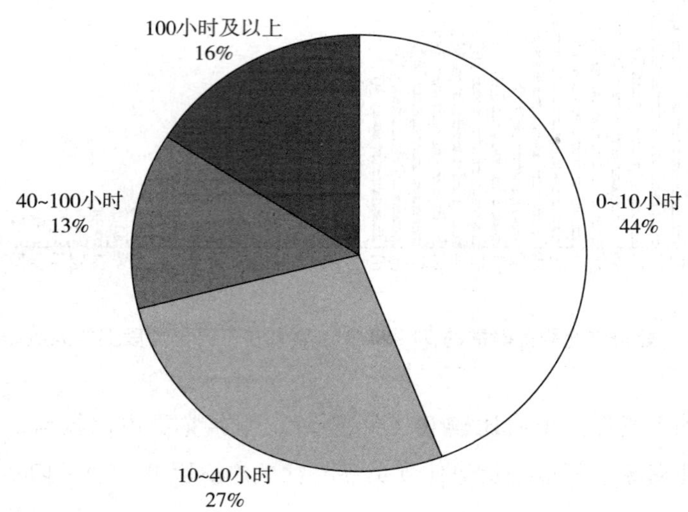

图 3 登记志愿服务时数的 50～90 岁志愿者的志愿服务时数分布

广州市老年志愿者的参与平台是多元的，街道社工服务站、居家养老服务中心等均有计划地开展老年志愿者的动员、培训、激励等服务与管理工作。

老年人参与的社区志愿服务内容多样。较常规的社区志愿服务包括在老年服务机构中值班、为老年人活动提供协助、为老年人提供电话探访或上门探访、社区宣传等。还有的老年人发挥退休前的职业优势，提供专业性较强的服务，如理发、摄影、音乐、美术等。此外，有的老年人加入到创新性较强、专业能力要求较高的服务中来，如金融防诈骗宣导、身体功能评估等。

二 广州市老年志愿者参与社区志愿服务的主要动机

志愿服务动机作为一种内在驱动力，在很大程度上影响了志愿者参与志愿服务行为的产生、频率和强度，对志愿者参与志愿服务的行为起着维持和加强的作用。[①] 老年人参与社区志愿服务的动机是多元化的，受多种动机的共同影响，在老年志愿者培育过程中要综合考虑老年人不同层面的动机与需求。

（一）帮助他人、感受认同

老年人退休后由工作繁忙到闲暇在家，感觉“自己老了无用了，没有价值，是子女的负担”，并且社会易受年龄歧视的影响，对老年群体存在丧失劳动能力、衰老、被照顾等看法，由此，老年人形成对自己的负面评价。而参与社区志愿服务、帮助他人，能够使老年人获得意义感、价值感，形成正面的自我评价。

> 老年志愿者 A：“要说自我价值，我感觉自己除了能帮忙带带孩子外也没有其他技能。这段时间放假，儿子儿媳在家，我就有时间出来做志愿者了，感觉做志愿者可以奉献爱心、帮助别人，很有意义，很开心。”
>
> 老年志愿者 C：“我觉得帮助人家心里是很舒服的，人家老是谢谢，一直笑脸对着，你的心情都感到愉快。”

（二）丰富生活、增添乐趣

老年人退休后获得了大量闲暇时间，但是活动的内容和机会较少，许多老年人生活单调、缺乏乐趣。一些老年志愿者提到，社区中能够参加的文娱活动主要是唱歌和跳广场舞，其他娱乐休闲活动比较少。生活内容的贫乏不仅不利于认知能力的保持，也容易损害情绪，导致抑郁等问题。老年人期待更加丰富的活动，期待获得生活中的乐趣。几位受访老年人不约而同用

① 蒋巍：《中国志愿者服务动机结构研究——基于广东省志愿者的问卷调查》，《中国青年研究》2018 年第 6 期，第 59~65 页。

“玩”来表示参加社工组织的康乐活动及社区志愿服务，虽然在社区志愿服务中老年人要承担提供服务的责任，但在他们眼中，社区志愿服务同样有调剂生活、愉悦身心的效果。

老年志愿者F：“子女不在身边，比较孤单，我其实很想参加公园里的舞蹈队，但我自己的身体不太好，记忆力不好，怕跟不上节奏，大多数时间坐在一旁看别人是怎么跳的。”

老年志愿者E：“我觉得很好玩，一直玩到现在，做志愿者。”

老年志愿者D：“我退休以后没地方去，就说老在家里跟老伴对着，天天两个人对来对去觉得好像也不是那么好，就想来这里，看有什么活动做。”

（三）学习新知、跟上时代

部分老年人对学习新知识、新技能表现出强烈的兴趣，在社区志愿服务中对新事物的了解和掌握，使他们感受到生活更有乐趣，也从中获得信心，体会到对生活的控制感。学习的内容既包括做西点、做工艺品等生活化的内容，也包括与其他老年人特别是高龄老年人的沟通技巧、上门探访的注意事项和老年人身体功能评估等专业化内容，涉及不同方面和层次。

老年志愿者H：“你自己可以提升好多东西。好多以前都没接触过和学过的，你现在都学到了，学到之后也可以去帮人，你觉得哇，很有意义的。”

老年志愿者D：“我觉得他们对我们的培训工作我一定要参加，只要有培训我都想去参加，因为我就想像我们老了，本身你社会活动就少了，如果这个培训的东西你再不参加，你会脱离社会的……”

（四）接触他人、获取支持

职场是现代人社会交往的主要平台，老年人退休后失去与他人互动的多数机会；社区邻里往往关门闭户、少有来往；子女忙于应对工作与照顾小家庭，能够陪伴老年父母的时间很有限。现代化的生活方式易造成个人孤独，而退休老年人最易受影响。因为社会参与的减少，老年人缺乏结交朋友的机会，不仅缺乏陪伴，当遇到情绪的郁结及实际生活的困难时，也难以寻求帮助。

老年志愿者G：“子女很忙，我也不想麻烦他们。工友也年纪大了，不怎么来往了。邻居以前很熟、很好的，煲汤都给我送一碗，但是现在基本都搬走了，新来的租房子的，都不打招呼。”

（五）活动身体、保持健康

老年人退休后常居家中，生活简化，缺少外在刺激。人的身体与心理功能都遵循用进废退规律，需要适当的刺激才能更好地保持功能、延缓衰退。参加社区志愿服务既能填充生活内容，也能活动身体和头脑，有益于老年人保持生理和心理的良好状态。

老年志愿者J：“那时候我就七十五六，觉得自己精神状况还好的话，就愿意走出来做事儿。我就是怕躺下……老年人怕躺就是说还是想做活动，还是要活动，我说哪怕就是比较困难，我起来扶着个凳子、拄着个拐杖，都要慢慢活动活动、遛一下。”

三　广州市培育老年志愿者参与社区志愿服务的方法路径

（一）老年志愿者服务平台的构建

近年来，广州市广泛建立起行政区和街道两级居家养老服务中心，并在

全市所有社区成立街道社工服务站，在街道办、居委会的指导和支持下，面向社区居民提供专业服务，构建起立足于社区、面向居民需求、借助专业社工服务与管理的老年志愿者服务平台。其中街道办、居委会提供服务方向指引和多种资源的链接，居家养老服务中心开展面对社区老年人的多元服务，街道社工服务站设有专职人员为志愿者提供协助。

以天河区元岗街为例，元岗街街道社工服务站成立于 2012 年 7 月，是由区民政局、街道办事处向第三方社工机构购买的社会工作专业服务项目。区民政局、街道办事处、社区居委会对街道社工服务站、居家养老服务中心的老年志愿服务项目“挽手幸福创”的方案进行了解、提出意见，在此过程中，街道办、居委会与社工直接对接，建立服务沟通交流群，解决工作过程中出现的问题，协助提供活动经费、活动礼品物资、活动场地等资源，介绍社区能人、联系社区内的学校和医院等。街道社工服务站和居家养老服务中心的社工则整合老年志愿者资源和服务需求，具体负责方案的设计和执行。

（二）老年志愿者动员

老年志愿者的动员有两种主要方式，一种是街道办和居委会直接动员，因街道办和居委会对热心和有能力的老年居民比较了解，可因应需求而直接动员、组织服务，或将其推荐给社工。另一种是社工项目通过老年服务吸引老年志愿者。一些老年人从参加老年活动开始，逐渐拉近了与社工、与服务的距离，逐渐从服务的接受者这一角色拓展到服务的参与者、社工的同行者角色。

老年志愿者 B：“像我们手工队，穿珠子、做兔子那些，（大家）觉得很好玩，都来玩。后来就问有些活动你参不参加？我们在广场做那些义工，摊位那些，就一起去，觉得都好玩。”

社工 A：“因为那时候他是真的纯粹来玩的，他是先享受会员活动，就是反正我在家里无聊，我先看这里有什么好玩的，他来烹饪、学电脑、学手机，很开心。慢慢久了就是有什么我可以参与更多？那这时候我们再邀请他担任志愿者，他就会觉得我喜欢这个，所以我要宣传，我

> 要带动更多人来参加，他就比较愿意。他不会觉得硬邦邦地要他去宣传，然后是这样慢慢转化的。”

老年人从服务的接受者转变为服务的提供者，这是他们对服务组织方的认同逐渐加深的结果。通过接受服务，他们对服务组织方的理念、风格有所认识，如若认为的确是为老年人着想，便对服务组织方产生信任感，从而对其倡导的志愿服务也乐于参加。

（三）老年志愿者维系

1. 深层动力：意义感的满足

使老年志愿者愿意加入这一行列中并坚持参与，需要对老年志愿者的参与动机充分地关注及回应。如活跃老年志愿者最重要的参与动机——价值感和意义感的实现，需要在方案的设计上突出服务对有需求者的重要性。社工A谈到一个通过优化社区志愿服务提高老年志愿者价值感的事例，老年志愿者曾在中心为老年人提供义剪服务，这一服务大受欢迎，但他们看到来享受义剪服务的老年人中有些是相对年轻的，为他们提供义剪服务，似乎只是提供了经济上的好处，导致部分老年志愿者对服务意义进行质疑；之后社工将义剪服务的形式改为为不便出门的老年人提供上门义剪，老年志愿者感到这样的服务对于服务对象确有价值，从而获得了意义感的满足。

> 社工A：“很多老年人不管是什么年龄的都来，然后他们（志愿者）自己心理上就有一些冲突了，他们可能真的有一些是因为钱所以来。他们想做一些更有意义的事，所以我们就开拓了这个上门义剪，上门的那个对象也有一个明确的要求，就是不良于行的、不能出门的这种，跟他们的专长（剪发）很搭配，而且他们也觉得很有意义。”

要实现意义感的满足，社工需要通过自己踏实的工作使老年志愿者感受到服务的有效性，认可社工机构的服务方式，相信自己的投入能够起到助人的效果。

社工 D："你让他能留得下来，首先他要对我们中心是一个完全信任的状态，觉得我们中心是做实事的……很有激情去做的那些真的是不计报酬的，那如果是计报酬的就肯定会流失……他认可你这个服务，认可我们的机构，才能留下来。如果他不认可的话，其实你怎么迁就他，都是留不了他的，就是这样。"

2. 助益自身：扩展社会支持网络

已有许多实证研究表明，社会支持对健康尤其是精神健康有显著的影响。[①] 由于老年人退居家庭，与他人的交往机会受限，社会支持网络易萎缩。通过社区志愿服务扩展社会支持网络，于老年人较之其他年龄群体意义更大。在服务过程中，老年人之间会产生自然的接触，而社工更是有意识地促成老年人之间的交流与互助，并在老年人有需要时，帮助他们从这一网络中获得社会支持。

老年志愿者 D："通过参加这个小组，我认识到了几个新朋友，每次小组活动后我们也会约着一块买菜，也会在小组的微信群里聊天，分享一些新鲜的事物，组员也都比较热心，有什么问题，其他组员也会积极地帮忙一块想办法，感觉有事情也有人帮忙了，心里挺暖的。"

老年人与志愿者团队形成了紧密的关联，能够从团队中获得人际关系和支持，这些支持可以帮助他们应对生活中的挑战和困难，包括应对身体疾病和家庭责任等，如一些老年人需要带孩子，非常辛劳，社工可以帮他们短暂回到老年志愿者团队以获得喘息和支持。

① 蒋巍：《中国志愿者服务动机结构研究——基于广东省志愿者的问卷调查》，《中国青年研究》2018 年第 6 期，第 59~65 页。

社工 A：“有一些老人家要带孙子了就不能来了，这是比较普遍的问题。他们觉得带孙子的时候其实很累，又不想丢失了这帮老友，他们在这里已经很久了，但是带孙子肯定是没完没了的事情……这种生活上的变化，对他们来说去适应其实很困难，对他们来说是一个挑战，特别是一些年龄比较大才带孙子的……他们就觉得吃不消，那我们只能说跟他家人能不能进一步地沟通，商量出一个短时间，比如一个星期来两个小时。(这对老年人来说是) 解脱、放飞自我。他们说是一种放飞的状态，因为他们可以从一个比较封闭的环境中出来。为什么他们想来？第一个他们人际圈子在这里，第二个他们对这个环境很有归属感，很多回忆在这里。回到这里的时候，他们是放松的，是享受的。”

给老年人与其他年龄阶段、行业背景的人互动的机会，更能使老年人感到愉快和受尊重。

社工 C：“我们部门做得很新颖，经常跟社会不同界别一起融合，比如我们跟电台节目合作，而他们（老年人）发现不管是电台的主持人还是演员等，都很愿意跟他们一起玩。我们现在还有跟初中生一起玩的防诈骗的桌游，跟一些药企也有合作。当他们发现这么多人都不抗拒自己，我们（年轻人）愿意放慢一点速度陪他们玩，其实他们是很愉悦的，而且他们很喜欢接触人。没有人陪他们玩，没有人陪他们聊，那些骗子会陪他们玩，那他们就会被粘上。”

3. 量力而行：个别化参与方案

老年人群体在年龄、身体功能、受教育程度、技能特长等维度上存在显著的异质性，出于尽可能促成老年人参与的原则，应作个别化的服务安排，以适应不同参与者的能力与需求。社工机构针对不同年龄和能力的老年人提供不同类型的志愿服务工作，使年龄较大的老年人可以得到胜任感，也使希望尝试新技术、新方法的较年轻老年人得到满足感。

社工 C:“我们还要根据不同年龄、不同文化程度来教，分别给他们（安排工作），70 岁以上文化知识稍差的，他们喜欢那种线下的志愿服务，我们就给他们去做（线下的），年轻有活力一点的，他们喜欢各种什么拍视频的那种，你可以给他们去做（拍视频），就是要适应他们的优势、能力、经验。”

即使是同一位老年志愿者，也可能随着年岁渐高、体能退化而需要对其志愿服务参与方式进行调整。一位积极参与的老年人表示，在上门探访几年后，社工建议她改为参加电话探访，并且在社工机构的值班时间也缩短一些，这样使她不会感到吃力。对于社工而言，不仅需要留意老年人的功能变化从而及时调整服务，还需要运用中心资源帮助老年人降低身体退化对他们的负面影响、尽量保持他们的社会参与度。

社工 B:“随着年龄的增长，老年志愿者的身体能力真的是逐渐在退化，那在退化过程中，他们的适应跟一些服务的调整，对他们来说是一个挑战，对我们来说也是一个困难的地方。我们除了调整服务这些，还会链接我们中心（资源），他们除了是志愿者，也是老年人……就希望把他们（身体退化）的影响程度尽量地降低，保持他们在社区服务的这种能力，就是让他们继续服务社区。”

即便老年志愿者年事已高，但继续参与志愿服务既能对其生活有所丰富，又能对其他老年人有示范作用，鼓舞大家“积极老龄化”的信心。

社工 D:“在志愿者的培育上面，我们觉得只要他有其中的一个能力，他就可以去做这个岗位，同事或者其他的志愿者去协助，大家互相理解。我们有 90 岁的志愿者，来中心教音乐，他是退休教授，他有特长，我们有比较年轻的志愿者去他家接他来。我们会有压力，但是我们觉得其实是蛮值得的。其他人也会看到，将来我们也会变得更老，但是也还是可以像这样生活。”

4. 壮心不已：能力肯定与培养

对于老年人的能力偏见以或明或暗的形式存在，老年人常常被社会建构为“问题群体”与社会负担，有关他们的话题过于聚焦在体力下降、消费力低、给亲朋带来照顾压力等方面。这些渗透年龄歧视的言论会降低老年人的自我认同感和自信心，也会限制他们对社区志愿服务的参与。老年志愿者的培育需要鼓励老年人打破自我设限、勇敢尝试，逐渐增强自信。

社工 A：“有一些志愿者，他一开始就不会填什么探访、电访这些，他可能就是填一般的活动，觉得自己的能力可能有限之类的。但是在接触的过程当中，我们觉得他的能力是可以的，那我们就会去跟他聊，让他去参与这样的一些培训或者是参与这样的一些服务。”

社工 B：“我们在那个会员日分享的时候是让长者上去，那位长者一开始的时候手抖得很厉害，然后到了后边你可以看得到，其实 5 分钟的时间，前面和后面的那种感觉是完全不一样的，其实对他来说真的是很有挑战的。他的成长我觉得还是蛮大的，然后最后不停地在说希望你们之后还有机会让我来参与这样的项目。”

培训与指导对于提高老年人的参与能力具有不可或缺的作用。培训内容主要是与服务相关的沟通、手工、工具运用等技巧与方法，培训既可保证服务品质，也能提高老年人的能力与信心。

老年志愿者 H：“沟通技巧和老年人的心理，好多，他们说得很详细，叫我们大家模拟、互相访问。很好用，我觉得后来沟通得很顺利。”

在老年人承担较复杂的策划、组织等工作时，社工先在开始阶段提供一定的指导和支持，再鼓励老年人逐渐走向独立。如在志愿服务团队成立起来之后，社工会评估老年人制定的服务方案，并视情况提供辅助，直到老年志愿者的能力提高到可以自行完成。

> 社工B：“就比如说探访，可能我们就了解他们的那些方案，或者是了解他们真的是怎么去开展，或者是开展里面有什么情况，这些我们都会给他们一些意见。如果是去旅行，那个我们会留意一下，就是我们有一些会踩点，会随他们去一次，但是其他的可能我们觉得都ok了。他们的方案也写得很细致，准备得都很全面，那我们随他们去了一次，觉得都ok，然后就是他们自己去了。”

5. 加深链接：志愿者身份认同与强化

志愿者是一种新的社会角色，对志愿者表示鸣谢、进行表彰等能够在这一角色中注入正面价值，令志愿者产生荣誉感，从而加深对这一身份的认同和强化。被访老年志愿者和社工都认为表彰会对志愿者产生显著的激励作用。

> 老年志愿者E：“我觉得做一个记录也好，以前在广州市志愿者协会，几百个小时有金牌志愿者奖，我都拿三个了……那是一个认可，其实也很高兴。”
>
> 老年志愿者C：“从心情方面来讲，我觉得我做志愿者我感到很光荣……特别是连续评了几年的银奖，还有一年是金奖。那时候我们一看到《广州日报》还登了我们名字，我自己感到无上的荣耀，政府都把我们的工作成绩看得那么重要，所以我愿意做，只要我能够走得动，力所能及我都愿意继续走下去。”

即使不是特别突出的参与者，只要在服务中有参与、有付出，都应该鸣谢，使老年人感受到被尊重。

社工 D：“像我们现在不管是老博会还是家庭养老床位验收，只要请了我们的志愿者去参与，我们必须全部在推文一个个名字去公示。他们觉得尊重感是很重要的。”

（四）老年志愿者团队的打造与维系

1. 老年志愿者团队的建设

老年志愿者组成团队有利于工作安排和组织，但在组建过程中，社工发现老年人不太愿意担任队长，主要原因是觉得压力过大。经过研究，社工的经验是，通过“微创投”等机制鼓励老年人自由选择服务内容、自由组队，对活动特别有兴趣的老年人会乐于担任团队领导。

社工 C：“其实不是说找不到这样的骨干，只是说可能这帮人不是他自己邀约组建起来的，是我们组建的志愿者队伍，然后让他去做组长，然后他就会有压力。但是如果这个队伍是他自己组建起来的，他的压力就不会很大了。我们有一个粤曲班，他（志愿者）本来是导师，因为他是党员志愿者，我就建议他可以考虑一下做负责人，因为我们学粤曲、听粤曲或者喜欢粤曲的人也很多，就组个探访队，这个探访队专门去探访那些喜欢粤曲的。然后他就作为队长，他做了好多东西，就他牵头，然后组织，什么时候哪几个人去探访谁，他们自己计划。”

2. 老年志愿者团队的持续推动

团队建成以后，虽然有了老年志愿者做负责人，但为保持士气、推动社区志愿服务有序进行，社工需与团队持续互动、激发成员对社区志愿服务的关切并督促负责人推行工作计划。

社工 B：“其实重点就是它（团队）的稳定率跟活跃率。因为我们的同事就这么多，你那么多支队伍要同步活跃，他们其实挺难的，因为稍稍有一个季度不去活跃，它就会往下沉了，像微信群那样子，所以要不断地想办法去刺激他们，就是推着他们按季度按计划开展，比如，生日会这个季度马上要做这个了，要提前做怎么样的一个规划。”

3. 老年志愿者团队的关系协调

在老年志愿者的关系处理中，一个要点是体现公平，即服务的组织者要对所有老年志愿者一视同仁。较多人偏好的活动，要运用小技巧来使各人都有平等的参与机会。

社工 D：“大家特别喜欢的一些活动，我们可能会以邀约的形式开展，而不是放上群让他们自己报，因为可能一放上群 10 分钟就报完了，那我们就会邀约，那邀约的话其实有些活动每年都会有的，或者每个季度可能都会有的，那我们就是这次邀约这几个，然后下次邀约那几个，就让他们觉得其实还是公平的。”

老年志愿者之间的性格差异、利益诉求冲突等有时会造成小矛盾，严重时可能影响其服务的参与，社工的及时干预能够有效地缓和矛盾、保持团队的凝聚力。

社工 C：“我们预留了工作时间去处理他们的纠纷，有人的地方就有江湖……他首先确认你有没有偏心，我们所有人都要先了解事情的原委，理解他的感受，然后再去协调。”

老年人有自己交往的偏好，对于喜欢的伙伴参加的活动，自己也更愿意参加，反之则可能会影响参与的意愿，社工尊重他们的选择，创造机会使他们能跟喜欢的伙伴一起参加。

社工 D：“其实老人家他也是分堆的，你看我们同一个活动又分上午场和下午场，其实是一模一样的……我们发现有些老人家，他分了群，和另外一群之间不相往来。那我分两场一模一样的，大家就可以跟自己喜欢的好朋友一起来参加，我们也不会说硬要你融合，就用这种大家可以错开来一起参与的方式。”

四　推动广州市老年志愿者参与社区志愿服务的对策建议

（一）党建引领，立足社区

在多个老年志愿者参与社区志愿服务实践案例中都发现，退休党员在社区志愿服务中也是先锋，在老年志愿者团队中承担更多的责任，更愿意担任领导者及服务团队，这对其他老年人的参与起到了重要的示范和引导作用，以退休党员为老年志愿者参与社区志愿服务的先锋与中坚力量，是推动老年人参与社区志愿服务的重要策略。在服务的面向上，应看到老年志愿者及其志愿行动正在成为一股强大的社会自治力量，在社会治理的行动体系当中发挥作用。[①] 以退休党员为领袖的老年志愿者具有服务社区的意愿和能力，应作为社区治理的重要力量予以重视和发展。坚持党建引领，贴近社区需求，是老年志愿者参与社区志愿服务不竭的推动力。街道办、居委会和社区社会组织，为老年人参与社区志愿服务提供资源和平台，是老年人参与社区志愿服务的重要助力。

（二）以“积极老龄化”为目标，重视老年人的参与需求

为积极应对人口老龄化，世界卫生组织于 1999 年提出了“积极老龄化”概念，李克强总理于 2021 年 3 月 5 日在做《政府工作报告》时再一次

① 周军、黄藤：《合作治理体系中志愿者及其行动的组织与吸纳》，《江苏大学学报》（社会科学版）2019 年第 6 期，第 44~51 页。

强调把“实施积极应对人口老龄化国家战略”作为“十四五”时期主要目标任务之一。[①]《积极老龄化政策框架》中把“积极老龄化”定义为：“在老年时为了提高生活质量，使健康、参与和保障的机会尽可能获得最佳机会的过程。”[②]“积极老龄化”能够帮助老年人最大限度地提高生活质量，对社会和国家来说有利于应对人口老龄化、高龄化的挑战，而要实现“积极老龄化”，参与是重要的途径。社区志愿服务是一种非常适合老年人的社会参与形式，不但能丰富老年人的生活、增加对其认知和身体功能的刺激，还能促进社会交往、加强社会支持，以及通过助人获得意义感、价值感，是帮助老年人实现“积极老龄化”的重要手段。满足老年人的深层需求、帮助老年人实现“积极老龄化”，能够激发老年人参与社区志愿服务的持久动力，为社会创造更大的价值。在社区志愿服务方案设计和执行过程中应重视老年人的参与机会，使不同年龄、性别、文化程度、身体功能的老年人都有适宜的参与机会，并通过良好的方案设计与执行，使老年人获得参与乐趣、身心功能的锻炼、愉快的人际交往等，促进老年人身心功能的保持。虽应重视老年人安全，但不应因过分畏惧风险而剥夺老年人的参与权利，应采取积极措施降低风险，如加强陪护、检查与排除环境中不安全因素等，最大限度地满足老年人的参与需求。

（三）以“优势视角”为指导，充分发挥老年人能力

不同年龄的人群各有优势，每个个体亦有特点与长处，着眼于老年人的长处、创造机会使其发挥自身能力，能够有效地激励老年志愿者。从群体层面而言，老年志愿者具有时间较充裕、比较善于与他人沟通、宽容度较高等优势；从个体层面而言，每个老年人都有自身的资源和特点。“优势视角”从资源、长处的角度来看待每个参与者，而不是强调问题和缺损，因此，即使是高龄和部分失能的老年人，也可以有所参与和贡献，这既可以帮助服务

① 《政府工作报告——2021 年 3 月 5 日在第十三届全国人民代表大会第四次会议上》，中国政府网，2021 年 3 月 5 日，http：//www. gov. cn/gongbao/content/2021/content_ 5593438. htm。

② 世界卫生组织编《积极老龄化政策框架》，中国老龄协会译，华龄出版社，2003，第 9 页。

项目发掘人力资源，也可以帮助老年人获得信心和价值感，还有助于破除年龄歧视，为营造老年友好的社会环境创造条件。

（四）以专业服务为手段，促成老年人参与动机持续满足

虽然街道办事处、居委会等政府机关和社区自治组织为老年志愿者参与社区志愿服务提供了很多资源和协助，但在老年志愿者的培育过程中，社会工作者等专业人员的介入也起到重要的作用。社会工作者将老年志愿者视作提供服务的同行者，也将其视为服务对象，从老年人的生理、心理、社会需求着手，对老年人参与社区志愿服务的动机进行系统科学的认识，并通过合理、细致的服务方案设计，对老年志愿者的参与动机予以充分满足。在具体方法上，社会工作者通过个案、小组、社区等多重工作手法与老年人建立关系、培育老年人服务能力、推动老年人参与到社区志愿服务中。此外，老年志愿者既是奉献者，也是具有多重需求的个人，服务的专业化、精细化有助于有效满足老年志愿者的多元动机、排除服务过程中的困难、维系老年志愿者个人和团队的参与积极性。

B.13

以志愿服务助力儿童服务

——以广州市社会福利院社会工作专业服务项目为例

杨翰林 *

摘　要： 目前，志愿服务已经成为儿童福利机构的一项重要服务。本文在对广州市社会福利院社会工作专业服务项目开展志愿服务现状进行分析的基础上，就以志愿服务助力孤残儿童专业服务项目过程中存在的不足提出优化建议：一是明确通过坚持党在志愿服务中的领导地位，摆正志愿服务方向；二是精准对接服务需求，注重系统建设与规划，增强儿童福利机构志愿服务整体性；三是完善志愿服务体系，推动志愿服务体系良性发展及志愿者稳定地提供志愿服务；四是加强志愿服务培训机制建设，提升志愿者的服务质量；五是加强志愿服务宣传，促进服务与倡导并行发展。

关键词： 儿童福利机构　志愿服务　儿童服务

2017年12月1日，《志愿服务条例》正式施行。依据该条例规定，志愿服务是指志愿者、志愿服务组织和其他组织自愿、无偿向社会或者他人提供的公益服务。开展志愿服务，应当遵循自愿、无偿、平等、诚信、合法的原则，不得违背社会公德、损害社会公共利益和他人合法权益，不得危害国

* 杨翰林，广州市成长动力社会工作专业发展与资源中心总干事，主要研究领域为特殊儿童、困境儿童、家庭教育、社区治理等。

家安全。[①] 儿童福利机构是指民政部门设立的，主要收留抚养由民政部门担任监护人的未满 18 周岁儿童的机构。[②] 随着社会对儿童，特别是孤残儿童、困境儿童的关注度持续提升，有更多的志愿服务组织和志愿者愿意走入儿童福利机构，为儿童福利机构内的孤残儿童、困境儿童提供志愿服务，为推动儿童福利机构内孤残儿童、困境儿童的身心发展贡献自己的力量。本文总结广州市成长动力社会工作专业发展与资源中心（以下简称“成长动力”）自 2009 年至 2021 年在广州市社会福利院开展社会工作专业服务项目期间以志愿服务助力儿童福利机构发展的实践经验，为在儿童福利机构开展志愿服务提供经验参考。

一　广州市社会福利院社会工作专业服务项目服务概况

2009 年 6 月，广州市社会福利院为进一步提升儿童抚育水平，在原有的以照顾为本的基础上，尝试以全人发展观的理念去养育儿童，使孤残儿童在成长过程中的身体、生活、心理、社会等功能得到全面且有效的提升。广州市社会福利院在全国首开先河，率先探索通过政府购买服务的形式向成长动力购买社会工作专业服务项目，推动儿童福利机构社会工作的发展。

（一）项目服务的主要内容

1. 寄养儿童成长辅导服务

寄养儿童成长辅导服务是指广州市社会福利院招募爱心家长并提供必要的生活住房及设施，使爱心家长与儿童共同在社区中生活及成长的服务。与集中供养模式不同，寄养儿童都生活在社区，与寄养家庭、社区邻里、学校等多个系统发生互动与联系，成长动力的社会工作者帮助寄养儿童适应社区生活，加强社区支持。社工为寄养儿童提供心理辅导、功课辅导、兴趣培养

① 《志愿服务条例》，中国政府网，2017 年 8 月 22 日，http：//www. gov. cn/zhengce/2020-12/27/content_ 5574451. htm。

② 《儿童福利机构管理办法》，民政部网站，2018 年 10 月 30 日，https：//xxgk. mca. gov. cn：8445/gdnps/pc/content. jsp？ mtype = 1&id = 15247。

等基础服务；开展寄养家长培训，引导寄养家长更好地履行职责，切实保障寄养儿童的各项权益；走访社区居委会及学校等，整合志愿者等资源加强对寄养儿童的社区支持，从而促进其社会化进程。

2. 学童成长辅导服务

学童是指在院内集中生活，日常在社区普通学校上学的儿童，他们大多智力正常，少数有肢体或听力、言语等的障碍。学童与普通儿童一样，具有学习、文娱、休闲等方面的需求，广州市社会福利院作为服务供给方需要满足其多元化及个性化的需求。与寄养儿童相比，学童过的是集体生活，他们很容易相互影响，对生活老师非常依赖。社工主要扮演咨询者、引导者及协调者的角色，他们除了开展个别辅导和危机干预外，还成立青春期辅导、社区实践、预防犯罪等小组及工作坊，提供预防性及发展性服务，为学童未来进入社会做好准备。社工作为福利院与学校之间的桥梁开展学校社会工作，对老师、同学及其家长屡屡投诉的“问题学童”开展个案管理，努力寻求老师的支持、其他同学的接纳及其他同学家长的理解，陪伴学童走过一个又一个成长的关卡，最终使其顺利毕业并自信地走向社会。

3. 成年孤儿安置服务

成年孤儿是指年满 18 周岁、具备独立生活能力及社区适应能力且已经完成全日制学业的青年。尽管成年孤儿在法律上是完全民事行为能力人，福利院不再是其监护人，但由于他们缺乏亲属支持，在融入社会的过程中更容易遇到各种困难。为保障广州市儿童福利机构孤儿的合法权益，促进孤儿成年后融入社会，推动儿童和残疾人福利事业发展，2016 年 8 月，广州市印发实施《广州市社会福利机构成年孤儿安置试行办法》（2019 年 8 月 31 日失效）[①]；2019 年 9 月，广州市通过广泛收集意见，印发《广州市儿童福利机构孤儿成年后安置办法》，通过优先配租公共租赁住房、享受租金优惠、政府购买配齐全屋家电家具、免费提供就业培训、专业社工跟进服务等有力

① 《广州市民政局等 6 部门关于印发广州市社会福利机构成年孤儿安置试行办法的通知》，广州市民政局网站，2016 年 8 月 12 日，http：//mzj. gz. gov. cn/gkmlpt/content/5/5492/post_5492850. html#345。

帮扶，支持儿童福利机构孤儿成年后融入社会、安居乐业。①

4. 残障青年职业培训服务

作为院内开展中职类职业教育的探索，广州市社会福利院开设残障青年职业培训班，吸收院内特殊教育学校九年级毕业生，通过社工对社会适应性较差但具备一定独立工作能力的大龄残障青年开展以社交技能训练为主的职业技能训练和实用文化知识教育，培训项目包括手工制作、家政清洁、厨艺训练等。通过开展职业培训帮助残障青年树立科学的劳动观念，掌握基本劳动技能和生活常识。同时，积极链接社会资源，与企业合作，按照企业需求及残障青年的实际能力有针对性地开展职业培训，先后帮助超过 15 名残障青年成功就业，其中有多名女青年在工作中结识了男友；更有多名女青年在恋爱后提出结婚的想法，并在福利院及项目社工的协助下，顺利步入婚姻及生育子女，找到了属于其人生的幸福。

截至 2021 年，经过成长动力与广州市社会福利院的共同努力，广州市社会福利院社会工作专业服务项目框架（见图 1）成功搭建并打通了孤残儿童从进院到离院的发展路径，有效提升了广州市社会福利院对孤残儿童的教养水准。

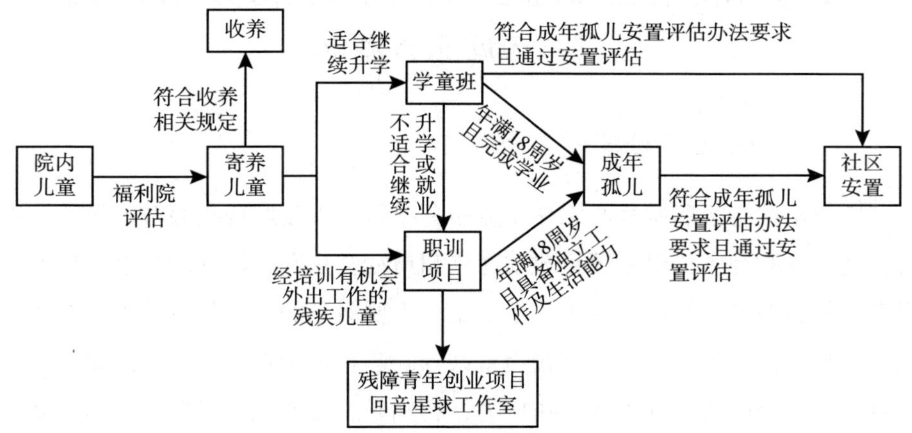

图 1　广州市社会福利院社会工作专业服务项目框架

① 《广州市民政局等 6 部门关于印发广州市儿童福利机构孤儿成年后安置办法的通知》，广州市民政局网站，2019 年 9 月 24 日，http：//mzj. gz. gov. cn/gkmlpt/content/5/5492/post_5492955. html#345。

（二）项目服务中的志愿服务

广州市社会福利院积极探索“社工+志愿者”联动服务的工作模式，即社工引导志愿者开展服务、志愿者协助社工提供服务。通过广州市社会福利院社会工作部，充分发挥院方社工在组建志愿者服务团队、规范志愿者服务、参与志愿者培训督导等方面的专业优势，提升志愿者服务的效能，最大限度地满足服务对象的个性化及多元化需求。经过多年的深耕，共有 10 个志愿者服务团队（5 个高校团队、5 个企业及社会组织团队）与广州市社会福利院建立合作关系，在册登记志愿者 600 余人。在广州市社会福利院社会工作部的管理及指导下，学童课业辅导、儿童团体辅导、儿童心理咨询、婴幼儿陪护等志愿服务有序开展。同时，广州市社会福利院不断完善志愿者管理制度，与志愿者服务团队签订志愿者服务协议，建立志愿者登记与志愿者服务记录台账，不断规范志愿者管理，提升志愿者服务水平。

二　广州市社会福利院社会工作专业服务项目中的志愿服务需求

（一）项目运作的需求

广州市社会福利院社会工作专业服务项目，以政府购买服务的形式，由成长动力派驻社工按服务项目要求在广州市社会福利院内开展社会工作专业服务。依据服务的情况，社工人手不足、需要服务的儿童数量较多、儿童的残障类型较为多样、工作内容较为繁杂等问题普遍存在。因此，志愿者的加入将有助于缓解项目社工的工作压力，特别是志愿者能为孤残儿童提供基本的教育支持及陪伴支持，让项目社工腾出更多时间专注于孤残儿童的行为、情绪、社交等预防性及治疗性服务，提升整体服务质量，帮助孤残儿童健康成长。

（二）项目服务的需求

在服务项目中，孤残儿童的类型较为多样化：不同的年龄段、不同的残疾类别、不同的疾病情况……继而引发孤残儿童在生理、心理、学业、技能提升等多方面的需求。若仅仅依靠项目社工，难以完全满足孤残儿童的多样化需求。因此，引入志愿者，特别是有专长的志愿者，将有助于满足孤残儿童的多样化需求，促进孤残儿童的心理健康，改善孤残儿童的个人能力，提升孤残儿童的能力感和幸福感。

三　以志愿服务助力孤残儿童专业服务项目的实践探索

（一）管理机制

广州市社会福利院目前只接受以团队形式参与的志愿服务。因此，福利院的志愿者主要来源于两个方面：一是周边的高校志愿者服务团队，二是企业或社会组织志愿者服务团队。

志愿者服务团队接受广州市社会福利院的行政管理。首先，志愿者服务团队与福利院签订志愿者服务协议，厘清彼此的义务及权利；其次，签订协议后，到广州市社会福利院提供服务的志愿者需要再次签订相关协议及提交声明文件，以保证其在服务过程中不会做出侵害孤残儿童的行为；再次，当服务项目提出具体的志愿服务需求后，广州市社会福利院依据需求对接志愿服务资源；最后，在服务项目提供的过程中，成长动力对志愿者进行考勤和服务监督，确保志愿者能按时按质提供志愿服务，同时保障志愿者及孤残儿童的相关权益。

（二）服务内容

项目社工依据服务项目中儿童的不同需求，与广州市社会福利院社会工作部进行沟通，联动其中 2 个高校志愿者服务团队、2 个企业或社会组织志

愿者服务团队，开展具体的志愿服务活动。

1. 寄养儿童成长辅导服务

根据寄养儿童成长辅导服务的工作安排，项目社工联动高校志愿者，为寄养儿童提供课业辅导、兴趣活动和外出活动协助等多种形式的服务。

2. 学童成长辅导服务

根据学童成长辅导服务的工作安排，项目社工联动高校志愿者，为学童开展课业辅导服务、文康体兴趣活动；联动社会组织专业志愿者，为有需要的学童开展沙盘治疗和心理治疗。

3. 残障青年职业培训服务

结合残障青年职业培训的需求，项目社工联动高校志愿者，为残障青年进行手工制作培训、文化知识提升；联动社会组织专业志愿者，对有就业机会的残障青年进行就业面试、生活技巧方面的培训；联动企业志愿者，协助残障青年了解企业的相关运作知识，学习如何与工友相处。

（三）志愿者激励和支持

在志愿者进入项目服务的过程中，由项目社工对志愿者进行服务培训及督导。志愿者在服务前需要接受相关的培训，包括志愿服务动机的提升，认识服务对象的心理及生理特征，了解具体服务内容及服务过程中需要留意的事项；志愿者正式提供服务时，在服务后需要写下当日的服务反思；项目社工定期根据志愿者的服务情况及服务反思中提及的情况，对志愿者进行相应的培训及注意事项提醒；广州市社会福利院每年度组织相应的优秀志愿者进行嘉奖，以提升志愿者的服务热情。

四　以志愿服务助力孤残儿童专业服务项目存在的问题

成长动力在广州市社会福利院开展了超过 10 年的社会工作专业服务项目，长期借助志愿者的力量，推动服务项目的发展。基于过往的服务经验，发现了以志愿服务助力儿童福利机构社会工作专业服务项目遇到的困境。

（一）管理中的问题

1. 对志愿服务的整体规划不足

目前，志愿服务的开展更多是因需而募，即基于短期发现的志愿服务需求而招募相应的志愿者开展相关的服务，导致儿童福利机构社会工作专业服务项目的志愿服务更多呈现碎片化的情形，各子项目的志愿服务之间联动性不高。同时，儿童福利机构整体志愿服务的发展及规划仍有不足，导致难以更好地招募、发掘、联动志愿者，以更好地配合儿童福利机构社会工作专业服务项目开展。

2. 专业志愿者的招募存在困难

根据过往的服务实践经验，志愿者仍然主要来源于高校。高校志愿者较容易招募，同时服务热情较高，但基于其能力，更多只能提供辅助性服务，如儿童陪伴、功课辅导、兴趣活动等。但如前文提及，福利院内儿童情况的差异性较大，除了辅助性的服务，他们更期望能获得专业性的支援服务，如医疗、康复、心理服务等。但是在现阶段，有专业服务技能志愿者的招募仍然存在一定困难，特别是如何与该部分志愿者的组织建立稳定的联系，并让该部分志愿者提供稳定的服务。所以，如何寻找合适的专业志愿者团队，推动专业志愿者开展长期、稳定的志愿服务，是推动以志愿服务助力儿童福利机构社会工作专业服务项目发展的重要议题。

（二）服务中的问题

1. 价值观及关系障碍

目前，社会大众对孤残儿童持有刻板印象，如“无安全感、难与他人建立信任关系”“自尊自信不足”“创意思维能力弱”“理财能力弱”“容易焦虑不安”“问题解决、计划及执行能力弱”“学业表现欠佳”等。部分社会成员对儿童福利机构的养育能力存在认知偏差，认为孤残儿童在儿童福利机构内存在受照料不佳、营养不足、生活受限等情况。有学者在对我国孤儿心理需求状况的调查中发现，九成的孤儿认为自己在机构内被照顾得较好，大部分孤儿对自己目前的生存状况表示满意，但娱乐休闲活动单一，社会参与度较低。多数孤儿心态乐观，但少数过于敏感、孤独，甚至否定未来。[①]部分志愿者对孤残儿童同样存在偏差性的认识，导致其在服务过程中难以客观、理性地提供服务，容易出现情感投射，继而在志愿服务过程中出现一些不恰当的互动行为。例如，有的孤残儿童会要求志愿者提供礼物，志愿者认为儿童福利机构不会为孤残儿童提供相关的东西，继而会私下自行准备提供给孤残儿童。因此，协助志愿者树立正确的服务价值观，正确认识孤残儿童及儿童福利机构，学习与孤残儿童建立合适的服务关系是推动志愿者在儿童福利机构开展志愿服务工作的关键。

2. 服务技巧不足

由于在项目中服务的志愿者多数为高校志愿者，因实践经验缺乏，他们普遍存在服务技巧不足的问题。多数志愿者不知道如何回应孤残儿童的言语内容，对于孤残儿童的一些行为表现缺乏基本的专业敏感性。在项目服务过程中，虽然有专业社会工作者的督导，但部分志愿者在服务过程中仍然会出现不恰当的回应方式或处理方式，对孤残儿童或者志愿者本身造成一些困扰，影响后续的志愿服务顺利开展。因此，不断地提升志愿者的服务技巧，是提高儿童福利机构志愿服务质量的重要工作。

3. 服务的持续性差

志愿者的志愿服务工作会受到其个人生活安排的影响。在项目服务中的高校志愿者，只能在课后时间参与，但也会因为需要实习或其他学校事务，无法持续、稳定地提供服务。部分志愿者参与志愿服务还会受其参与动机的影响，如果个人的动机已经得到满足，则可能导致志愿者无法长期参与志愿服务。根据相关研究，长期稳定的志愿者提供的志愿服务能给儿童福利机构的孤残儿童、儿童福利机构及志愿者本身带来更大的正向功能性影响。[②] 因

① 陈晨：《我国孤儿心理需求状况调查——基于 10 省市儿童福利机构的调查数据分析》，《中国特殊教育》2013 年第 11 期，第 9 页。

② 金江英：《儿童福利机构的长期志愿者研究——以 NJ 市社会儿童福利院为例》，硕士学位论文，南京理工大学，2013，第 24~25 页。

此，对志愿者进行关系维系，让志愿者长期、稳定地参与到儿童福利机构的志愿服务之中，是儿童福利机构发展志愿服务需要重点关注的内容之一。

五　以志愿服务助力孤残儿童专业服务项目的对策建议

基于以上对以志愿服务助力儿童福利机构发展的问题剖析，现尝试就以志愿服务助力广州市社会福利院社会工作专业服务项目发展提出如下对策建议。

（一）坚持党在志愿服务中的领导地位

习近平总书记在致中国志愿服务联合会第二届会员代表大会的贺信中指出，志愿服务是社会文明进步的重要标志。党的十八大以来，广大志愿者、志愿服务组织、志愿服务工作者积极响应党和人民号召，弘扬和践行社会主义核心价值观，走进社区、走进乡村、走进基层，为他人送温暖、为社会作贡献，充分彰显了理想信念、爱心善意、责任担当，成为人民有信仰、国家有力量、民族有希望的生动体现。希望广大志愿者、志愿服务组织、志愿服务工作者立足新时代、展现新作为，弘扬奉献、友爱、互助、进步的志愿精神，继续以实际行动书写新时代的雷锋故事。[①] 当前，开展志愿服务工作，首要的是要坚持党对志愿服务的统一领导。要充分认识到，志愿服务是党和国家事业的重要组成部分，是推进中国特色社会主义文明实践的有效途径，必须始终坚持党的领导。应在志愿服务工作中坚持党的领导，把党的立场主张贯彻到志愿服务的全过程，确保中国特色志愿服务的正确政治方向、价值取向、工作导向。[②] 坚持党在志愿服务中的领导地位，有助于摆正志愿服务的方向，彰显中国特色志愿服务的核心信念及价值，推动志愿服务在儿童福利机构中得到切实的推行，并让儿童福利机构、儿童福利机构中的孤残儿童、志愿者本身得到成长及发展。

---

① 《习近平致中国志愿服务联合会第二届会员代表大会的贺信》，中国政府网，2019 年 7 月 24 日，http：//www. gov. cn/xinwen/2019-07/24/content_ 5414384. htm。

② 孙志军：《以习近平总书记“七一”重要讲话为指引推动志愿服务工作开启新征程》，《中国志愿》2021 年第 4 期，第 13 页。

（二）注重系统建设与规划

儿童福利机构需要对志愿服务进行整体性的建设及规划，通过内部的志愿服务需求调研，制定志愿服务目标。建立志愿服务在儿童福利机构运作中的愿景及总目标，即明确志愿服务在儿童福利机构中所处的位置及发挥的功能，制订相应的行动计划并出台行动方案。在儿童福利机构内部建立完善的志愿服务管理制度，主要包括志愿者登记、注册、管理、服务、督导、提升的制度及措施。在外部筛选并建立志愿服务资源库，依据志愿服务发展规划，与合适的志愿者服务团队建立长期稳定的合作关系，推动一般性志愿者及专业志愿者积极参与到儿童福利机构的志愿服务之中。同时，考虑到孤残儿童的心理特点，需要建立、完善志愿服务的退出机制，明确志愿者在结束志愿服务时的流程及步骤，主要包括如何与服务对象结束服务关系以及志愿者服务期间相关资料的移交等，最大限度地减少结案对孤残儿童心理及儿童福利机构的不利影响。

（三）推动志愿者在儿童福利机构长期服务

志愿者在儿童福利机构的长期服务能为孤残儿童及儿童福利机构带来更加积极的影响。影响志愿者是否能提供长期服务的主要原因，在于其参与动机是否能在志愿服务过程中得到充分的满足。志愿者参与志愿服务的动机是多元化的，是利己动机、利他动机和社会责任的复合体。所以，在推动志愿者的服务参与过程中，要全面了解志愿者参与志愿服务的主要动机，并尝试在志愿服务过程中给予其充分的满足，以推动志愿者长期、稳定地参与志愿服务。

（四）提升志愿者的服务质量

根据儿童福利机构对志愿服务的整体性、长期性规划，辅以对志愿者服务动机的全面了解及充分满足，完善志愿者服务质量提升的总体方案，如服务前的心理预期、孤残儿童的心理状况认识、照顾技巧等的培训。让志愿者在提供服务前对志愿服务内容有合适的心理预期及技巧准备；在服务过程中，相关工作人员加强实时的指引及指导，推动志愿者的服务能力提升；在服务结束之后，与志愿者进行全面的总结，推动志愿者对当日服务的反思；定期为志愿者提供人文的关怀及支持，持续维系及加强志愿者投入服务的热情。

（五）服务与倡导并行发展

志愿者在儿童福利机构开展志愿服务，除了需要重点关注志愿服务的质量及管理，亦需要鼓励自己从服务者的身份中解脱出来，赋予自己倡导者的角色。作为志愿者，可以倡导正确的志愿服务理念，影响身边的家人、朋友、社区，引导更多的社会成员参与到志愿服务之中；志愿者经过在儿童福利机构的服务，可以将孤残儿童及儿童福利机构的真实情况进行传播，倡导社会大众改变对孤残儿童及儿童福利机构的不合理认知，让社会大众正确认识孤残儿童的需要及儿童福利机构现时对孤残儿童的照料情况；志愿者可以依据在服务中发现的问题，倡导及推动儿童福利机构养育质量的不断提升。

B.14

广州市志愿服务组织参与流浪救助服务联动机制研究

袁娟娟　王连权　马海潮*

摘　要： 志愿服务组织参与流浪救助服务成为政府流浪救助管理工作的重要补充，使得流浪救助服务更有活力。联动机制为志愿服务组织参与流浪救助服务搭建了一个框架和平台，在这个框架下，志愿服务组织可以明确自身的角色、职责；在这个平台内，志愿服务组织可以获取资源去做好服务并提升自身服务能力。

关键词： 志愿服务组织　流浪救助服务　联动机制

2020年8月，广州市鼎和社会工作服务中心、广州市尚丙辉社会工作服务中心、广州市暖加公益促进会牵头建立广州市社会力量参与生活无着的流浪乞讨人员救助服务联动机制（以下简称“联动机制”），服务覆盖广州市11个区和6家救助管理机构。联动机制由指导单位、支持单位、专家团队、参与单位、联合办公室等组成，现有专家团队成员4人、参与单位41家、志愿者骨干806人。联合开展外展、夜展、建档、个案帮扶、危机介入、调研、源头治理、宣传、培训、志愿者培育等服务。

---

* 袁娟娟，广州市鼎和社会工作服务中心项目主任，主要研究领域为流浪救助、流浪乞讨人员社会工作介入等；王连权，广州市鼎和社会工作服务中心总干事，主要研究领域为流浪救助、流浪乞讨人员社会工作介入等；马海潮，广州市鼎和社会工作服务中心项目主任，主要研究领域为流浪救助、流浪乞讨人员社会工作介入等。

一　广州市志愿服务组织参与流浪救助服务概述

广州市志愿服务组织经过近几十年的发展，迅速壮大并且覆盖到社会生活的各个方面。目前，仅长期参与流浪救助服务的志愿服务组织就有十几个，有的定期开展派餐服务，有的专注于帮助流浪乞讨人员寻亲，有的专注于在露宿点开展个人健康卫生服务，有的针对流浪乞讨人员开展就业服务等，从不同角度、不同层面为流浪乞讨人员提供救助服务。

（一）志愿服务组织参与流浪救助服务的发展历程

1. 自发型救助阶段

在2003年《城市流浪乞讨人员收容遣送办法》废除之前，广州市志愿服务组织的服务极少涉及流浪救助服务。对流浪乞讨人员的救助，多表现为少数社会爱心人士提供数量有限的临时性生活物资帮助。这个时期的志愿者参与流浪救助服务大多具有临时性、随机性、偶遇性的特点。

在2003年《城市流浪乞讨人员收容遣送办法》废除及《城市生活无着的流浪乞讨人员救助管理办法》实施之后，流浪救助服务发生了根本性的变化——由管理工作转向提供服务、由强制接受救助变为自愿接受救助，使流浪乞讨人员在城市获得了更大的生存空间，流浪露宿点逐渐增多。当时，广州市出现了一些具有共同理念、共同旨趣的市民自愿组成的志愿服务团队，他们以团队的形式定期参与流浪救助服务。这些志愿服务团队多是未在相关部门进行注册或备案的自发性团队，团队内部人员大多具有一定的共性，如同教会人员、同公司员工、同乡，甚至是同在本市的外籍人员等。志愿服务团队的服务也慢慢从单一的派餐模式转向探访寻亲、就业支持、生活辅导等多样化服务相结合的模式。

2. 专项型救助阶段

2014年，政府部门以购买服务方式介入专业流浪救助服务。在政府和社工机构的支持下，一批专注于流浪救助服务的志愿服务组织得以组建和发

展，在为流浪乞讨人员提供具有针对性和多样化服务的同时，结合管理部门的需求开展专项救助工作。例如，尚丙辉志愿服务队、街友关怀志愿服务队分别在广州火车站、广州南站设立日常化驻点，开展巡查服务，及时发现需要危机介入的重病、重残、未成年等流浪乞讨人员并及时提供救助，为有劳动能力的流浪乞讨人员开展就业辅导、生活辅导，帮助他们回归社会。同时，进行宣传倡导，引导广大市民理性施舍、合理救助。

（二）志愿服务组织参与流浪救助服务的形式和内容

1. 志愿服务组织参与流浪救助服务的形式

志愿服务组织多数是自发性直接参与流浪救助服务，表现为自发到露宿点派发食物、衣物、生活用品等，直接与流浪乞讨人员对话。少数是通过救助管理机构或者社工项目直接或者间接参与流浪救助服务，表现为参与救助管理机构或者社工项目组织的异地寻亲、社区倡导、慰问探访等活动，协助救助管理机构或者社工项目开展流浪救助服务。

2. 志愿服务组织参与流浪救助服务的内容

一是定期到露宿点派发食物、衣物、生活用品等物资。在满足流浪乞讨人员迫切需求的同时，也满足志愿者对于参与流浪救助服务的诉求。二是为流浪乞讨人员提供寻亲服务。定期开展寻亲探访活动，通过志愿者力量为流浪乞讨人员寻亲并协助其返乡。三是为流浪乞讨人员提供辅导支持服务。例如，帮助流浪乞讨人员就业、支持其学习专业技能、鼓励其自食其力等。辅导支持服务更多是建立在流浪乞讨人员长期在流入地生活并谋求有稳定收入来源的基础上，通过这些辅导支持服务帮助其像其他外来务工人员一样在流入地工作生活、参与社交等。

（三）志愿服务组织参与流浪救助服务的不足

1. 服务形式和服务内容较为单一

多数志愿服务组织只是定期到固定的露宿点为流浪乞讨人员派发食物、衣物、生活用品等物资，派完即止，未能深入了解流浪乞讨人员的深层次需求，更未能联合其他资源帮助其彻底摆脱困境。少数开展寻亲服务的志愿服务组织也只是关注流浪乞讨人员在广州市的生活情况，未能关注到其在家乡的生活情况，部分流浪乞讨人员在返乡后不久又返回广州市街头继续流浪露宿，未能彻底摆脱困境。

2. 缺乏支持和引导

志愿服务组织大多独立运行，相互之间极少联系，更没有合作或者联合行动，经常出现同一名流浪乞讨人员一个晚上在同一个地点收到来自不同志愿服务组织的三四份食物，造成资源浪费，也使流浪乞讨人员形成不好的形象甚至不良的习惯。同时，志愿服务组织在面对流浪乞讨人员表达的诉求时也很难去提供相关的支持，往往因不知道该如何去满足其诉求而选择忽略。

二　广州市志愿服务组织参与流浪救助服务的联动机制

为了将志愿服务组织的资源最大化，解决志愿服务组织参与流浪救助服务时存在的困难，发动更广泛的社会力量参与流浪救助服务，广州市建立了联动机制，通过联动机制整合社会资源，规范服务标准，完善服务系统，提供支持引导。

（一）联动机制建立的制度保障

《社会救助暂行办法》第一章总则第七条明确指出：国家鼓励、支持社会力量参与社会救助。[①]《关于促进社会力量参与流浪乞讨人员救助服务的指导意见》（民发〔2012〕233号）、《广东省城市生活无着的流浪乞讨人员救助管理规定》和《广州市“社工+流浪救助”实施方案》也明确提出，要积极促进社会力量参与生活无着的流浪乞讨人员救助服务。

① 《社会救助暂行办法》（国务院令第649号），中国政府网，2014年2月28日，http://www.gov.cn/zhengce/2014-02/28/content_2625652.htm。

在广州市民政局社会事务处、广州市救助管理站市区分站、广州市救助管理站的指导下，在广州市志愿者协会、广州市社会工作协会、广州市慈善会的支持下，广州市鼎和社会工作服务中心、广州市尚丙辉社会工作服务中心、广州市暖加公益促进会牵头建立了联动机制。依据制度发动更广泛的社会力量参与流浪救助服务。

（二）联动机制的主要内容

1. 建立“六个一”联动机制

围绕“健全一个机制、建立一个平台、组建一支队伍、规范一套制度、构建一个网络、打造一个品牌”的目标，建立和完善联动机制，提供沟通联络、资源共享、培训督导、服务规范等支持，开展危机介入、返乡安置、街面寻亲、源头治理、就业指引、志愿服务、救助宣传等服务。

2. 联动机制的建设目标

建立联动机制，进一步发动更广泛的社会力量参与生活无着的流浪乞讨人员救助服务工作，整合社会资源，规范服务标准，完善服务系统，提供支持引导的工作目标。一是联合当前参与流浪救助服务的社会力量开展服务。二是建立服务平台进行资源共享、服务共享。三是组建志愿服务队伍开展专业服务。四是制定规则规范社会力量参与救助服务。五是构建“纵向到底，横向到边”的“流入地+源头地”一体化救助服务网络。六是打造具有广州市特色的流浪救助服务品牌。

3. 联动机制的工作内容

联动机制主要涉及以下六大工作内容，每一项工作内容都需要志愿服务组织参与其中，联动机制对志愿服务组织的参与持开放和包容的态度，在不停摸索中进行完善。

一是健全流浪救助服务机制。建立社会力量参与生活无着的流浪乞讨人员救助服务联动机制，每月召开一次联合会议，总结交流参与流浪救助服务情况，分析存在的问题，提出下一步参与流浪救助服务的方向。

二是建立流浪救助服务平台。以“互联网+”“网格+”的形式，设立数据中心、服务中心、资源中心、危机介入、返乡安置、街面寻亲、源头治理、就业指引、志愿服务、救助宣传等10个板块。

三是组建志愿服务团队。组建一个不少于800人的志愿服务团队，重点招募律师、医护人员、心理咨询师、培训师等专才志愿者，设立应急处理、街面寻亲、巡查劝导、就业培训、源头治理、资源整合、体系搭建、救助宣传8个服务分队，开展重点案例联合跟进，全方位参与流浪救助服务。

四是规范流浪救助服务制度。进一步完善《社会力量参与流浪乞讨人员救助服务联动机制工作指引》等各项制度，按照流浪救助管理社会工作服务项目指引制度、社会力量能力建设制度、社会资源管理制度等要求，逐步规范社会力量参与流浪救助服务各项工作。

五是构建流浪救助服务网络。构建社会力量“综合建档、聚焦高危、关注重点、分流聚集、源头治理”五级精准流浪救助服务网络，完善综合建档，聚焦高危群体，关注重点群体，分流聚集群体，开展源头治理。

六是打造流浪救助服务品牌。搭建传统媒体和新兴媒体综合宣传平台，进行常态化流浪救助宣传、阶段性社区救助宣传，形成品牌效应。

4. 联动机制的主要成员

一是13个志愿服务团队主要开展关怀服务。13个志愿服务团队共有志愿者约2000人、活跃志愿者约1000人，每周二晚上固定进行派餐，其他时间不定期进行派餐和提供寻亲服务。

二是19家专业社工机构主要开展专业介入服务。目前，正在开展流浪救助服务的社工项目有12个，分别由9家专业社工机构承接，合计购买金额850.37万元，配置社工72人，覆盖越秀、天河、荔湾、白云、海珠、番禺、黄埔、从化、花都、增城10个区和6家救助管理机构。

三是9家企业提供物资支持。目前，通过“街友关怀专项基金”和“‘简·爱’街友关怀爱心超市”平台共募捐到资金和物品合计20余万元。

四是3家支持单位提供志愿服务发动、资源链接、实务研究等支持。

（三）志愿服务组织在联动机制中的角色

1. 服务者

组建志愿服务团队，提供专业支持服务。充分发挥志愿服务团队中律师、医护人员、心理咨询师、培训师的专业优势，协助救助管理部门开展应急处理、巡查劝导、情绪疏导、心理支持、寻亲返乡、就业培训、源头治理、资源整合、救助宣传、重点案例跟进等服务。

2. 促进者

在参与流浪救助服务的过程中，志愿服务组织将发现的问题及时向联动机制和救助管理部门反映，寻求正确的解决途径，为流浪乞讨人员摆脱现实困境和流浪救助服务解决现实问题提供可行的方法策略，有利于提升对突发事件的舆情防控和解决能力，促进流浪乞讨人员与救助管理部门、与社会的共融互助。

3. 联络者

广州市鼎和社会工作服务中心 2020 年完成的《社会力量参与流浪救助服务调研报告》显示：在 89 名受访的流浪乞讨人员中，愿意接受救助站救助的占比为 51.68%，愿意接受社工和志愿者服务的占比为 92.13%。包括社工服务站在内的志愿服务组织在参与流浪救助服务中扮演着联络者的角色，帮助流浪乞讨人员与救助管理部门对话、与社区对话、与社会对话等。而这种联络者角色不仅体现在其与流浪乞讨人员之间、与救助管理部门之间，还体现在其与其他志愿服务组织和志愿者之间。例如，在开展寻亲返乡和源头治理工作中，志愿服务组织与源头地的其他志愿者、志愿服务组织进行沟通、核实身份信息等。

4. 教育者

加强救助管理宣传，积极回应舆情反馈，加强社会公众对流浪乞讨人员的深入了解，倡导以理性、多元方式参与流浪救助服务。制作宣传海报，弘扬社会正能量，以宣传栏张贴、志愿者街头派送等形式，宣传流浪救助政策，倡导理性施舍。举办流浪救助服务专题培训班，吸纳更多的志愿者积极参与，以培训促进服务，以服务促动联动。

（四）志愿服务组织在联动机制中的权利义务

志愿服务组织作为流浪救助服务联动机制当中的成员之一，为提高服务质量行使应有的权利并承担一定的义务。

1. 参与权

志愿服务组织拥有自愿加入的权利，成为流浪救助服务联动机制当中的成员之一，主要的服务内容与联动机制办公室协商制定，与其他参与单位的服务内容通过协调沟通起到互补作用。志愿服务组织拥有退出联动机制的权利，前提条件是与联动机制办公室进行友好的沟通协商。

2. 支持权

志愿服务组织在联动机制中拥有获得督导培训、信息共享、服务共享、资源共享等的权利，从而加强自身能力建设及提高服务质量。例如，联动机制每月均开展社会力量能力建设培训，设置有针对机构组织、一线工作人员、志愿者等不同类型的培训内容，志愿服务组织可根据需求选择与之相适应的培训。

3. 遵守工作制度

联动机制制定有会议制度、咨询制度、监督制度、保密制度，志愿服务组织需严格遵守相关制度，维护联动机制的权益并保障联动机制顺畅运行。

4. 配合工作开展

积极配合联动机制各项工作，每月按时出席联合会议；积极参与联动机制各项服务工作，结合自身的需求和专长，共同商定所负责的内容。

（五）志愿服务组织参与联动机制的方式

联动机制的建立，使得各志愿服务组织有据可依、有制可循，以参与单位的主体身份为流浪救助服务对象开展志愿服务。

一是参与驻点巡查服务。通过社会力量参与救助服务模式，丰富救助服务途径和方式，遵循及时发现、及时处理的原则，为流浪乞讨人员提供个性化、专业化、多元化的流浪救助服务，协助流浪乞讨人员进站受助、弃讨返乡、回归家庭。

二是参与专项联动服务。协助开展危机介入、紧急庇护等专项服务，救助管理机构、社工服务站主导服务开展，志愿者及志愿服务组织发挥协作功能促进服务有效开展。

三是参与寻亲返乡服务。志愿服务组织根据服务对象意愿提供寻亲返乡服务，通过多渠道掌握服务对象信息，由志愿服务组织联络对接户籍地的志愿者，或者实地走访进行寻亲核实。

四是参与宣传倡导服务。协助开展“救助宣传进社区”“619 救助管理站开放日”等宣传倡导服务，维持活动秩序，为服务对象提供讲解和介绍救助管理服务。

三 广州市志愿服务组织参与流浪救助服务联动机制的优势

（一）志愿服务组织具有灵活性优势

相较于救助管理部门，志愿服务组织在严格遵循法规政策前提下灵活开展服务；相较于社工机构，志愿服务组织有着较为庞大的志愿者人力资源。志愿服务组织可以根据流浪乞讨人员个人特点、联动机制服务需求提供适合的流浪救助服务，服务内容涉及面广、服务方式灵活多变。例如，针对不愿进站求助的流浪乞讨人员开展街面寻亲、返乡帮扶，不受救助管理机构需进站方开展寻亲工作规定的影响，在街面直接由志愿者开展寻亲工作，如遇到需入户走访方能核实身份信息的，还可以快速调动当地的志愿者进行入户走访，不受时间、地域的限制。

（二）志愿服务组织具有广泛性优势

志愿服务组织往往有着较大的人员基数、扎实而广泛的群众基础，其志愿者来自全国各地、各行各业，为流浪救助服务提供坚实的人力支援，发挥群策群力的作用。志愿者通过方言能够快速识别流浪乞讨人员籍贯地，能够与流浪乞讨人员顺畅沟通，能够拉近自己与流浪乞讨人员的距离。志愿者的专业知识（法律、医护、心理咨询等）能够为流浪乞讨人员甚至联动机制提供支持。

（三）志愿服务组织具有专业性优势

志愿服务组织结合组织发展愿景、整合资源开展服务，通过长期专项服务增强了服务领域的专业性。例如，“让爱回家”志愿服务队具有较广泛的志愿者基础和充足的寻亲经验，在联动机制中主要提供寻亲服务；暖加公益具有较新颖的志愿服务理念和服务资源，在联动机制中主要提供关怀服务、宣传服务；绿瘦基金会依靠企业资源开展“小雏菊行动”救助公益项目，在联动机制中提供对特殊群体、疑难案例的救助帮扶服务。志愿服务组织自身的这种专业性能够对联动机制做一个很好的补充和完善。

（四）志愿服务组织具有本土化优势

志愿服务组织大多深耕社区，对社区的环境、资源熟识，能够快速调动社区居民参与服务的积极性。例如，在广州市鼎和社会工作服务中心帮助下成立的森爱志愿服务队，经过半年的发展已培育有志愿者 160 人，这些志愿者大多是社区的居民，长期受到本社区内流浪乞讨人员的影响，希望通过参与志愿服务帮助到社区和流浪乞讨人员，而社区内的爱心企业更是通过 99 公益平台向森爱志愿服务队捐赠资金助力开展服务。又例如，羊城花园志愿服务队，其有着十几年的服务经验，在社区内有着丰富的志愿者资源和物资资源，在参与流浪救助服务过程中能够快速动员志愿者和提供紧急物资支持。

这些具有本土化优势的志愿服务组织在新冠肺炎疫情初期便募集到数百个一次性口罩，在防疫物资紧缺的情况下帮助流浪乞讨人员、志愿者、社工获得安全保障，确保流浪救助服务正常开展。还在日常参与流浪救助服务过程中帮助登记近 200 名流浪乞讨人员信息，帮助其中 30 人找回户籍信息、找到家人并返回家乡。

四 广州市志愿服务组织参与流浪救助服务联动机制的风险管理

风险，是指人们从事某种活动或决策的结果的不确定性。这种不确定性可能是正面的，也可能是负面的。用经济学的术语来描述，正面的不确定性就是收益，而负面的不确定性就是损失。[①] 志愿服务组织在参与流浪救助服务联动机制中有可能遭受某些损失，还可能给服务对象或第三人造成某些损失，为了避免这些损失，就需要进行风险管理。

（一）风险类型

因流浪救助服务的特殊性，志愿服务组织在参与流浪救助服务活动过程中可能会遭遇不同类型的风险，主要包括健康风险、侵权风险、人身意外伤害风险和责任风险四类。

1. 健康风险

健康风险主要是志愿服务组织在组织志愿者开展流浪救助服务时有可能面临的威胁志愿者健康和安全的风险。首先，流浪乞讨人员作为城市边缘群体，居住环境和饮食健康问题堪忧，日常清洁及个人防护不到位，感染新冠肺炎、流感、乙肝、丙肝等传染性疾病的风险较高，因而志愿者在流浪救助服务过程中有被传染的可能。其次，流浪乞讨人员中不乏吸毒、酗酒、有暴力倾向和精神异常的人员，志愿者在接触过程中也有可能会受到人身安全威胁。

2. 侵权风险

侵权风险是指志愿服务组织在参与流浪救助服务过程中对流浪乞讨人员或第三方的合法权益造成损害的风险，如损害人身自由权、健康权、肖像权、隐私权等。人身自由权：志愿者参与流浪救助服务中如遇疑似患有精神

① 张洪涛、郑功成主编《保险学》，中国人民大学出版社，2004，第3页。

疾病的流浪乞讨人员需要送医诊治，可能会出现控制其活动触犯其人身自由权的情况。健康权：志愿者向流浪乞讨人员派发的食物有可能因变质致使流浪乞讨人员食物中毒或导致流浪乞讨人员出现过敏症状；志愿者向流浪乞讨人员派发的药物，可能会因药不对症而损害流浪乞讨人员的健康权。肖像权：志愿者在参与流浪救助服务过程中拍摄的流浪乞讨人员照片，可能在未经肖像权人同意的情况下被私自公开发送，从而侵犯其肖像权。隐私权：志愿者在参与流浪救助服务过程中可能会因刺探、侵扰、泄露、公开等方式侵害到流浪乞讨人员的隐私权。

3. 人身意外伤害风险

人身意外伤害风险是指志愿者在参与流浪救助服务过程中可能会遭遇身体或精神上的伤害或死亡的风险，如交通事故、流浪乞讨人员袭击、自然灾害等。交通事故：部分流浪乞讨人员会在街边露宿或在路中间乞讨，志愿者在流浪救助服务过程中有因车况复杂或司机避让不及而出现交通事故的风险。自然灾害：志愿者在台风、雷雨、冰雹等自然灾害情况下开展流浪救助服务，有因遭遇坠物、雷击、溺水等致伤、致残甚至致死的风险。

4. 责任风险

责任风险指志愿者参与流浪救助服务中因疏忽或过失的行为，造成流浪乞讨人员和第三方财产损失或人身伤亡，按照法律、契约应负法律责任或契约责任的风险。如在侵害流浪乞讨人员的人身自由权、健康权、肖像权、隐私权等合法权益的情况下要承担相应的民事赔偿责任。

（二）风险应对

志愿服务组织需提前做好风险评估、制定应急预案、组建应急小组、开展相关培训并为参与服务的志愿者购买意外险等，并将这些可能造成侵权风险和责任风险的细节列入志愿服务规范中，进行监督和审查。

1. 应急预案

应急预案内容应包括目的、处置原则、应急领导小组、组织职责、值班人员职责、志愿者职责、处置程序、应急保障等，并将有可能出现的风险情形一一列明，当出现某种情形时志愿服务组织应该怎么做、值班人员应该怎么做、志愿者应该怎么做都需要进行明确界定，提高应急预案的可执行性。

2. 应急小组

应急小组的成员主要为志愿服务组织的管理者、一线工作人员、志愿者队长等，应将他们分成不同的小组，公示其联络方式，轮流保障24小时在线应急服务，确保在出现危机事件时他们能被立即联系上并到场处置。

3. 风险预防培训

需定期针对工作人员、志愿者开展风险预防培训，保证大家都熟识应急预案和服务规范、了解有可能出现的风险情形并学会提前规避。

4. 志愿服务规范

需制定志愿服务规范，对志愿者的着装、语言、行动等进行规范，也对志愿者的服务质量进行界定，维护组织形象、保障服务水平。

五　小结

志愿服务组织是一股有活力、有能量的社会力量。志愿服务组织参与到流浪救助服务中能够很好地补充当前救助管理工作的空缺，使得流浪救助服务更有活力。流浪救助服务联动机制为志愿服务组织参与流浪救助服务搭建了一个框架和平台，在这个框架下，志愿服务组织可以明确自身的角色、职责；在这个平台内，志愿服务组织可以获取资源去做好服务并提升自身服务能力。

当前，参与流浪救助服务的志愿服务组织数量较多，背后理念各异，救助管理部门对它们的了解不多，难以提供指导和支持，类似于两个不同的系统在各自为流浪乞讨人员提供服务，导致服务存在重复、冲突等情况，建立联动机制并将这些志愿服务组织纳入其中则能很好地解决这个问题，并达到双赢的效果。

B.15

广州市民政领域志愿服务的体系和机制构建

陈文岳　黎韶英*

摘　要：　本文在分析广州市民政领域志愿服务体系和机制构建的背景和现状的基础上，对民政领域志愿服务现有的队伍架构、活动内容、保障支持和监督管理体系建设情况进行了系统总结，提出广州市民政领域志愿服务目前存在的问题，并提出进一步完善广州市民政领域志愿服务体系和机制的意见建议。本文认为，民政领域志愿服务是中国特色志愿服务体系的重要组成部分，完善广州市民政领域志愿服务体系和推动民政领域志愿服务机制创新，需要进一步建立完善民政领域志愿服务组织管理体系、供需对接体系和宣传激励体系。

关键词：　志愿服务　民政领域　广州市

一　广州市民政领域志愿服务体系和机制构建的背景

（一）贯彻落实习近平总书记志愿服务重要指示精神的具体举措

党的十八大以来，习近平总书记高度重视志愿服务工作，在许多重要会

* 陈文岳，广州市志愿者协会副秘书长，主要研究领域为志愿服务、社会工作、基层治理等；黎韶英，广州市志愿者协会品牌文化部部长，主要研究领域为志愿服务、社会工作等。

议、重要场合对志愿者给予了充分肯定，对弘扬雷锋精神、发展志愿服务事业做出一系列重要指示。2019 年 7 月 23 日，习近平总书记在致中国志愿服务联合会第二届会员代表大会的贺信中提到，希望广大志愿者、志愿服务组织、志愿服务工作者立足新时代、展现新作为，弘扬奉献、友爱、互助、进步的志愿服务精神，继续以实际行动书写新时代的雷锋故事。[①] 2019 年 8 月 2 日，《民政部关于学习宣传贯彻习近平总书记志愿服务重要指示精神的通知》印发，要求各级民政部门以习近平总书记志愿服务重要指示精神为指引，全面贯彻习近平总书记对志愿服务的要求，并明确提出："要在社区治理、养老服务、儿童福利、社会事务等民政业务领域加强志愿者队伍建设，延伸民政工作臂力，推动民政事业创新发展。"[②] 习近平总书记的重要指示精神以及民政部提出的相关工作要求，深刻揭示了发展新时代民政领域志愿服务的必要性和重要性，为广州市深入开展民政领域志愿服务提供了政治指引和根本遵循。

（二）切实履行志愿服务行政管理职责的必然要求

目前，国家和广东省均从立法层面上对民政部门的志愿服务行政管理职责进行了明确规定。2017 年 12 月 1 日，《志愿服务条例》正式实施，其中，第五条明确规定："国务院民政部门负责全国志愿服务行政管理工作；县级以上地方人民政府民政部门负责本行政区域内志愿服务行政管理工作。"[③]

2021 年 1 月 1 日，《广东省志愿服务条例》正式施行，并对县级以上人民政府民政部门的工作职责进行了更加详细的阐述，其第五条第二款规定："县级以上人民政府民政部门负责本行政区域内志愿服务行政管理工作，拟订志愿服务行政管理政策措施，负责志愿者注册管理、志愿服务组织登记管

① 《习近平致信祝贺中国志愿服务联合会第二届会员代表大会召开》，新华网，2019 年 7 月 24 日，http：//www. xinhuanet. com/politics/leaders/2019-07/24/c_ 1124792816. htm。

② 《民政部关于学习宣传贯彻习近平总书记志愿服务重要指示精神的通知》，民政部网站，2019 年 8 月 2 日，http：//xxgk. mca. gov. cn：8011/gdnps/pc/content. jsp？ id=14202&mtype=1。

③ 《中华人民共和国国务院令第 685 号》，中国政府网，2017 年 8 月 22 日，http：//www. gov. cn/gongbao/content/2017/content_ 5225860. htm。

理、志愿服务信息化管理、志愿服务活动规范管理，以及相关违法行为的调查处理等工作。”①

《志愿服务条例》和《广东省志愿服务条例》赋予民政部门对志愿服务工作进行行政管理的职责，是国家立足新时代，进一步理顺志愿服务工作机制，推动志愿服务事业法治化、规范化、常态化发展的重要举措，对于民政部门而言，聚焦主责主业，带头做好本领域志愿服务工作是切实履行志愿服务行政管理职责的必然要求。

在上位法修订出台后，广州市依照相关法律法规进一步明晰了文明委、民政部门、共青团等单位在志愿服务工作中的相应职责，其中，《关于进一步加强广州志愿服务建设的实施方案》规定，“市民政局负责全市志愿服务行政管理工作，统筹推进社区志愿服务工作”。该实施方案还规定，由广州市民政局主管的原广州市义务工作者联合会更名为广州市志愿者协会，其业务范围相应调整为“协助政府统筹优化全市社区志愿服务资源”。② 志愿服务相关管理部门和执行机构的明确，为广州市民政领域志愿服务在社区层面落实提供了基本依据和重大支持。

（三）助力做好民政服务工作的重要补充力量

2018 年，我国迎来了改革开放以来第八次党和国家全方位机构改革，改革进一步明确了民政部强化基本民生保障，推动搭建基层社会治理和社区公共服务平台等职能。③ 随后，广州市开启深化机构改革工作，2019 年 1 月，《广州市机构改革方案》正式公布，广州市民政局的内设机构根据职能分工优化调整为 13 个，分别是社会救助处、基层政权建设和社区治理处、养老服务处、儿童福利处、慈善事业促进和社会工作处等部门，主责主业进一步

① 《广东省第十三届人民代表大会常务委员会公告（第 77 号）》，广东人大网，2020 年 12 月 1 日，http：//www. rd. gd. cn/zyfb/ggtz/202012/t20201201_ 181102. html。

② 《广州将成立公共文明引导员队伍　促进市民文明素质提升》，中国文明网，2019 年 7 月 30 日，http：//www. wenming. cn/dfcz/gd/201907/t20190730_ 5202807. shtml。

③ 江治强：《民政机构改革的回望与启示》，《中国社会报》2019 年 2 月 25 日，第 A2 版。

聚焦于“三个基础”——基本民生保障、基层社会治理和基础社会服务，围绕民生兜底保障的业务主线职责愈加凸显。

此外，为进一步发挥志愿服务在基层社会治理中的积极作用，助力推进民政事业高质量发展，近年来，广州市民政局相继印发实施《广州市推进社区志愿服务建设的实施方案》《关于做好特殊困难群体兜底保障志愿服务的工作方案》等一系列政策文件，引导志愿服务组织和志愿者广泛参与特殊困难群体的民生兜底保障服务，积极探索民政领域与志愿服务的融合发展路径。

总而言之，民政工作关系民生，是社会建设的兜底性、基础性工作。[①] 组织民政领域志愿服务队伍，能切实回应民生服务需求，该队伍是助力做好民政服务工作的重要补充力量。

二 广州市民政领域志愿服务的内涵和发展情况

（一）广州市民政领域志愿服务的内涵

2021 年 1 月 7 日，《广东省民政厅关于深入推进民政领域志愿服务工作的通知》印发，提出民政领域志愿服务活动要聚焦低保对象、特困人员、临时救助对象、生活无着的流浪乞讨人员、孤儿、事实无人抚养儿童等民政服务对象，在社会救助、养老服务、儿童福利、社会事务、社区治理等民政领域加强志愿服务队伍建设。同时，该文件对涉及民政领域的志愿服务内容做了详细说明，如在社会救助领域，志愿者可以协助开展对象排查、受理评估、满意度调查等，为生活无着的流浪乞讨人员提供心理疏导、劝导等服务。[②]

早在 2020 年，广州市民政局已印发《关于进一步加强民政直属志愿服务队伍建设的工作方案》，提出建立健全市级民政直属志愿服务队伍工作体

① 陈磊：《三个着力推动民政领域志愿服务健康发展》，《中国社会报》2021 年 10 月 20 日，第 A4 版。

② 《广东省民政厅关于深入推进民政领域志愿服务工作的通知》，广东省民政厅网站，2021 年 1 月 13 日，http：//smzt. gd. gov. cn/zwgk/tzgg/content/post_ 3171525. html。

系和服务机制，从工作体系、服务内容、信息化管理平台、分级分类培训、规范活动管理及规范名称标识六个方面对民政直属志愿服务内容做出规范及界定，并提出强化组织领导、强化经费保障、强化激励监督及加强宣传推广的具体工作要求。

结合相关政策文件要求，本文把广州市民政领域志愿服务概括为：以社区为主要活动场所，围绕社会救助、养老服务、儿童福利、社会事务、社区治理等民政领域，以低保对象、特困人员、临时救助对象、事实无人抚养儿童等特殊困难群体为主要服务对象，由广州市内各级民政部门及其直属单位主办或指导、联合其他组织开展的志愿服务。

（二）广州市民政领域志愿服务的体系构建

1. 民政领域志愿服务队伍体系建设

广州市民政领域志愿服务队伍根据广州市民政局 2020 年 10 月印发的《关于进一步加强民政直属志愿服务队伍建设的工作方案》组建。从组织架构的角度来看，民政领域志愿服务主要依托各类民政服务机构，以及市、区两级志愿者协会，覆盖全市的 203 家“双百工程”社工服务站、基层群众性自治组织等公共服务平台，建构起连通基层的“市—区—镇（街）—社区”四级志愿服务网络体系，为民政领域志愿服务的开展提供有效依托。①

目前，广州市民政领域直属志愿服务分为两大队伍体系，分别是民政系统志愿服务队伍体系和社区志愿服务队伍体系，民政系统志愿服务队伍体系由市、区民政系统机关及事业单位作为队伍主体，按照“总队—支队”两级组织方式建立。社区志愿服务队伍体系是民政基层志愿服务力量，由市、区民政部门指导，以社区党员为服务引领、社区群众为参与主体，广泛发动各方面的社会人员参与，按照“总队—支队—大队—小队”四级组织方式建立（见图 1）。

其中，广州市志愿者协会作为具体执行组织，为各民政领域直属志愿服

① 韦锦坚：《强化基础建设　深化志愿服务》，《中国社会报》2019 年 8 月 26 日，第 A4 版。

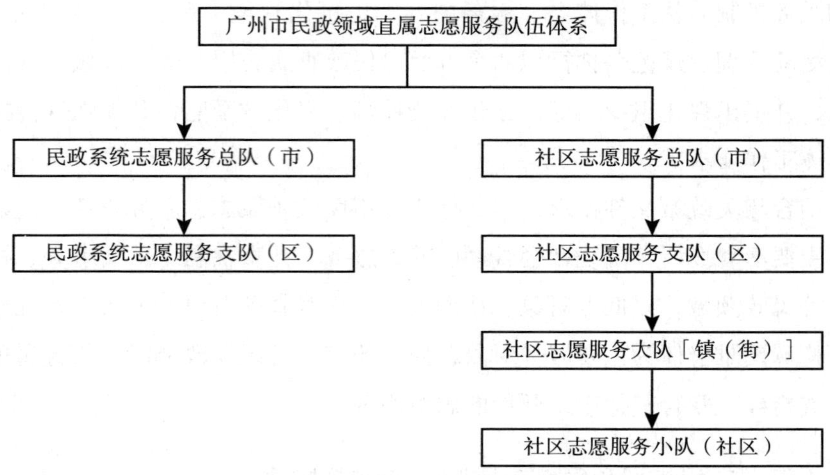

图 1　广州市民政领域直属志愿服务队伍体系组织架构

务队伍有序开展活动提供支持保障，广州公益“时间银行”（以下简称“时间银行”）作为志愿服务信息化平台，为各队伍提供线上管理服务。

“时间银行”平台具备实现志愿服务发布、志愿服务时数记录、志愿服务积分存储、公益资源发布与链接、积分捐赠和兑换等功能。民政志愿者可以通过平台完成线上注册登记，加入所在的志愿服务队伍，就近报名参与志愿服务活动。各民政领域直属志愿服务队伍依托“时间银行”建立队伍账号，结合服务辖区内社区居民的需求发布志愿服务活动，引导所属队员线上加入队伍参与活动，各队伍的负责人有管理权限，可以实时查看纳入其管理架构下的志愿服务队伍及志愿者信息，从而实现民政领域志愿服务的人员、组织、项目和资源等信息数据互联互通、统一汇集，便于志愿服务数据的信息化、智能化管理。

根据“时间银行”平台数据，民政领域志愿服务队伍数量稳步增长。截至 2021 年 12 月 31 日，“时间银行”注册志愿服务队伍共有 3700 支，其中民政领域志愿服务队伍有 1896 支（见图 2）。

2. 民政领域志愿服务活动内容体系建设

根据“时间银行”平台数据，截至 2021 年 12 月 31 日，累计开展民政

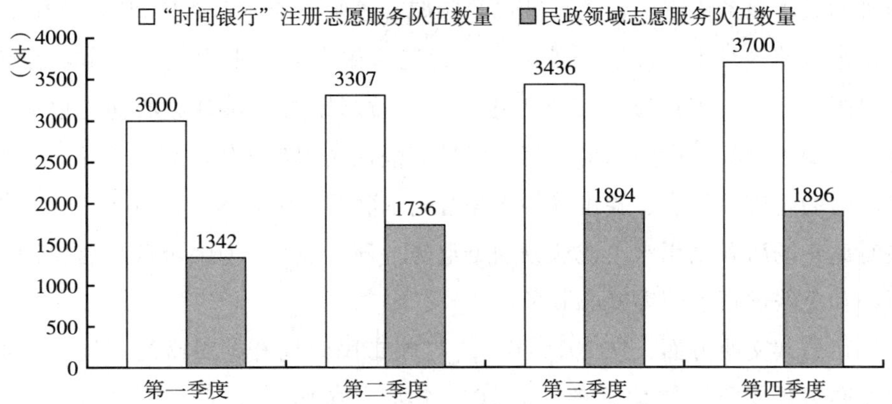

图 2　2021 年各季度广州市"时间银行"注册志愿服务队伍及民政领域志愿服务队伍数量

资料来源：广州公益"时间银行"平台数据库。

领域志愿服务 21074 场，服务时数达到 492978.3 小时，服务的类型主要聚焦在特殊困难群体生活帮扶、社区发展、公共文明等方面。①

在特殊困难群体生活帮扶方面，各级民政领域志愿服务队伍经过调研分析，精准定位服务群体需求，设计服务项目。如广州市志愿者协会聚焦特殊困难长者打造了"金秋送暖""长者心声热线""耆望成真"等服务项目，分别回应长者的日常生活需要、心理调适需要以及康复理疗需要等服务需求，打造了"家社童行"项目，从困境儿童的自我成长和家庭教育方面，组织志愿者给予帮扶；从化区民政局打造"如愿行动"互助平台，发挥社工和志愿者力量深入城乡社区基层收集服务需求，实现社区困难群体"微心愿"；广州市老人院组建了 10 支志愿服务队伍，其中慈孝老人志愿服务队由 80 名老人党员及 80 名有志老人组成，大力倡导"初老服务老老"模式，引导、鼓励"初老"有能老人志愿者发挥"余热"，开展探访慰问、绿植维护、活动协助、康乐巡视、义卖义演等常态化志愿服务。

在社区发展方面，广州各区、镇（街）、社区志愿服务队伍，结合社区

① 参见广州公益"时间银行"平台数据库。

居民的具体服务需求，自主开展民政领域志愿服务项目。如从 2018 年开始，广州市黄埔区红山街社工服务站积极打造“聚微光·汇大爱”益起圆梦微心愿服务项目。根据服务需求，建立起“益起助力”圆梦微心愿志愿服务队，定期走访红山街的商铺，宣传倡导关爱社区困难群体的公益理论，引导社区内的超市、药房、餐馆等加入爱心商铺联盟，为辖区内的环卫工人提供临时休息场所和饮用水，或认领困难群体“微心愿”，为困难群众提供消费折扣和免费送货上门等爱心服务。

在公共文明方面，从 2014 年起，广州市民政局开始对银河园地区的清明志愿服务实行网格化管理。从 2021 年起，按照“党员干部+团员青年、志愿培训+工作实践、志愿服务+党史教育”的新模式，逐步打造起了“平安清明志愿行”服务品牌，组织民政系统党员干部、团员青年志愿者到市银河烈士陵园、市殡葬服务中心、白云山思园等祭拜场所，为祭拜群众提供防疫检查、协助预约、拜祭指引、便民服务、疏导人流、维护秩序等志愿服务，实现清明志愿服务全方位覆盖。近年来，结合疫情常态化防控的要求，广州市民政局还创新推出了“信邮哀思”服务，招募志愿者协助接收、分类、整理市民寄来的哀思信件，帮助市民及时将哀思之情送达先人墓前或骨灰盒前。

总体而言，民政领域志愿服务活动内容聚焦特殊困难群体和群众关切民生服务难点问题，凸显了民政领域志愿服务在基本民生保障方面的重要作用，为进一步延伸民政工作臂力，推动民政领域志愿服务展现新作为，助力织密织牢民生兜底保障网贡献了志愿力量。

3. 民政领域志愿服务工作保障支持体系建设

近年来，广州市民政部门加大了对志愿服务事业的扶持力度，以政府购买服务、公益创投活动、社区基金资助、社区微公益等多种形式，为民政领域志愿服务提供了必要经费、资源和条件。例如，自 2011 年起，广州市民政局指导广州市志愿者协会实施“青苗计划”社区志愿服务培育项目，截至 2021 年，已累计为 263 个社区志愿服务项目提供资金支持及督导服务，资助总额超 156. 3 万元。除此以外，一方面，依托广州市志愿者协会建立起市—区—镇（街）—社区四级志愿服务培训网络，通过各区志愿者协会、各街（镇）社工服务站等培训平台，完善系统化、阶梯式、多元化且能够覆盖志愿者不同发展阶段及服务过程的培训课程体系。面向社区志愿者开展价值导向、服务技巧、个人成长等培训活动，面向社会工作者、社区专职工作者等志愿服务工作者和管理人员有针对性地开展项目策划、质量监控、风险管理等培训活动，通过基地培训、特约培训、巡回培训及线上培训等多样化形式，不断扩大培训覆盖面，为社区持续输送优质培训资源。广州市志愿者协会每年平均开展志愿者培训活动超 150 场次，培训志愿者超 7000 人次，培训活动覆盖全市 11 区，全市各街道覆盖率达 90%。另一方面，依托“时间银行”建立起线上培训体系，引导各类专业组织、志愿服务队伍在平台上发布培训活动，让志愿者就近就便参与培训，提升服务能力。根据“时间银行”数据，截至 2021 年 12 月 31 日，各类志愿服务队伍累计开展培训 657 场次，累计培训 11875 人次。[①]

4. 民政领域志愿服务监督管理体系建设

监督管理是志愿服务活动的重要环节。一方面，近年来，广州民政部门出台了一系列政策文件，包括《广州市文明办广州市民政局关于印发〈广州市推进社区志愿服务建设的实施方案〉的通知》《广州市民政局关于印发〈关于进一步织密织牢困难群众兜底保障安全网的实施方案〉的通知》《广州市民政局关于印发〈关于做好特殊困难群体兜底保障志愿服务的工作方案〉的通知》等，指引推动民政领域志愿服务在社区有序落实。另一方面，由广州市民政局牵头，每季度对各级民政领域直属志愿服务队伍发展情况，包括组建注册情况、志愿者人数、发布项目数、活动频率等，进行定期监测和公示，并组织不定期的抽查督查工作。

在镇（街）层面的志愿服务工作推进中，将志愿服务组织情况融入“双百工程”社工服务站的指标评估体系不断完善，推动 203 个社工服务站做好民政领域志愿服务组织工作。

---

① 参见广州公益“时间银行”平台数据库。

此外，广州市志愿者协会建立起“时间银行”护航志愿服务队，对志愿服务队伍及其日常活动进行监管，通过线上动态监测和实地走访等形式，保障各民政领域志愿服务工作依法依规开展，最大限度地保障志愿者在参与志愿服务期间的安全。

（三）广州市民政领域志愿服务存在的问题

1. 民政领域志愿服务组织化水平偏低，培育机制有待完善

近年来，在民政部门强有力的政策指引以及社会日益浓厚的志愿服务氛围下，民政领域志愿服务组织和队伍也在加快成长，但与日益增长的志愿服务需求相比，民政领域志愿服务组织和队伍的发展仍显缓慢。一方面，民政领域志愿服务组织和队伍数量不足、质量不高，整体发展水平有待提升。截至 2021 年 12 月 31 日，在广州市、区两级注册登记的志愿服务组织一共有 137 家，其中属于民政领域的志愿服务组织甚少。[①] 在已组建的民政领域志愿服务队伍中，以非法人注册的社区志愿服务队伍为主，组织管理力度有限，其中有个别志愿服务支队、社区志愿服务队伍甚至尚未组建或未在“时间银行”等信息系统完成注册登记。另一方面，在对民政领域志愿服务组织和队伍的培育支持、资金保障、资源协调等方面，缺乏系统的政策支持和相关落地机制。

2. 民政领域志愿服务活动覆盖面不广，常态化志愿服务项目不足

根据广州市民政事业统计季报公开发布数据，2021 年第四季度，全市最低生活保障人数 4.7 万人[②]，而截至 2021 年 12 月 31 日，全市注册的 90245 名民政领域志愿者，累计开展了 21074 场次民政领域志愿服务活动[③]。这一数据的对比，在一定程度上反映出民政领域志愿服务的供给量有限，在特殊困难群体中服务覆盖面不广。与此同时，开展民政领域志愿服务活动的

---

① 参见广州市社会组织信息公示平台，http://mzj.gz.gov.cn/gznpo/。

② 参见广州市民政局政府信息公开平台，http://mzj.gz.gov.cn/gkmlpt/content/8/8165/post_8165328.html#356。

③ 参见广州公益“时间银行”平台数据库。

主体超过八成是由社区（村）居委会组建的志愿服务队伍或镇（街）社工服务站，居委会、村委会、社工服务站等基层组织的工作人员日常工作繁重，除了负责主要业务工作以外，还兼顾志愿服务的组织和开展，间接反映出民政领域志愿服务人力资源投入有限，缺少专职工作人员，难以常态化组织和开展志愿服务项目。

此外，不同民政领域的志愿服务存在发展不平衡不充分的情况。如根据“时间银行”统计数据，为老志愿服务活动场次、数量占整体民政领域志愿服务活动场次、数量的21.6%，[①] 其他如儿童福利、社会救助、社会事务等业务范畴的志愿服务占比较低。同时，在现有志愿服务组织和志愿者的发展情况下，单个民政领域所能提供的志愿服务类型较为单一，以相关文件中提出的社会救助领域志愿服务类型为例，该文件指出志愿者可协助开展对象排查、受理评估、满意度调查、家庭经济状况调查评估、建档访视、政策宣传等事务，为社会救助对象提供照料护理、康复训练、能力提升、社会融入等服务，但是在实际中，志愿者仅提供了满意度调查、建档访视、照料护理等为数不多的志愿服务。

3. 民政领域志愿服务队伍资源衔接能力不足，协调联动机制亟待建立

目前，广州市民政领域志愿服务已经建立起两大队伍体系，一是“市—区—镇（街）—社区”四级社区志愿服务队伍体系，二是以市、区民政系统机关及事业单位为主体的民政系统志愿服务队伍体系，但是两大队伍体系、各层级队伍的资源衔接能力不一，常态化的对接联动不足。在“市—区—镇（街）—社区”四级社区志愿服务队伍体系中，纵向垂直联动能力较为薄弱，特别是市、区两级之间，缺乏便于连通的纽带及网点，因此建议在市级民政部门的推动及引领下，建立两大队伍体系的定期沟通联络和资源衔接机制，同时加强市级组织与各区志愿者协会、基层志愿服务队伍的联系，促进纵向垂直网络的畅通和联动。

---

① 参见广州公益“时间银行”平台数据库。

三　构建广州市民政领域志愿服务体系的建议

民政领域志愿服务是中国特色志愿服务体系的重要组成部分。《中共中央关于制定国民经济和社会发展第十四个五年规划和二〇三五年远景目标的建议》提出，“健全志愿服务体系，广泛开展志愿服务关爱行动”。[①] 习近平总书记也对发展志愿服务事业和开展民政工作做出了一系列的重要指示，为构建民政领域志愿服务体系指明了前进方向、提供了根本遵循。为了进一步构建广州市民政领域志愿服务体系，推动民政领域志愿服务机制创新，本文提出以下几点建议。

（一）建立完善民政领域志愿服务组织管理体系

1. 完善民政领域志愿服务统筹协调机制

根据《志愿服务条例》《广东省志愿服务条例》等法规，以及《广东省民政厅关于深入推进民政领域志愿服务工作的通知》等政策文件，建议由广州市民政局统筹指导，引导各级民政部门、民政服务机构、民政窗口单位高度重视民政领域志愿服务，把民政领域志愿服务纳入重点工作，发挥民政系统志愿服务队伍的示范牵引作用，引领全市民政领域志愿服务事业稳步向前发展。与此同时，作为民政领域志愿服务的具体执行机构，广州市志愿者协会可以充分发挥枢纽平台的作用，在广州市民政局的指导下，建立民政领域志愿服务协作网络，通过定期开展集思会、走访交流等多种形式，建立恒常对接的联动机制，促进各级各类民政系统志愿服务队伍的协同合作。

2. 完善民政领域志愿服务组织培育机制

组织化是民政领域志愿服务事业可持续发展的重要基础。当前，广州市民政领域志愿服务组织体系还不完善，民政领域志愿服务组织数量不够充

---

① 《中共中央关于制定国民经济和社会发展第十四个五年规划和二〇三五年远景目标的建议》，中国政府网，2020 年 11 月 3 日，http：//www.gov.cn/zhengce/2020-11/03/content_5556991.htm。

足，需要进一步建立培育和发展机制。一方面，民政志愿者和民政系统志愿服务队伍是组织化的基础，因此要继续壮大民政系统志愿服务队伍，通过鼓励发动民政系统各单位的工作人员、干部职工家属、服务对象、社会志愿者、专业志愿者等加入民政系统志愿服务队伍行列，不断增强队伍力量。另一方面，要建立民政领域志愿服务组织的协同培育机制，发挥民政领域志愿服务行业组织、社工服务站等主体的资源和专业优势，为民政领域志愿服务组织的成长和发展提供资源链接、技能培训等多维度的培育支持，积极推动依法成立民政领域志愿服务组织。

3. 完善民政领域志愿服务信息化管理机制

开展信息化管理是提升民政领域志愿服务组织管理效率的重要措施。根据广州市民政局印发的《关于进一步加强民政直属志愿服务队伍建设的工作方案》要求，全市各级民政直属志愿服务队伍、志愿者统一使用“时间银行”平台，但在调研中发现，民政直属志愿服务队伍信息化管理水平仍有待提升。部分单位和队伍因较少使用“时间银行”或不熟悉操作流程，未能及时、规范使用“时间银行”发布活动，记录活动信息。因此，应加大对“时间银行”志愿服务信息系统的推广力度，鼓励各级民政直属志愿服务队伍依托该信息系统，建立健全分级管理机制，全面实行志愿者的招募注册和志愿服务记录制度，推动民政领域志愿服务工作规范有序。

（二）建立完善民政领域志愿服务供需对接体系

1. 完善需求收集机制

民政工作涉及广泛，涵盖了人民群众生老病死、衣食住行等方方面面，与人民群众息息相关，因此，民政系统志愿服务队伍应立足社区，扎根基层，精准对接特殊困难群体等服务对象的需求。一方面，建议依托全市203家社工服务站，由专业社工引领带动民政志愿者，以电访或入户探访的形式，走进社区和家庭，主动收集评估所在地的低保低收入对象、特困人员、留守老人、孤寡老人、困境儿童、贫困重度残疾人等民政兜底服务对象需求，并且借助信息化管理的手段，把社区特殊困难群体的基础信息和困难情况录入“时间银行”等信息平台，建立起民政领域服务对象的信息库和服务需求库。另一方面，建议在广州市民政局的指导下，由广州市志愿者协会等行业组织每年开展覆盖全市的民政领域志愿服务需求调查，保持对社区需求的敏锐度，及时调整服务方向，并根据服务对象需求和各单位、各志愿者资源优势进行分析和匹配，分门别类科学制订有针对性的志愿服务计划，让民政领域志愿服务内容更贴近居民需求，增强服务效能。

2. 完善资源链接机制

民政领域志愿服务的可持续性建立在一定的资源基础之上，包括人力、物力、财力以及信息等全方位的投入，因此，针对民政领域各系统、各层级队伍资源保障能力不一的情况，应当建立起本领域的资源输送、链接和配置机制。一方面，各级民政部门要充分发挥作用，按照《广东省志愿服务条例》有关规定，积极争取财政部门志愿服务工作专项经费，加大民政领域志愿服务资金投入和资源统筹支持力度，引导各级民政部门、民政服务机构为本部门、本机构培育的民政系统志愿服务队伍、开展的民政领域志愿服务工作提供必要经费、资源和条件，并通过政府购买服务、公益创投活动、社区基金资助等方式，支持社区志愿服务队伍和志愿服务组织运营建设、志愿者培训、服务物资保障、志愿服务保险购买等工作。另一方面，资源链接能力相对较强的枢纽型志愿服务组织可以主动根据收集到的服务需求有针对性地寻找资源，并根据需求变化动态调整资源链接方向，通过项目大赛、项目征集、定向资助和培育等方式，把所需的资源配置给其他社区志愿服务队伍。

3. 完善常态化服务机制

建议各民政领域志愿服务组织和队伍以项目化运作的模式，推动民政领域志愿服务落地社区，聚焦所在地的低保低收入对象、特困人员、留守老人、孤寡老人、困境儿童、贫困重度残疾人等民政兜底服务对象需求，围绕社会救助、养老服务、儿童福利、社区治理等民政领域，因地制宜、精准高效地开展常态化志愿服务活动。与此同时，可以依托“时间银行”建立集生活照料、助餐配餐、医疗保健、精神慰藉、文化娱乐、紧急援助等于一体的民政领域志愿服务“项目库”，并通过“时间银行”恒常发布志愿服务招募信息，充分发挥民政领域志愿服务力量在民生保障和社会治理方面的积极作用。

（三）建立完善民政领域志愿服务宣传激励体系

1. 完善民政领域志愿服务品牌推广机制

目前，民政领域志愿服务的辨识度和显示度相对不足，尽管一些组织已尝试在社区持续实施帮扶特殊困难群体的志愿服务项目，但总体而言，民政领域志愿服务在社会层面上的知晓度仍然有待提升。因此，建议结合民政领域的专业特色以及民政志愿者的专才和技能，持续打造一批民政服务对象需求大、服务模式清晰、能够体现民政特色、易于复制的志愿服务示范项目，并逐步在全市范围内进行推广，逐渐形成民政领域志愿服务品牌矩阵。同时，要加强民政领域志愿服务的宣传推广，除了利用各单位、各组织内部的宣传栏、电子屏、微信公众号等媒介进行宣传以外，还应联动主流媒体大力挖掘有民政特色的志愿服务项目及长期服务一线的典型队伍和人物，讲好民政领域志愿服务故事，大力营造人人支持、人人参与民政领域志愿服务活动的良好氛围。

2. 完善民政领域志愿服务激励回馈机制

在志愿者激励方面，建议建立健全多维度、多形式、多层次的民政领域志愿服务激励回馈机制。一方面，制定相应措施发动民政服务对象成为志愿者，如《广州市民政局关于进一步加强最低生活保障工作的通知》规定“申请人参加由政府部门、人民团体开展的社会公益服务，以及由志愿服务组织和依法开展志愿服务活动的其他组织开展的志愿服务”①，在其申请最低生活保障时可以予以优待。另一方面，可多措并举鼓励有条件的民政服务机构、养老服务机构提供部分服务资源用于回馈持续参与服务、表现良好的

① 《广州市民政局关于进一步加强最低生活保障工作的通知》，广州市民政局网站，2021 年 6 月 29 日，http：//mzj. gz. gov. cn/gkmlpt/content/7/7351/post_ 7351975. html#345。

民政志愿者，例如，为长者志愿者提供低偿的居家养老、康复理疗、免费体检等服务。此外，还可以为民政领域志愿服务组织、志愿者提供社会荣誉和精神激励，以志愿服务时数和质量作为组织和个人评优评先、考核晋升的依据，鼓励民政志愿者实现自我价值。

B.16

共青团广州市民政局委员会社区志愿服务实践探索

共青团广州市民政局委员会*

摘　要： 共青团广州市民政局委员会充分发挥共青团生力军和突击队作用，积极探索机关团组织开展社区志愿服务新模式。围绕广州民政热点、重点、难点工作，联合机关处室和社会力量，通过社区志愿服务送服务、送慈善、送政策到社区村居；打造了“平安清明志愿行”“微心圆梦志愿行”“邻家服务志愿行”三大志愿服务品牌，从这些志愿服务活动的具体实践和反思总结中提炼出机关团组织开展社区志愿服务的一些经验启示。

关键词： 机关团组织　社区志愿服务　民政

一　共青团广州市民政局委员会社区志愿服务项目背景

中国青年志愿者行动是党领导共青团在新的历史条件下的重要工作创新，是共青团工作的重要品牌。党的十九大报告指出，推进诚信建设和志愿服务制度化，强化社会责任意识、规则意识、奉献意识。中共中央、国务院印发的《中长期青年发展规划（2016—2025 年）》将中国青年志愿

* 共青团广州市民政局委员会，机关团组织。本文由共青团广州市民政局委员会统稿，张艺馨、黄文品、王经华、李康权、李全中、郭子龙等委员执笔。

者行动列入十大重点项目，对相关工作进行规划部署。《中共中央办公厅关于印发〈共青团中央改革方案〉的通知》指出，要深化青年志愿者传统品牌建设，推动全体团员成为注册志愿者，建设“团干部+社工+青年志愿者”队伍。

机关团组织相较于一般的社会性志愿组织，在开展社区志愿服务时主要有以下优势：一是政策理解更加透彻，二是解决问题更加高效，三是链接资源更加丰富。以共青团广州市民政局委员会为例，局内青年志愿者因为本职工作跟民政相关政策的制定和实施密切相关，对政策的具体内容和适用条件有更加精准的理解，在社区志愿服务过程中可以向社区群众宣讲解读政策，使相关政策可以惠及更多社区群众。在社区志愿服务过程中遇到的与民政业务相关的群众难题，共青团广州市民政局委员会可以直接协调民政相关处室或单位帮助高效解决，如各种社会救助的申请等。共青团广州市民政局委员会可以通过联合市慈善会等部门充分调动社会慈善力量参与社区志愿服务，联合市东升医院等局属单位提供更多种类的专业社区志愿服务。

共青团广州市民政局委员会开展社区志愿服务的不足之处总结起来就是服务能力不足。首先，无法充分满足社区的服务需求，不能在总量上满足群众和社区提出的服务需求，对一些个性化和多样化的服务需求也无法充分满足。其次，无法充分激发青年志愿者的志愿热情，工作项目相对单一，对青年志愿者的吸引力不是特别大，无法提供充足的工作项目，专业率低，培训能力有限，对骨干力量的培训远远跟不上需求的发展。针对这些不足，共青团广州市民政局委员会在原有社区志愿服务活动的基础上推陈出新、积极实践，推动志愿服务向社区村居深入，围绕不同主题、面向不同群众着力打造了“平安清明志愿行”“微心圆梦志愿行”“邻家服务志愿行”三大志愿服务品牌，同时注重在社区志愿服务中融入业务培训，带领青年志愿者为社区群众办实事，有效助力民政政策融合社会力量向社区村居下沉，打通民政惠民帮扶政策落地“最后一公里”。

二　共青团广州市民政局委员会社区志愿服务典型案例

（一）围绕热点工作面向祭拜群众打造“平安清明志愿行”服务品牌

1. 品牌简介

每年清明期间，市殡葬服务中心、市银河烈士陵园、白云山思园等祭拜场所都会迎来大量祭拜群众，给附近交通和周边社区群众出行带来极大压力。仅仅依靠这些单位自有的职工力量远无法满足平安清明的服务需求，志愿服务是其间最有力、最直接、最有效的补充。共青团广州市民政局委员会针对清明祭拜“时间集中、空间局促、人员密集”三大特点，从 2014 年起组建青年志愿者队伍作为清明祭拜服务的补充力量，逐渐形成“志愿+送服务进社区”模式，打造“平安清明志愿行”服务品牌，助力营造“平安、有序、健康、整洁、优质”的祭拜环境，在向祭拜群众提供具有民政特色的专业化清明志愿服务的同时，也做好交通疏导、预约指引，保障周边社区群众的出行需求，为实现“平安清明、文明清明、和谐广州”贡献民政志愿服务力量。

2. 基本做法

“平安清明志愿行”服务主要内容包括业务咨询、宣传引导、交通疏导、安保应急、卫生保洁、为老便民等六大类，具体做法如下。

一是抓好组织注重统筹，确保清明志愿服务的有序性。共青团广州市民政局委员会联合机关党委设立局清明志愿服务协调小组，制定活动方案，统筹、组织、指导开展清明志愿服务工作；及时发布清明志愿服务活动通知，发动局系统党员、团员、青年群众积极报名参与并确定清明志愿服务队伍人员名单；根据清明祭拜疫情防控和安全保障需求，主要在市殡葬服务中心、市银河烈士陵园、白云山思园等服务单位设立防疫检控、预约指引、祭拜区指引、“信邮哀思”、人流及交通疏导、安保应急等志愿服务岗位，并根据场地结构及服务内容，对青年志愿者进行了细致的分工，将青年志愿者依据岗位分组并指定组长，由组长负责本组内志愿服务工作的具体开展。

二是抓好培训注重实践，确保清明志愿服务的专业性。组织各单位领队、小组负责人在清明祭拜活动开展前一周，到各活动现场开展清明志愿服务岗前培训。比如，2021 年清明节前，共青团广州市民政局委员会举办了以殡葬服务与清明志愿服务为主题的“民政青年大讲堂”，邀请市殡葬服务中心及市银河烈士陵园管理处负责同志，对报名参加清明志愿服务的青年志愿者骨干及首次参加人员进行理论及实操岗前培训，并将培训视频下发全局系统 10 个“广州青年学习社”，组织全体青年志愿者进行观看学习，以视频方式广播殡葬理论及清明志愿服务内容，确保青年志愿者以良好的状态、娴熟的技能投入清明志愿服务。

三是抓好调配注重管理，确保清明志愿服务的高效性。清明志愿服务开展前夕，共青团广州市民政局委员会组织局团委班子和青年志愿者代表在市银河烈士陵园参加“发扬红色精神，传承红色基因——缅怀革命先烈公祭仪式”并向革命先烈献上花篮，让青年志愿者重温先烈革命事迹，经受革命精神洗礼，增强爱国主义情怀，涵养更为浓厚的“民政为民、民政爱民”意识。清明志愿服务开展期间，人员调配都按照“党员干部+团员青年”进行，充分营造党员模范带头、团员见贤思齐、党团血脉传承的良好氛围，有效激发民政志愿者为民服务的内生动力，使他们能以更加饱满的热情投入清明志愿服务工作。

四是抓好保障注重宣传，确保清明志愿服务的品牌性。对接有关单位做好清明志愿服务需求确认，落实青年志愿者马甲、帽子、口罩、饮用水、工作餐、志愿宣传用品等活动物资，为青年志愿者提供有效到位的安全保障，确保他们在志愿服务岗位上更好地服务群众。跟进青年志愿者服务时数统计及录入、信息稿发布、物资清点等后期工作。2021 年清明志愿服务结束后，共青团广州市民政局委员会及时向每一名参加服务的青年志愿者送上感谢信，并通过市民政局网站、微信公众号、团市委刊物等多个平台发布活动通讯稿，广泛宣传民政志愿者在活动中展现出的“民政为民、民政爱民”优秀风采，让青年志愿者感受到充分的认可和肯定，在全局系统营造出“志愿服务我先行”的良好氛围。

3. 服务成效

每年清明期间，共青团广州市民政局委员会均会组织将近300名党团志愿者，分别到市殡葬服务中心、市银河烈士陵园、白云山思园三个重点祭拜场所为祭拜群众提供清明志愿服务，为近15万名祭拜群众提供防疫检查、协助预约、祭拜指引、便民服务、疏导人流、维护秩序等清明志愿服务，获得服务单位及广大市民的一致好评，切实发挥了民政党员干部和团员青年的先锋模范带头作用，为清明祭拜活动贡献了民政力量，自2014年以来共为100多万名祭拜群众提供了清明志愿服务，持续擦亮了“平安清明志愿行”的品牌。

（二）围绕重点工作面向困难群众打造“微心圆梦志愿行”服务品牌

1. 品牌简介

共青团广州市民政局委员会以不断增强困难群众的获得感、幸福感、安全感为目标，不断完善社会救助制度、加大保障力度、加强保证措施。志愿服务和社会慈善力量是进一步提升社会救助水平的有益补充。共青团广州市民政局委员会创新“志愿+送慈善进社区”模式，联合市慈善会及相关业务处室，针对本市困难群众推出“微心圆梦志愿行”系列活动。活动按季度开展并贯穿全年，充分发挥青年特点，创新“慈善+青年”方式，参照“人人慈善为人人”的城市慈善发展模式，在社会慈善力量和社区困难群众之间搭建起一座慈善桥梁，实现“社会捐赠、团员成长、群众受惠”的三赢局面，为社区困难群众兜底保障提供有效补充，并持续激发城市的慈善活力。

2. 基本做法

“微心圆梦志愿行”主要内容包括“共同托起明天 · 儿童心愿圆梦”

“夕阳无限好·长者心愿圆梦”“同在党旗下·慈善月心愿圆梦”等系列，具体做法如下。

一是广泛发动青年深度参与。共青团广州市民政局委员会号召局系统全体团员青年，按照所属分队类别分配并承担志愿服务任务，具体包括组织策划、心愿征集、礼品采购、分类派送等。青年志愿者深入走访社区困难群众征集“微心愿”并汇总清单，就送货方式、产品信息等细节与困难群众进行沟通确认。在共青团广州市民政局委员会统一协调指挥下，各志愿服务队伍按照分配的时间段通过慈善采购服务平台进行采购，并根据困难群众的实际需要通过快递或青年志愿者上门服务等方式“圆梦到家”。

二是主动联动处室融合推进。按照“微心圆梦志愿行”各主题涉及的民政业务，主动联动处室融合推进相关志愿服务工作，坚决杜绝“两张皮”现象。先后将“共同托起明天·儿童心愿圆梦”“夕阳无限好·长者心愿圆梦”“同在党旗下·慈善月心愿圆梦”与儿童福利处、养老服务处、社会救助处以及人事处的相关业务工作或主题活动融合，发动市、区两级业务线口工作力量，面向全市各社区村居的困境儿童、独居困难老人、残障人士、低保低收入家庭等困难群体征集“微心愿”，更具针对性地帮助困难群众解决关键小事和操心难事。

三是积极链接资源增强力量。积极链接市慈善会慈善资金投入“微心圆梦志愿行”活动。主动在“广益联募”平台设立“广州市慈善会民政青年微心济困基金”，接受社会公众对“微心愿”的认领。积极发动全局力量，通过微信公众号、微博等社交平台宣传推广，吸纳更多的社会爱心群众进行募捐。通过多种方式链接社会力量解决资金困难，为“微心圆梦志愿行”活动落地落实夯实资金基础。

3. 服务成效

自2019年底以来，共青团广州市民政局委员会先后组织开展了两期“微心圆梦志愿行”服务活动，投入青年志愿者500余人次，累计帮助全市327名困难群众、200名困境儿童、300名困难老人、400户困难家庭实现“微心愿”，累计资助金额达52.15万元。

（三）围绕难点工作面向村居群众打造“邻家服务志愿行”服务品牌

1. 品牌简介

2021 年，共青团广州市民政局委员会围绕民政工作中的难点和新举措的推广工作需要，创新“志愿+送政策进社区”模式，联合机关处室和直属单位走到社区村居一线和群众面前，直接与群众面对面宣讲、解释相关民政惠民政策，切实解决社区群众对民政政策不知道、不了解、不会用的难点，将政策和服务通过志愿服务的形式送到家门口，助力提高民政服务的易及性，协助解决民政政策落地的“最后一公里”问题，有效推动民政惠民政策落地落实。

2. 基本做法

“邻家服务志愿行”服务内容主要结合村居特点、民政业务难点、新政策宣讲咨询重点等确定，具体做法如下。

一是综合研判确定主题方案。共青团广州市民政局委员会紧跟局党组中心工作，及时了解掌握新工作、新举措、新政策，通过与机关处室和直属单位的常态化联系，了解村居一线民政服务需求，找准村居民政服务的弱点盲点堵点，与机关处室和直属单位共同研究确定志愿服务的村居地点及主题，联合拟制工作方案启动“邻家服务志愿行”，招募相关专业志愿者并利用“民政青年大讲堂”进行授课培训，提高志愿服务能力素质，为进入村居一线开展志愿服务做好民政相关业务储备。

二是统筹兼顾联动多方力量。“邻家服务志愿行”志愿服务同时涉及民政部门、街道办、村/居委会、社工及慈善力量等多方力量，共青团广州市民政局委员会联合机关处室和直属单位，加强与各区、街及村居委会的沟通协调，确定志愿服务的任务分工、物料配备、场地布置及人员组织等，同时与社会爱心企业进行接洽商谈，引入社工及慈善力量参与“邻家服务志愿行”，开展探访村居一线困难群众活动，着力解决“燃眉”急事和操心烦事。

三是及时跟进解决群众问题。“邻家服务志愿行”组织相关民政业务骨干走进村居一线直面群众，可以当场协调解决的问题一律当场解决，需要进一步协调解决的问题由各业务线口收集带回研究解决，需要多个部门协同解决的问题，共青团广州市民政局委员会及时通过“民政服务在跟前”工作机制协调推进，确保群众呼声得到有效回应。

3. 服务成效

自 2021 年 5 月启动“邻家服务志愿行”活动以来，共青团广州市民政局委员会先后组织 36 名青年志愿者，为 600 多名社区群众提供了养老服务、社会救助、慈善关怀、社工关爱、社区社会组织登记以及社区义诊等各类民政专业志愿服务，联合社会爱心企业上门探访慰问困难家庭 8 户并送上了爱心礼包。

三　共青团广州市民政局委员会社区志愿服务经验启示

（一）以党建引领涵养为民情怀是机关社区志愿服务的重要保障

共青团广州市民政局委员会始终坚持以加强党建为引领、以服务群众为宗旨的工作思路，推动青年志愿者践行党的群众路线，切实涵养为民情怀，激发内生发展动力，将志愿服务往深里做、使志愿服务往实里走，真正与群众血肉相连、心心相印。市民政局青年志愿服务队在实践活动中紧紧扭住办好扶贫济困、扶弱助残的实事好事这个主题，持续释放开展志愿服务的内生动力。在“平安清明志愿行”品牌活动中，维持墓园现场安全秩序、帮助群众祭拜亲人，将群众对亲人的哀思及时送达。他们虽然在提供这些志愿服务的过程中很辛苦，但能使因疫情未能到场祭拜亲人的群众感受到心灵慰藉。在“微心圆梦志愿行”品牌活动中，青年志愿者重点关注的是尚未达到低保标准但实际生活得比较困难的群众，在一些人看来，只要生活能过得下去，一些用药、穿衣、心理辅导、活动休闲的问题都是小事。可看似琐碎的小事，却是关乎他们获得感、幸福感、安全感的大事。为困难群众送上一双球鞋、一套书籍、一个电磁炉、一台电视机，帮他们沟通协调解决一些难事，往往不需要付出很大代价，却能满足他们当下的实际需求，让他们充分感受到党和政府的关爱。坚持以党建为引领，涵养为民情怀，要求青年志愿者牢固树立以人民为中心的发展思想，把目光投向困难群众，把困难群众的小事当作自己的大事，脚踏实地把心思和精力放在帮助群众解决实际困难和问题上；坚决防止和克服形式主义，努力多做些情真意切、嘘寒问暖的热心事，多做些雪中送炭、解难帮困的要紧事，真正把温暖送到群众心坎里，让群众感受到党和政府就在身边。

（二）以平台建设融入中心工作是机关社区志愿服务的重要创新

习近平总书记指出，围绕中心才能找准方向，服务大局才能体现价值。[①] 市民政局青年志愿服务队开展志愿服务活动，必须立足民政业务领域，体现民政特色、适应广州市民政改革发展需要。共青团广州市民政局委员会始终坚持志愿服务工作必须紧紧围绕党组中心工作的原则，创新工作方法，以平台建设融入中心工作，主动根据民政业务需要抓好青年志愿服务队队伍建设、服务开展等工作。在“平安清明志愿行”“微心圆梦志愿行”“邻家服务志愿行”等一系列志愿服务活动中，均坚持围绕中心、服务大局的工作原则。通过将志愿服务与民政联络专员进村居工作结合、按民政业务不同设置7支分队、依托民政系统专家开展网络专题培训、设立“广州市慈善会民政青年微心济困基金”等一系列举措，打造链接民政系统各方力量的平台，将机关、单位的青年志愿者凝聚在一起，以平台建设打破由各领域工作方向不同、工作内容不一致带来的阻碍，真正将民政中心工作任务、民政物质资源、民政人才资源紧密结合在一起，推动民政各条战线发挥优势、形成合力，更好地服务中心工作。

（三）以直面群众提升青年能力是机关社区志愿服务的重要举措

习近平总书记指出，年轻干部要提高群众工作能力。要坚持从群众中

---

① 《在同团中央新一届领导班子集体谈话时的讲话》，中国共产党新闻网，2018 年 5 月 16 日，http：//theory. people. com. cn/GB/n1/2018/0516/c40531-29993209. html。

来、到群众中去，真正成为群众的贴心人。要心中有群众，时刻把群众安危冷暖放在心上，认真落实党中央各项惠民政策，把小事当作大事来办，切实解决群众“急难愁盼”的问题。[①] 民政工作关系着民生、联系着民心。由于部分民政领域工作的特殊性，来自各机关、单位的青年志愿者工作内容较为专业，日常工作的服务对象较为单一，直面群众的机会较少，提升工作能力的渠道较窄。在“平安清明志愿行”活动中，青年志愿者在给群众讲解清明祭拜的相关规定时，主动用群众熟悉和可以接受的语言去做解释，没有照着规定原模原样地跟群众讲解，避免群众觉得那是空话、套话而引起反感。在“微心圆梦志愿行”活动中，青年志愿者主动联合民政联络专员、社区居委会、社工服务站等力量，在征求群众“微心愿”、派送心愿礼物等实践中主动深入群众，面对面、心贴心地探访交流，耐心了解群众的困难和需求，及时将群众需要解决的问题向组织反馈，以最快的速度解决群众的难题。在“邻家服务志愿行”活动中，青年志愿者耐心引导群众进行血压测量、指尖血糖检测等，用群众听得懂的语言进行健康问诊，用群众容易接受的康复治疗手法体验方式不断拉近与群众的距离，尽心了解群众的家长里短，征求群众“急难愁盼”的需求。通过一系列志愿服务活动，民政团员青年们深入基层、直面群众，真诚倾听群众呼声，真实反映群众愿望，真情关心群众疾苦，努力用专业知识为群众服务，争取优质资源解决群众困难，从服务群众的实践中汲取营养、增长智慧，不断提升做好民政工作的本领。

（四）以链接资源强化服务供给是机关社区志愿服务的重要补充

志愿服务常常遇到活动范围广、人财物力有限等挑战。志愿服务组织应努力寻找资源强化服务供给、致力打造品牌引起更多共鸣，吸引更多的力量特别是社会资源支持志愿服务活动。共青团广州市民政局委员会努力解决志愿服务活动范围广、经费有限等难题，主动和广州市慈善会、广州市志愿者

① 《习近平：年轻干部要提高解决问题能力　想干事能干事干成事》，共产党员网，2020 年 10 月 10 日，https：//www. 12371. cn/2020/10/10/ARTI1602332411273782. shtml。

协会以及局系统各单位等各方力量展开合作，多措并举解决人力、物力、财力问题，积极打造民政特色青年志愿服务品牌。在“微心圆梦志愿行”品牌活动中，市民政局青年志愿服务队通过社区、社工服务站掌握困难群众基本情况，主动联系群众沟通确认“微心愿”具体要求，积极寻求市慈善会慈善资金的支持，及时购买困难群众的心愿礼物并将其送到群众手中。在“邻家服务志愿行”活动中，共青团广州市民政局委员会链接市东升医院、局精神病院、市老人院、市福利院医疗资源，组织开设特色义诊台，为群众提供血压测量、指尖血糖检测、健康问诊、康复治疗手法体验等丰富实用的义诊服务。随着一系列活动的成功开展，共青团广州市民政局委员会和市慈善会达成合作，联合设立了“广州市慈善会民政青年微心济困基金”，为进一步开展民政特色青年志愿服务活动，继续打响“平安清明志愿行”“微心圆梦志愿行”“邻家服务志愿行”服务品牌提供了长足的慈善资源支持。如今，共青团广州市民政局委员会已将民政系统多种优质资源凝聚整合，号召以志愿服务为突破口共同发力，致力于形成链接资源强化服务供给、实现多方共赢的局面。

B.17

广州市从化区以志愿服务助推乡村振兴的经验探索

广州市从化区民政局*

摘　要： 志愿服务作为乡村振兴的重要形式，对推进乡村治理体系和治理能力现代化、助推乡村振兴具有重要意义。本文介绍了广州市从化区以志愿服务助推乡村振兴的经验和方法，分别从搭建"如愿行动"平台、党建引领创新、志愿服务体系完善、组织化建设、打造志愿服务品牌、专业人才培育等方面进行总结。新时代，志愿服务需要弘扬志愿精神、凝聚组织力量、探索专业人才发展模式、建立服务回馈机制，进一步激发志愿服务活力，助力乡村振兴和发展。

关键词： 志愿服务　乡村振兴　"如愿行动"　从化区

乡村振兴是实现中华民族伟大复兴的一项重大任务，国家出台政策文件为乡村振兴工作提供了指引。中共中央、国务院在2018年颁布的《乡村振兴战略规划（2018—2022年）》中提出"推动各地通过政府购买服务、设置基层公共管理和社会服务岗位、引入社会工作专业人才和志愿者等方式，为农村留守儿童和妇女、老年人以及困境儿童提供关爱服务"，"大力培育服务性、公益性、互助性农村社会组织，积极发展农村社会工作和志愿服

---

* 本文由广州市从化区民政局课题组撰写。执笔：张晓晴，福建师范大学硕士研究生，主要研究领域为社区社会工作、社会组织培育；肖永坚，广州市从化区社会组织服务中心副主任，主要研究领域为志愿服务管理、社会组织孵化培育。

务”。[①] 从化区民政局围绕习近平总书记关于乡村振兴的重要讲话精神和相关工作指示，结合党史学习活动要求，大力支持区志愿者协会，以平台建设为基础，积极探索创新社区志愿服务模式，打造志愿服务品牌，壮大志愿服务队伍，提升志愿者素养，依托新时代文明实践中心（所、站），传递新思想，倡导新风尚，受到群众的欢迎和社会各界的认可，在乡村全面振兴的推动、乡村治理体系和治理能力现代化的加快实现上有积极影响和深远意义。[②]

一　从化区以志愿服务助推乡村振兴的基本情况

（一）聚合志愿力量，乡村振兴有情味

为发挥志愿服务的力量，从化区每个社区至少成立了一支专注乡村振兴的社区志愿服务队伍。从挖掘本土社区的热心人士，到鼓励其成为社区志愿服务骨干，再到培养其成为社区志愿服务队伍的“带头人”，最终形成社区志愿服务队伍，将乡村治理的服务内容贯穿于社区志愿服务队伍的培育过程中，使社区志愿服务队伍形成了有效参与乡村基层治理的重要依靠力量。

社区志愿服务队伍发挥在地化优势，主动掌握村民近况及需求，进行合理的资源分配。在新冠肺炎疫情防控期间，为确保困难群众第一时间吃上新鲜蔬菜，社区志愿者们充当“跑腿员”走街串巷，为社区孤寡老人、低保低收入家庭成员、残障人士、困境儿童等困难群众免费送货上门，并且派送一次性防护口罩、免洗洗手液、消毒液等防疫物资，宣传疫情防控知识，询问身体状况，聆听心声，疏导焦虑心理，为困难群众进行居家消毒。

① 《中共中央　国务院印发〈乡村振兴战略规划（2018—2022 年）〉》，中国政府网，2018 年 9 月 26 日，http：//www. gov. cn/gongbao/content/2018/content_ 5331958. htm。

② 罗秋华：《全省首创！广州从化启动“如愿行动”众扶互助平台》，广州文明网，2020 年 4 月 24 日，http：//gdgz. wenming. cn/gqcz/qxdt_ tj/202004/t20200424_ 6430802. htm。

为解决服务困难群众的“最后一公里”难题，区慈善会、区志愿者协会和各街社工服务站共同参与“爱心到家”项目，为困难群众送菜送粮，打造充满人情味的温暖乡村。“红色领航，义系耆老”——从化区农村为老志愿服务品牌项目，探索出具有从化区特色的“1234”农村互助养老志愿服务模式，即搭建1个活动平台、组建2支服务队伍、建立3项激励机制、突出4类服务内容，多维度将党建引领志愿服务与农村互助养老相结合，为辖区老人特别是高龄、独居、失能等特殊困难老人“办实事”，提供为老志愿服务，提高老人的幸福感、获得感和安全感，让老人“老有所养、老有所医、老有所学、老有所乐”，营造出入相友、守望相助的良好社会风尚。

（二）倡导文明新风，乡村振兴好环境

志愿服务标志着现代社会文明的进步，利他精神是对大众福祉深切关注的表达，志愿精神源自利他精神，其倡导社会成员嵌入社会、奉献社会。志愿服务可以培育公共精神，如倡导人民群众关心公共利益、践行社会公德、积极参与公共事务管理等。① 一方面，引领社会主义精神文明建设，培育公共精神可以通过弘扬志愿精神来实现；另一方面，各利益相关方能够通过参与志愿服务实践活动达成共识，社会成员的生活期待随之也能够得到满足，社会的公序良俗可以依靠公共理性来促进。② 从化区城市管理和综合执法局联合区志愿者协会从2020年8月起开展一系列以垃圾分类为主题的志愿服务活动，在实践中不断创新，探索出凸显从化区特色的垃圾分类志愿服务机制，形成垃圾分类志愿服务创新治理的“两机制三步走”模式，即通过垃

① 包先康、朱士群：《社会工作视域下的社会治理创新》，《中州学刊》2016年第5期，第84~89页。

② 张书琬：《新时代文明实践志愿服务与农村基层治理现代化：参与式治理的视角——以贵州省龙里县实践为例》，《中国志愿服务研究》2020年第2期，第106~126页。

圾分类志愿服务“244”工作机制①实现垃圾分类志愿服务社区网格高效覆盖，“双激励”机制②凝心聚力，“三步走”渐进式推动垃圾规范分类宣传工作，渗透式科普垃圾减量分类知识；持续强化区域居民垃圾分类意识，坚持宣传在前、引导在前，从思想到行为进行引导和推进，实现全区垃圾分类全覆盖。经过开展一系列主题志愿服务，居民垃圾分类知识知晓率达98%、投放参与率达90%。为60个社区与村居共250个垃圾分类定时回收点提供服务，参与服务志愿者超489人次，服务居民48900人次，累计服务时数66015小时。组织垃圾分类入户志愿服务队伍，每月10个社区入户2000户，为居民介绍垃圾分类细则、解答疑惑，每家每户宣传到位。截至2021年7月，共举办社区宣讲活动120场次，参与群众超36000人次；入户宣传24000余户，直接服务社区居民超72000人次。社区志愿者队伍的介入促使居民形成良好基本习惯，推动其将垃圾分类工作内化于心、外化于行，并逐步形成“党建引领+居民自治+政府治理+社会组织参与”的社区善治模式。

（三）党建引领聚民心，乡村振兴有温度

坚持党的领导是乡村振兴取得成功的根本保证。加强在基层中的党建引领工作，通过志愿服务实践的开展，使党组织战斗堡垒作用和党员先锋作用

① 垃圾分类志愿服务“244”工作机制，“2”为2支垃圾分类志愿服务队伍：一支队伍由社区/小区居民组成，在社区居委会与社工服务站的协同指导下，就近、灵活地开展常态化志愿服务；另一支队伍由区志愿者协会派驻志愿者组成，协同共建。“4”为区垃圾分类管理部门—区志愿者协会—社区/小区队长—志愿者（社区/小区居民）四级网络，覆盖全区90个物业小区、7个市级示范村、10个区级示范村以及3条示范街，实现信息从政府到社区到志愿者的快速传递。“4”为4项子行动，在全区全年开展垃圾分类宣讲和培训、垃圾分类站桶志愿服务、垃圾分类行动以及垃圾分类进社区宣传活动等主题志愿服务行动，推动垃圾分类志愿服务工作常态高效开展。

② 一是建立垃圾分类志愿者档案制度。志愿者档案对垃圾分类志愿服务的时间、面貌等进行记录。二是建立优秀志愿者表彰制度。对每阶段表现优秀，累计服务时长前25名的站桶志愿者进行额外激励奖励。通过“站桶补贴+额外激励”的“双激励”机制，进一步激活基层志愿服务力量，从而引导志愿者持续性开展以生活垃圾规范减量分类为主题的垃圾分类志愿服务，促进垃圾分类志愿服务可持续发展，确保垃圾分类久久为功。

得到充分发挥，是从化区乡村振兴的题中之义。2021 年 4 月，按照区委、区政府有关要求，在区民政局的指导下，区慈善会、区志愿者协会打造“党史教育+如愿行动”平台，以红色党建为引领，全面调整平台整体主视觉，发布基层党建如愿行动“百千万”计划，以党员志愿服务为基本形式，将党建与帮扶深度结合，联动全区 100 个以上党支部，发动 1000 名以上党员，推动万众参与，为群众办 1000 件以上实事。截至 2021 年 11 月 12 日，该平台发布的 2081 个心愿中的 1964 个已被成功认领，共 10105 人次参与奉献爱心。其中通过各镇街积极响应，共征集困难群众“微心愿”1549 个，已实现 1432 个，共筹集善款约 38 万元，有 160 多个党支部 4000 多名党员参与“如愿行动”，点燃了乡村多元共治的“红色引擎”。

二　从化区以志愿服务助推乡村振兴的实践经验

自 2018 年 6 月以来，从化区的志愿服务发展在志愿服务领域的扩展、志愿服务队伍的壮大、志愿服务品牌的提升这三大方面都有较为突出的表现。2020 年，从化区通过在疫情防控期间开展志愿服务爱心活动，壮大发展了不同类型的多支志愿服务队伍，这些志愿服务队伍的服务内容和主题具有多样化的特点，如美丽乡村、慈善、社区、困境儿童关爱、垃圾分类等，打造了“爱心到家”“如愿行动”“美丽行动”等多个志愿服务品牌，开启了一条全新的以志愿服务助推乡村振兴之路。

（一）筑“如愿行动”平台，汇八方社会爱心

2020 年 4 月 21 日搭建的“如愿行动”众扶互助平台，是由区志愿者协会联同区慈善会，按照“互联网+慈善+社工+志愿+N”的模式推出的弱有众扶互助服务平台。该平台以困难群众“微心愿”为切入点，为了解困难群众的迫切需求，深入城乡社区的困难群众（包括贫困家庭、困境/留守儿童、孤寡老人、残疾人等），通过互联网进行信息发布和传播，募集来自社会各界热心人士、爱心组织的款项和物资，着力实现困难群众“微心愿”。

作为广东省内首个专门采用互联网来完成心愿的慈善服务平台，“如愿行动”众扶互助平台通过严谨、高效、简便、规范的心愿审核过程，让爱心人士对困难群众的关注和帮助更加便捷。

“如愿行动”平台与爱心商家、企业建立战略合作伙伴关系，首推“志愿服务企业”和“如愿义仓”，提供优质、优良、优秀的三优产品，供应低偿价格物品，在使自身有充足“心愿仓储”的同时，联合社会组织、基层党组织等多方力量，更好、更快、更精准地实现困难群众的“微心愿”。

2020 年 11 月，“如愿行动”平台初步对接广州公益“时间银行”的“公益行动”板块，通过双方的资源互联互通，带动全广州市 11 万名在册志愿者、420 个组织及团队，撬动企业力量，帮助从化区的困难群众“如愿”，促进志愿服务力量参与脱贫攻坚成果的巩固。基于此，“如愿行动”平台还将继续升级更新，优化“如愿行动+党建/企业责任/社会组织”等模式，推动更多的人参与进来，丰富社会资源，为公众行善拓宽路径，将自身打造成为公开透明、便捷参与的众扶互助平台，形成具备强影响力、高参与度、强实效性和丰富内涵的志愿服务平台。

（二）党建引领，全链条开展服务

从化区民政局紧紧围绕“举旗帜、聚民心、育新人、兴文化、展形象”的使命任务，以党建为引领，以志愿服务为基本形式，以“如愿行动”平台为主体，整合各类资源、创新活动形式，通过“点、派、帮、接、评”链条式服务模式，常态化开展“如愿行动”志愿服务活动。实现困难群众“点单”、平台“派单”、爱心人士“帮单”、志愿者“接单”、群众“评单”相贯通的精准帮扶。以志愿服务为抓手，深入开展新时代文明实践活动，深化巩固“不忘初心、牢记使命”主题教育成果，深入普及党的理论政策，以党建促民生，精准对接群众实际需求，倾听群众呼声、解决群众诉求，建立连接群众的“桥梁”，增强群众的获得感、幸福感。同时，建立党建联建机制，通过党员“双报到”机制，编制“微心愿”需求表，广泛动员机关单位与党组织的党员和热心人士，呼吁其根据自身能力和意向，自愿对需求表内的“微心愿”和“志愿服务”进行认领，形成机关单位党员主动、各级党组织联动、社会志愿服务组织助动的“三动”大格局。

（三）枢纽联动资源，完善志愿服务体系

2019 年 10 月，从化区民政局指导区志愿者协会率先在全市完成更名和选举工作，完善法人治理架构，通过加强组织能力建设，使区志愿者协会成为从化区志愿服务的“领头羊”，更好地发挥了行业引领、组织动员、凝聚力量的作用，推动全区志愿服务的发展；通过完善志愿服务体系，更好地发挥了枢纽联动的作用，整合各志愿服务组织的力量，链接社会资源，实现志愿者队伍由小到大、由弱变强、由零散到统一的转变，形成一个较大的社会资源链接和支持网络，增强了从化区志愿服务对外部环境变化的因应能力。从化区志愿者协会多次被权威媒体宣传报道，其中，中央媒体报道 14 次，广州“学习强国”平台报道 40 次，省、市媒体报道 103 次，本地媒体报道 286 次。

（四）加强志愿服务队伍建设，志愿需求全覆盖

《乡村振兴战略规划（2018—2022 年）》强调：“建立健全党委领导、政府负责、社会协同、公众参与、法治保障的现代乡村社会治理体制，推动乡村组织振兴，打造充满活力、和谐有序的善治乡村。”① 在社会组织培育扶持发展一系列政策支持下，从化区慈善会通过社区公益创投、社区基金支持等方式，鼓励支持更多志愿服务组织发展壮大。依托村（居）委会、社工服务站，通过指导志愿服务组织积极申报公益创投项目，重点培育、支持和发展志愿服务组织，积极引导符合条件的志愿服务组织依法登记。同时，推动每个社区成立至少一支民政业务领域的社区志愿服务队伍，发掘、培养热心志愿服务、相对稳定的社区居民成为社区志愿服务队伍骨干，并将其逐步培养成为社区志愿服务队伍领袖。

---

① 《中共中央　国务院印发〈乡村振兴战略规划（2018—2022 年）〉》，中国政府网，2018 年 9 月 26 日，http：//www. gov. cn/gongbao/content/2018/content_ 5331958. htm。

（五）打造志愿服务品牌项目，壮大志愿服务队伍

品牌对于深化社区志愿服务活动具有非同寻常的意义。从化区在志愿服务工作中不断拓展创新“志愿服务+”行动，丰富志愿服务内容，助力本区志愿服务品牌打造。一是“志愿服务+垃圾分类”美丽行动，发挥志愿者作用，调动各街道村（居）委会、各大型物业小区力量，通过定时“站桶”指引，每月入社区、入户宣传等方式，快速有序推进居民垃圾分类。二是“志愿服务+儿童关爱”牵手行动，从疫情防控时期因关怀困境儿童而招募关爱困境儿童志愿者，到发展成一支拥有60多名成员的关爱困境儿童志愿服务队，有效链接了社会各界力量，为日后重点开展关爱困境儿童志愿服务打下坚实基础。打造出形式多样、切实有效、针对特殊儿童群体的三大常态化志愿服务。三是“志愿服务+慈善救助”爱心到家行动，联动爱心企业、各镇街社工服务站，组建爱心到家行动志愿者队伍，组建有多方力量参与的志愿服务共同体，其中包含政府、爱心企业、慈善组织、社工、志愿者等，为满足社区困难群众基本生活需求提供精准服务，创新使用“企业+项目”双补贴模式，为困难群众免费“跑腿”，力求不让一个困难群众“断粮”“断菜”。

同时，从化区积极建设乡村振兴志愿服务基地，广泛动员民政系统工作人员、社会志愿者、专业志愿者参与民政志愿服务工作，组建区民政局党员初心志愿服务队、美丽乡村志愿服务队、慈善志愿服务队、社区志愿服务队、关爱困境儿童志愿服务队等5支共2000人的相对稳定的志愿服务队伍。每个志愿服务队伍针对不同领域、不同群体、不同需求而开展关爱困境儿童、革命老区帮扶慰问、走进乡村、走进基层等志愿服务活动，带动社会志愿力量参与乡村振兴。

（六）锻造志愿服务人才，提升志愿服务质量

志愿者专业服务能力高低决定志愿服务水平质量高低。从化区围绕实施乡村振兴战略，贯穿培育和践行社会主义核心价值观的主线，从群众的需求出发，广泛吸纳高校大学生、社区工作者骨干、粤菜师傅、乡村建筑师、规

划师、设计师、工程师等专业人才加入志愿服务队伍，提升志愿服务的专业化水平。除了打造专业志愿服务队伍以外，为提升志愿服务水平，还需要为志愿服务管理人员增能。从化区依托乡村振兴志愿服务实践基地，计划联动广州市志愿者协会，开办“青苗计划”志愿服务管理人才培训班，以实现志愿服务人才专业化培育发展。一方面，组织从化区党员志愿者、社工服务站、社会服务机构、社区志愿服务组织及队伍的管理者和骨干，围绕志愿服务管理技能及项目管理技巧，开办一系列的培训班。另一方面，“送课到乡村”，为从化区社区志愿服务阵地、组织输送优质导师资源和课程，推动从化区志愿服务培育工作的常态化和专业化。

三　从化区以志愿服务助推乡村振兴的不足

（一）志愿服务组织缺乏资金扶持

志愿服务在开展的每一环节都会产生一定的费用，从对志愿者进行招募、培训、管理等到志愿服务的实际开展，包括交通费、食宿补贴、人身保险等，但绝大多数志愿服务组织资金来源并不稳定，往往仅依靠公益创投、微创投或社会捐赠，缺乏资金扶持，志愿服务项目也比较缺乏，导致无法通过项目化来支撑自身发展。志愿服务组织的经费问题已经成为制约和影响其发展的一个非常重要的因素。

（二）专业化志愿服务有待加强

随着乡村振兴的深入推进，村民对志愿服务有越来越多的需求，其需求表现出多元化的态势，对志愿服务提出越来越高的要求，志愿服务的专业化迫在眉睫。[①] 目前，从化区在乡村振兴志愿服务开展过程中，仍然以交通劝导、帮困扶弱等传统方面的志愿服务活动为主。诸如心理咨询、应急救援、

① 赵丽：《乡村振兴战略下的农村志愿服务发展研究——以哈尔滨市为例》，《学理论》2020年第12期，第57~59页。

法律援助等专业化志愿服务的需求在不断增加，但相关专业人才的缺失，阻碍了专业化志愿服务发展。

（三）志愿服务体系有待完善

目前，从化区在志愿服务体系建设中，对志愿者服务尚未形成一套切实可行的考评反馈机制。一是缺乏对志愿服务活动开展的量化考核标准，如服务是否满足受助人需求、是否呈现较好的社会效应等；二是没有明确区分志愿者参与活动的态度、责任心、服务质量等方面的评估，只关注服务参与次数而不评估服务成效的现象仍存在。这都对发挥志愿者参与志愿服务的积极性、有效发展志愿服务组织和弘扬志愿精神等方面有负面影响。

四　从化区以志愿服务助推乡村振兴的对策建议

乡村志愿服务的发展处于刚起步的阶段，具有巨大的潜力，其未来的发展空间值得期待。① 新时期下，开展乡村志愿服务要依托乡村基层实际，尤其需要结合中国互助友爱的文化传统，寻求发展的着力点，不断丰富乡村志愿服务的内涵。② 新时期下，应该以构建党委领导、政府主导、专业服务、社会协同的中国特色乡村振兴专业志愿服务网络为宗旨，大力发挥专业志愿服务“服务、整合、配置、监督、评估”五大功能，以产业振兴与乡村治理并举为目标，发展专业志愿服务以助力乡村振兴，最终推动城乡一体化发展。③

（一）增加乡村振兴志愿服务的资金来源

政府职能部门要加大专项经费投入力度，统筹保障志愿服务活动开展，

① 谭建光：《“十四五”时期中国志愿服务发展的十大趋势》，《青年探索》2021 年第 1 期，第 27~36 页。

② 谭建光：《中国特色的志愿服务与青年发展——实施〈中长期青年发展规划（2016—2025 年）〉的多维度研究》，《中国青年社会科学》2021 年第 1 期，第 9~18 页。

③ 黄小欢、周一军：《以志愿服务助推乡村振兴》，《中国社会工作》2019 年第 34 期，第 15 页。

通过为志愿服务组织提供培训和督导支持，培养志愿服务专业人才，壮大发展志愿服务组织。此外，在志愿者激励、志愿文化营造、志愿服务交流合作等方面，也要加大资金、资源的支持和保障力度。同时，借助“如愿行动”众扶互助平台建设的机遇，吸引工商企业、公益基金、爱心资金对志愿服务的资助，通过平台创新，形成多样化、灵活性的资源支持。

（二）整合凝聚志愿服务组织力量

广泛普及志愿知识和志愿文化，需要依托各镇街社工服务站，深入挖掘先进典型的志愿服务故事和感人事迹，让志愿者、志愿服务组织、志愿服务工作者的风采得到充分展现，并及时发布志愿服务工作动态，利用微信群、微信公众号、LED 显示屏等载体广为传播，增强群众对志愿服务的认同感，做到家喻户晓、人尽皆知，营造志愿高尚、人人参与的社会氛围。乡村志愿服务事业发展壮大主要依靠内生力量，要从地区发展实际出发，对内生型志愿服务组织进行积极培育，让志愿服务活动不断走向深入。在开展志愿服务过程中，要善于凝聚草根智慧，集结基层力量，带动民间组织志愿服务力量参与其中。

（三）加强志愿者督导，培养“志愿工匠”人才

邀请专家学者、专业社工、公益经理人、志愿者领袖等，为区内特色志愿服务队伍及志愿者提供专业咨询、专业策划、专业培养、专业提升，在较短的时间内形成一批“志愿工匠”的品牌组织、品牌人才，实现精准性、实效性的服务覆盖。组建区级志愿者学堂，重视志愿服务全周期的培训，以实现乡村、社区志愿服务的规范、有序、持续、深入发展。

（四）完善志愿服务制度，激发志愿服务活力

建立完善的志愿服务制度，需要搭建志愿者、服务对象和服务项目的对接平台，实现各方之间共建共享、互联互通。制定一套志愿者考评反馈机制，志愿者均需要进行服务时数登记，服务对象对服务的开展进行满意度评

价和建议，从而完善落实志愿服务登记制度，使志愿者和志愿服务组织的活力能够得到充分激发。

（五）培养志愿服务领袖与骨干人才

要发展壮大志愿服务组织，必须将人才培养作为主要发力点。[①] 为保证志愿服务的顺利开展和服务质量的提高，要加强组织中领袖和骨干人才的培养。那么，如何挖掘和培养志愿服务领袖和骨干人才？一是通过项目购买的方式提供政策资金支持，根据不同类型或服务领域对各类志愿服务组织的领袖或骨干人才进行分批次选拔，并提供专业培训和支持，提高他们各方面的能力，包括文化层面、理论层面、服务层面等；二是通过政策激励，如在岗位招聘、评优评先中将参加志愿服务活动作为必要或加分条件，通过各种奖励激励机制，带动优秀的市民参与到志愿服务当中，进而培养其成为志愿服务领袖或骨干人才。

① 刘合光：《乡村振兴战略的关键点、发展路径与风险规避》，《新疆师范大学学报》（哲学社会科学版）2018 年第 3 期，第 25~33 页。

附　　录

Appendix

B.18
2021年度广州市社区志愿服务十件大事

一　广州市志愿服务组织大力开展党史学习教育和“我为群众办实事”实践活动

2021 年，广州市各级各类志愿服务组织、志愿者、志愿服务工作者深入学习贯彻习近平总书记在党的十九届六中全会上的重要讲话精神和六中全会精神，深入学习贯彻习近平总书记在党史学习教育动员大会、庆祝中国共产党成立 100 周年大会上的重要讲话精神，深入贯彻落实习近平总书记在河北省承德市考察时关于“充分发挥年纪较轻的老年人作用，推动志愿者在社区治理中有更多作为”的重要指示精神，认真贯彻落实省委、省政府及市委、市政府部署要求。2021 年 4 月，广州市出台《“您的心愿、我的志愿”——党组织、党员为群众办实事“双微”行动工作方案》，把党史学习教育和“我为群众办实事”实践活动充分结合起来，发动全市各级党组织和广大党员广泛开展征集、认领和办好民生“微项目”，实现群众“微心愿”的“双微”行动，积极为群众排忧解难。2021 年，全市各级团组织围绕讲党史、护平安、做向导、解心事、送义诊、送义剪、送义教、圆心愿等8个方面开展1.6万场“我为群众办实事”青年志愿服务，上岗志愿者51.94万人次。

二　汇聚志愿服务力量，协助解决人民群众“急难愁盼”问题

2021年，广州市志愿服务组织、志愿服务队伍、志愿者积极响应党和政府号召，有力发挥社区志愿服务力量在乡村振兴、疫情防控等方面的积极作用。市民政局指导市社会工作协会实施“广州社工助力乡村振兴服务7项行动”，推动社会工作者与社区志愿者联动，开展困难家庭帮扶、消费扶贫助农、乡村社区治理赋能等专项行动，服务群众逾30万人次。在市文明办统筹组织下，市民政局、团市委等单位加强联动，组织动员各方志愿服务力量有序参与社区疫情防控工作。截至2021年底，市民政局指导市志愿者协会，联动全市社工服务站、各类社会组织、社区志愿服务队伍通过广州公益“时间银行”发布疫情防控相关志愿服务活动超4300场，组织6.9万人次志愿者累计贡献服务时长58万小时；团市委指导市志愿者行动指导中心、广州青年志愿者协会以及各区团委组织志愿者38.9万人次开展疫情防控志愿服务，累计服务时长超189万小时，链接口罩、隔离衣等支援物资64.5万件，价值超200万元。

三　广州“十四五”规划纲要明确提出：建设“志愿之城”

2021年4月，《广州市国民经济和社会发展第十四个五年规划和2035年远景目标纲要》印发实施，提出要健全志愿服务体系，加强志愿服务社会组织培育发展、阵地建设，保障志愿者基本权利，广泛开展志愿服务关爱行动，建设“志愿之城”。7月，《广州市民政事业发展“十四五”规划（2021—2025年）》印发实施，提出要修订《广州市志愿服务条例》，推动

完善志愿服务政策法规，推进志愿服务标准制定；推动乡镇（街道）、城乡社区依托社区综合服务设施、社工服务站建设志愿服务站点，建立供需对接的志愿服务平台。

四 《广州市养老服务条例》出台，多措并举促进为老志愿服务发展

2021 年，《广州市养老服务条例》颁布施行，提出志愿服务组织等社会组织，根据职责或者章程发挥自身优势，参与养老服务工作，并鼓励老年人在养老生活中互相扶助；提出市民政部门应当推动建立全市统一的养老志愿服务时间储蓄制度。8 月，《广州市养老服务体系建设“十四五”规划》印发实施，鼓励全民参与养老志愿服务，积极探索互助性养老。2019 年以来，市民政局依托广州公益“时间银行”平台，大力发展为老志愿服务，截至 2021 年底，已累计培育初老志愿服务队伍 135 支，注册初老志愿者 2. 3 万人次，开展为老志愿服务活动超过 9400 场次，服务长者超过 150 万人次，为 2403 名长者实现“微心愿”。

五 《广州市慈善促进条例》出台，全面开创广州慈善工作和社区志愿服务新格局

2021 年，《广州市慈善促进条例》颁布施行，鼓励志愿者参与慈善活动，并明确镇人民政府、街道办事处可以与社会工作服务机构、志愿服务组织、具有公开募捐资格的慈善组织等单位合作，采取在社区依法设立慈善捐赠站点和社区慈善基金、组织社区居民参与互助互济活动等方式，开展社区慈善活动。12 月，市民政局印发《广州市推动社区慈善发展行动方案（2021—2023 年）》，强调要全面建立起社区慈善五大支持平台，建立社区慈善（志愿）工作站，宣传社区慈善文化，在社区内开展慈善活动，并提出要完善社区志愿服务平台，大力推动社区志愿服务工作。

六　第十届志愿服务广州交流会举行，广州实名注册志愿者突破400万人次

2021年12月6日，广州、深圳志愿服务“双城联动”项目发布会暨“我为群众办实事”第十届志愿服务广州交流会（以下简称“志交会”）在广州市青年文化宫举行，来自粤港澳大湾区的200名志愿者齐聚广州，以“聚焦双区建设 志愿示范先行”为主题，深入交流志愿服务实践成果。10年来，志交会围绕服务中心大局、城市发展、群众需求，为超过2000个志愿服务项目搭建了交流展示平台，培育组织超过1200个，资助项目近1600个，资助金额超过5000万元，覆盖传承红色基因、乡村振兴、环境保护、疫情防控、文明实践等30多个服务领域，致力于打造全市乃至全省、全国的“青春志愿”示范品牌。截至2021年底，广州实名注册志愿者达426.17万人次，与上年同期相比增长了50.61万人次，约占广州市常住人口的22.82%，约占全省实名注册志愿者总数的30.73%，位居全省第一。

七　全面推广公益“时间银行”，首次写入《广州市人民政府工作报告（2021年）》

《广州市人民政府工作报告（2021年）》首次提出：全面推广公益“时间银行”。在市民政局的指导下，市志愿者协会全力推进公益“时间银行”线上平台和线下站点建设，充分发挥“慈善+社工+志愿服务”融合机制作用，联动各方主体，聚焦社区特殊困难群体，打造供需对接、资源整合的社区志愿服务枢纽平台，并依托平台志愿服务时间存储兑换功能，着力推进“初老服务老老”志愿服务体系建设，激励志愿者特别是低龄老年志愿者参与为老志愿服务。截至2021年，公益“时间银行”注册志愿者逾23万名（其中50岁以上志愿者2.3万名），志愿者团队超3690支，设立203个志愿服务站点，发布志愿服务活动超2万场，提供超26万个志愿服务岗位，服务超2000万人次（其中服务特殊困难群体超200万人次），奉献志愿服务超175万小时。

八 广州大力推进新时代文明实践中心（所、站）建设，已建设新时代文明实践中心（所、站）2996个

近年来，广州整合党群服务中心、政务服务中心等基础资源，截至 2021 年底，已在全市建设 2996 个新时代文明实践中心（所、站），开展各类活动 5 万多场次，惠及群众近千万人次，构筑起“全市覆盖、出户可及、群众便利”的新时代文明实践服务网络，实现了城区范围内平均每 500 米就有 1 个文明实践点。各级文明实践阵地建设融入基层党建、乡村振兴、社会治理、文明创建等工作，围绕学习实践科学理论、宣传宣讲党的政策、培育践行主流价值、丰富活跃文化生活、持续深入移风易俗五大工作内容，以“主题月”“实践日”为载体，结合党员进社区“双报到”、“我为群众办实事”、“您的心愿、我的志愿”“双微”行动等活动，推动新时代文明实践工作走到与群众交流的第一线。

九 志愿服务力量蓬勃发展，助力织密织牢专业志愿服务网

广州志愿服务发展坚持创新引领，会聚专业志愿服务人才，建立闭环激励机制，精准对接社会治理，以志愿服务力量为社会治理革新添砖加瓦。2021 年 1 月，广州志愿服务联合会召开首届会员大会第一次会议，着力推进志愿服务制度建设、阵地建设、队伍建设和项目建设。3 月，广州市社会组织志愿服务总队成立，结合各专业社会组织优势，以组团式开展志愿服务的新模式，针对不同人群需求，提供多元服务，织密织牢专业志愿服务网。12 月，广州市青年防疫应急志愿者储备队和广州青年应急志愿服务总队成立，开展专业应急青年志愿者能力培训，打造应急青年志愿服务体系。同月，广州市妇联推出巾帼志愿服务系列活动，鼓励和引导更多妇女群众参与并引导更多家庭加入志愿服务队伍、参与志愿服务。2021 年，广州市巾帼志愿者共计超过 180 万人，巾帼志愿服务队伍超过 1000 支，服务群众超过

100 万人次。2021 年，全市基本实现区级志愿者协会全覆盖，聚焦特殊困难群体需要和群众关切，着力推动社区志愿服务发展。

十　广州市多个志愿服务组织、个人及项目荣获国家、省、市表彰

2021 年 1 月，广州市志愿者协会党支部被中共广州市社会组织委员会评为“广州市参与脱贫攻坚先进社会组织党组织”。3 月，广州市绿点公益环保促进会理事长袁淑文、广州市白云区青年志愿者协会执行会长梁修飞获“2020 年度全国学雷锋志愿服务‘四个 100’先进典型——最美志愿者”荣誉，广东省一心公益基金会、华南师范大学青年志愿者协会获“2020 年度全国学雷锋志愿服务‘四个 100’先进典型——最佳志愿服务组织”荣誉，广州市“绿豆丁爱地球”大学生生态环境教育志愿服务等 3 个项目获“2020 年度全国学雷锋志愿服务‘四个 100’先进典型——最佳志愿服务项目”荣誉。6 月，广州市志愿者协会党支部被中共广州市社会组织委员会评为“2021 年度广州市社会组织先进党组织”，广州市志愿者协会党支部书记、秘书长甄鹤被中共广州市委授予“广州市优秀党务工作者”称号。10 月，广州青年志愿者协会副秘书长莫明聪获“2021 年度全国学雷锋志愿服务‘四个 100’先进典型——最美志愿者”荣誉，广东省广州医科大学附属第一医院南山志愿服务队获“2021 年度全国学雷锋志愿服务‘四个 100’先进典型——最佳志愿服务组织”荣誉。12 月 5 日，龚旺获第十三届中国青年志愿者优秀个人奖；广州市越秀区青年志愿者协会获中国青年志愿者优秀组织奖。

Abstract

2021 is the 100th anniversary of the founding of the Communist Party of China and the first year of the implementation of the 14th Five-year Plan. The CPC Central Committee and the State Council have made important strategic arrangements to promote common prosperity, strengthen the modernization of grass-roots governance system and governance capacity, and provide a fundamental basis for the development of voluntary service. *The 14 th Five-year Plan for National Economic and Social Development of Guangzhou and the Outline of Long-term Goals for 2035* propose to deepen the construction of civilization in the whole region, widely carry out voluntary service and care actions, and build a "Volunteer City". In Guangzhou, we will continue to provide practical and voluntary service to the masses in the context of the establishment of a series of special policies for the prevention and control of the epidemic in rural areas, including a series of practical tasks, such as providing practical support to the masses in order to effectively solve the difficulties in the prevention and control of the epidemic in Guangzhou; the policy supply of local community voluntary service is in the forefront of the country; the leading role of community voluntary servic in Party building has been continuously strengthened; the degree of organization of community volunteers has been improved; the role of community voluntary service in community emergency response continues to strengthen; Community voluntary service gather elderly services.

In the new development stage, the transformation of voluntary service from the stage of increasing the number of registrations to the stage of providing high-quality services is steadily advancing. Guangzhou community voluntary service needs to be based on the requirements of the new development stage, anchor new positioning and objectives, and stimulate the society to be better. Therefore, the report puts forward the following suggestions: first, give play to the leading role of Party building and promote the participation of multiple subjects; second, accelerate the construction of community voluntary service organizations; third, we should give full play to the role of hub type voluntary service organizations and promote the construction of community voluntary service ecosystem; fourth, innovate the brand of community voluntary service.

Keywords: Community Voluntary Service; "Volunteer City"; Guangzhou

Contents

I General Reports

Abstract: Since the 18th CPC National Congress, the community voluntary service has attached great importance. Community voluntary service gets the new development opportunities in a new development stage. Voluntary service blend in grassroots governance rapidly. As an important part of voluntary service system with Chinese characteristics, community voluntary service is the important way to strengthen the grassroots governance. Based on the present situation of community voluntary service development in Guangzhou, this paper build the community voluntary service system from organizational system, content system, resource system and guarantee system. This paper proposes the suggestions as follows: first, give play to the leading role of Party building and promote the participation of multiple subjects; second, accelerate the construction of community voluntary service organizations; third, we should give full play to the role of hub type voluntary service organizations and promote the construction of community voluntary service ecosystem; fourth, innovate the brand of community voluntary service.

Keywords: Community Voluntary Service System; Grassroots Governance; Guangzhou

B . 2 The Perspective of Guangzhou's Community Voluntary Service Development During the 14th Five-year Plan Period

Abstract: Based on the analysis results of the development characteristics of community voluntary service in Guangzhou, this paper puts forward corresponding suggestions for the key work to be done well in the development of community voluntary service in Guangzhou during the 14th Five-year Plan period. This article also proposes that, the organization must strengthen the CCP construction leadership in the fundamental community, speed up the relevant policy formulation, increase the organization running management and keep updated against the peoples' basic needs. They should also enrich the service methods, set up platform for demands and supply, with an aim to strengthen the resources integration. On the other hand, they may make good use of the advantage of the masses and Communist Youth League and encourage the voluntary to participate in the community service. The community voluntary service development mode should also be professionalized in a project-running way, the communication and inspiration for the volunteers should be increase, the training scale should be raised and the policy research must also be enhanced.

Keywords: Community Voluntary Service; Community Service; Social Governance; Guangzhou

Ⅱ Topical Reports

Abstract: The community voluntary service in Guangzhou has gone through the stage of automatic development to the stage of normalization and institutionalization. The author generalizes three stages of community voluntary service policies in Guangzhou, and analyzes the current situation as well as the trend of the system. There are three basic characteristics. First, it is based on the premise of the guidance of party. The volunteering network is gradually expanded. Second, the mechanism of community voluntary service works. Third, the community voluntary service is getting refined in order to response to the needs of community. In future, there would be four trends: first, the volunteering network would be deeply developed; second, the service system would run more smoothly; third, the service would be more professionalized; fourth, the volunteering network platform would be more normalized.

Keywords: Community Voluntary Service; Social Workers Plus Volunteers; Guangzhou

Abstract: The core of the high-quality development of community voluntary service lies in cultivating excellent community voluntary service talents. This study combines questionnaire, interview and other research methods to study the construction of community voluntary service talents in Guangzhou. The comprehensive analysis shows that, the construction of community voluntary service talent organization in Guangzhou shows the achievements and characteristics of organization, specialization, scale and systematization. But there are still some deficiencies in policy support and coordination, effective encouragement and support, professional development and service innovation. This study proposes to adhere to the global overall planning and improve the talent organization construction mechanism; adhere to long-term development and innovate the incentive mechanism of volunteer service; adhere to the professional guidance, strengthen the supervision mechanism of personnel training and other corresponding countermeasures, in order to put forward suggestions for the construction of community voluntary service talents in Guangzhou and even the whole country.

Keywords: Community Voluntary Service; Talent Team Construction; Guangzhou

Abstract: Based on the survey and analysis of community volunteers and voluntary service organizers in Guangzhou, this paper finds that Guangzhou community volunteers have a variety of motivations for volunteering, at the same time, there are many different factors that hinder community volunteers from volunteering. In addition, different voluntary service organizations have different external motivational needs and internal motivational preferences. At present, the current Community Voluntary Service Incentive Mechanism has many problems, such as inadequate protection system, ineffective publicity, incomplete service, one-sided community volunteer culture, insufficient organizational empowerment, immaturity of volunteer information management and so on. In view of the above, this paper argues that Guangzhou Community Voluntary Service Incentive Mechanism can be improved by several points, for example, building timely motivation, clarifying the goal-oriented system, stimulating endogenous power and creating regional models. In general, macro policy, miso management, micro organization and individual volunteers should all be involved in the strategy.

Keywords: Voluntary Service; Community Volunteers; Community Governance

B.6 Research on the Construction and Development Path of the Social Support System of Community Voluntary Service in Guangzhou

Abstract: Voluntary service is developed in the process of making up for the failure of the country and the market. The development of voluntary service can not only solve the growing needs of the residents, but also promote the core values of socialism and the positive energy of society, and promote people to help each other, establishing a spirit of dedication and friendship, etc. Voluntary service plays an important role in the construction of the harmonious society in our country. Voluntary service needs social support in the process of development. Among them, legal policies, resources, public opinion, theoretical research and informatization are important components of the support content. These elements promote each other and are indispensable. Therefore, it is necessary to establish a social support system to jointly promote the sustainable development of voluntary services. However, due to the relatively short development time of voluntary services in our country, various institutional norms are not yet perfect, and there are still a series of problems in the construction of the social support system. By increasing government support, gradually improving the voluntary service related systems, establishing a standardized voluntary service management and incentive mechanism, implementing branding strategies etc., all these methods can help to continuously improve the voluntary service social support system, and promoting the sustainable and healthy development of voluntary services.

Keywords: Community Voluntary Service; Social Support System; Guangzhou

Ⅲ Special Reports

Abstract: With the development of Party Building, primary-level Party organizations and CPC members play important roles in community voluntary service. They serve the community, as a way of practicing their duties. In Guangzhou, Party organizations and members are required to report to residental communities, and undertake micro projects and wishes applied by communities and residents. It improves the Party Building's leading effect in community voluntary service more comprehensive, more pragmatic and more in-depth. Party members are taking the lead of many area in volunteer practice, such as community epidemic prevention, public civilization watch, and charitable service.

Keywords: Party Building Leadership; Community Voluntary Service; New Era Civilization Practice

Abstract: Construction of the Civilization Practice Center in the New Era is an effective carrier for promoting Xi Jinping Thought on Socialism with Chinese Characteristics for a New Era into the hearts of the people, it is an innovative measure to educate and guide the people to use scientific theories to raise their ideological and moral consciousness, guiding production and life practice. It is an important support for the "last mile" of publicity and service to the people. Guangzhou adheres to the practice of civilization in the new era, takes volunteers as the main force, takes voluntary service as the main activity mode, and takes people's satisfaction as the fundamental standard to guide all departments, units, social organizations, voluntary organizations and community people in the city to actively participate in civilized practice, improve ideological understanding and obtain spiritual enrichment in the participation. By launching voluntary service to help build a Civilization Practice Center in the New Era, an innovative path of "Volunteering +Practice + Participation" has been initially formed to improve the professional level and service ability of voluntary service.

Keywords: Civilization Practice Center in the New Era; Voluntary Service; Guangzhou

Abstract: This article in Guangzhou community voluntary service participation in COVID-19 prevention and control practice as an example, expounds the role and effect of Guangzhou community voluntary service participation in public health emergency events, discusses the operation mechanism and development direction of community voluntary service, put forward some optimization suggestions for the open of four-level service emergency system docking, establish service guidance list, strengthen the participation channel diversity universality and localization, improve service specialization and perfect the long-term incentive guarantee system.

Keywords: Community Voluntary Service; Public Health Emergency Events; Operation Mechanism

Abstract: Under the guidance of Guangzhou Civil Affairs Bureau, in order to positively deal with the difficulty of aging population and the lack of elderly care service, Guangzhou Volunteers Association has built a charity platform-a social welfare program "Time Bank" -to call for an idea that give when you are young and gain when you are old by saving and exchanging the voluntary time in the bank, which encourages people to serve their own pension service by joining volunteering to accumulate "serving time". The article expounds the experiences of how this social welfare program in Guangzhou forms an open management mode of co-construction and sharing by the operation of socialization, explores the elderly care service model with equal emphasis on supply and demand through professional development, and structures a service system of "Younger Elderly Help the Older" based on systematic operation. The article also gives advice on how to develop a community mutual aid pension model, including enhancing the top design to promote the sustainable development of the "Time Bank", increasing the financial support to ensure the enhancement and development of the "Time Bank", improving the level of elderly faculties and expanding the social networks of the "Time Bank".

Keywords: Mutual Pension; "Time Bank"; "Younger Elderly Help the Older"

Abstract: Exploring the experiences and practices of social organizations participating in community voluntary service in Guangzhou is not only an inevitable requirement to realize the high-quality development of community social organizations during the 14th Five-year Plan period, but also a necessary meaning to construct the modern pattern of social governance in China. According to a survey the community social organizations, voluntary service organizations, social work station are the main parts in Guangzhou. Secondly the social organizations participating in community voluntary service reflects highly leading of the Party, diversification of position construction, branding and specialization of project. Meanwhile it's facing the new challenges in the new era. So it is necessary to establish and improve the community work mechanism, strengthen the cultivation of social organizations, and improve the professional level of voluntary service to cope with the new challenges.

Keywords: Social Organizations; Community Volunteer Service; Volunteers

B.12 Developing and Sustaining the Motivations to Volunteers Among the Elderly: A Case Study

Li Yingyi, Li Jiayi and Ye Yuwei / 205

Abstract: Using three voluntary service platforms as cases, the current study explores the participation motivations of the elderly volunteers, and the cultivation modes of individual and group volunteers in Guangzhou. It provides four suggestions for promoting the elderly to participate in the community volunteerism: first, leading by the party development and rooting in the community; second, taking "active aging" as the goal and fully considering the participation needs of the elderly; thirdly, fully realizing the elderly's capacity in the "strength perspective"; fourth, promoting sustainable gratifications of elderly's participation motivations through professional services.

Keywords: Elderly Volunteers; Service Motivations; Volunteers Cultivation

Abstract: At present, voluntary services have become an important service force of children's welfare organizations. Based on the analysis of the status quo of the voluntary service of the Social Work Professional Service Project in Guangzhou Children's Social Welfare Home, this paper puts forward the optimization suggestions on the deficiencies of the management and service system in the process of the professional service project for orphans and disabled children assisted by voluntary service: first of all, is to straighten out the direction of voluntary service by insisting on the leading position of the Communist Party of China in voluntary service; second, we need to accurately meet service needs, pay attention to system construction and planning, and enhance the integrity of voluntary services in children's welfare organizations; third, improve the voluntary service system, increase and promote the benign development of the voluntary service system and volunteers to provide stable voluntary services; fourth, strengthen the construction of voluntary service training mechanism, improve the service quality of volunteers; fifth, increase the publicity of voluntary service and promote the parallel development of service and advocacy.

Keywords: Children's Welfare Organizations; Voluntary Service; Children's Service

Abstract: Voluntary service organizations are a vigorous and energetic social force. Their participation in vagrants and beggars assistance services can not only supplement the current vacancies in assistance management, but also make vagrants and beggars assistance services more vigorous. The linkage mechanism builds a framework and platform for voluntary service organizations to participate in vagrants and beggars assistance services. Within this framework, voluntary service organizations can clarify their own roles and responsibilities; on this platform, voluntary service organizations can obtain resources to provide high-quality services and improve their own service capabilities.

Keywords: Voluntary Service Organizations; Vagrants and Beggars Assistance Services; Linkage Mechanism

Abstract: Based on the analysis of the policy background and development status of the voluntary service system and mechanism construction in the civil affairs field of Guangzhou, this paper systematically summarizes the existing team structure, activity content, guarantee support and supervision and management system construction of the voluntary service in the civil affairs field of Guangzhou, puts forward the problems existing in the voluntary service in the civil affairs field of Guangzhou. In order to further improve the voluntary service system and mechanism in the civil affairs field of Guangzhou. Some suggestions are put forward. In conclusion, this paper suggests that civil areas voluntary service is an important part of the voluntary service system with Chinese characteristics. In order to improve the voluntary service system in the civil affairs field of Guangzhou and promote the innovation of voluntary service mechanism in the civil affairs field, it is necessary to further establish and perfect the supply and demand matching system, the organization management system and the promotion and incentive system of voluntary service in the civil affairs field.

Keywords: Voluntary Service; Civil Affairs Field; Guangzhou

Abstract: Communist Youth League Civil Affairs Bureau of Guangzhou Municipality Party Committee plays full role as a new force and a commando, and actively explores new modes of voluntary services carried out by Communist Youth League organizations in government agencies. Focusing on the current affairs, highlights and difficult work of civil affairs in Guangzhou, the committee has joined hands with the authorities and social forces to send services, charities and policies to the communities and villages through voluntary services; it has created three major voluntary service brands, namely "Safe Qingming Volunteer Activity", "Micro-wishes Volunteer Activity" and "Neighborhood Service Volunteer Activity". Communist Youth League Civil Affairs Bureau of Guangzhou Municipality Party Committee delivered services, charities and policies to communities and villages, including a total of 521, 500 Yuan of charitable funds, more than 280 times to carry out policy advocacy, and services covering nearly 1 million community people. By a long period of specific practice and reflective summary, Communist

Youth League Civil Affairs Bureau of Guangzhou Municipality Party Committee has distilled experiences and inspirations learned in voluntary services carried out by Communist Youth League organizations in government agencies: "Party building leading the sentiment for the people", "platform building into the central work", "facing the masses to enhance the ability of youth" and "linking resources to strengthen the supply of services".

Keywords: Organs and Youth League Organizations; Community Volunteer Service; Civil Affairs

B.17 Experience Exploration of Voluntary Service in Promoting Rural Revitalization

Civil Affairs Bureau of Conghua District / 276

Abstract: China vigorously promotes the implementation of rural revitalization strategy. Voluntary service, as an important form of rural revitalization, is of great significance and positivity in promoting the modernization of rural governance system and governance capabilities, and boosting rural revitalization. This article mainly introduces the experience and methods of Conghua District, Guangzhou City with voluntary service in promoting rural revitalization, respectively summarizing from the aspects of innovation led by Party-building, improvement of voluntary service system, organizational construction, voluntary service branding, implementation of "Meet Your Wish", education on the history of the China Communist Party, professional cultivation and so on, and analyzing the present predicament of voluntary service development in Conghua District. In the new era, in order to promote the development of rural voluntary services, further stimulate the vitality of voluntary services as well as boosting the development of rural revitalization ultimately, voluntary service needs to be carried out closely around promoting the spirit of volunteering, gathering organizational strength, exploring the development model of professional talents, and establishing a service feedback mechanism.

Keywords: Voluntary Service; Rural Revitalization; "Meet Your Wish"; Conghua District

Ⅳ Appendix

皮 书

智库成果出版与传播平台

✤ 皮书定义 ✤

皮书是对中国与世界发展状况和热点问题进行年度监测，以专业的角度、专家的视野和实证研究方法，针对某一领域或区域现状与发展态势展开分析和预测，具备前沿性、原创性、实证性、连续性、时效性等特点的公开出版物，由一系列权威研究报告组成。

✤ 皮书作者 ✤

皮书系列报告作者以国内外一流研究机构、知名高校等重点智库的研究人员为主，多为相关领域一流专家学者，他们的观点代表了当下学界对中国与世界的现实和未来最高水平的解读与分析。截至 2021 年底，皮书研创机构逾千家，报告作者累计超过 10 万人。

✤ 皮书荣誉 ✤

皮书作为中国社会科学院基础理论研究与应用对策研究融合发展的代表性成果，不仅是哲学社会科学工作者服务中国特色社会主义现代化建设的重要成果，更是助力中国特色新型智库建设、构建中国特色哲学社会科学“三大体系”的重要平台。皮书系列先后被列入“十二五”“十三五”“ 十四五”时期国家重点出版物出版专项规划项目；2013~2022 年，重点皮书列入中国社会科学院国家哲学社会科学创新工程项目。

S 基本子库
SUB DATABASE

中国社会发展数据库（下设 12 个专题子库）

紧扣人口、政治、外交、法律、教育、医疗卫生、资源环境等 12 个社会发展领域的前沿和热点，全面整合专业著作、智库报告、学术资讯、调研数据等类型资源，帮助用户追踪中国社会发展动态、研究社会发展战略与政策、了解社会热点问题、分析社会发展趋势。

中国经济发展数据库（下设 12 专题子库）

内容涵盖宏观经济、产业经济、工业经济、农业经济、财政金融、房地产经济、城市经济、商业贸易等12个重点经济领域，为把握经济运行态势、洞察经济发展规律、研判经济发展趋势、进行经济调控决策提供参考和依据。

中国行业发展数据库（下设 17 个专题子库）

以中国国民经济行业分类为依据，覆盖金融业、旅游业、交通运输业、能源矿产业、制造业等 100 多个行业，跟踪分析国民经济相关行业市场运行状况和政策导向，汇集行业发展前沿资讯，为投资、从业及各种经济决策提供理论支撑和实践指导。

中国区域发展数据库（下设 4 个专题子库）

对中国特定区域内的经济、社会、文化等领域现状与发展情况进行深度分析和预测，涉及省级行政区、城市群、城市、农村等不同维度，研究层级至县及县以下行政区，为学者研究地方经济社会宏观态势、经验模式、发展案例提供支撑，为地方政府决策提供参考。

中国文化传媒数据库（下设 18 个专题子库）

内容覆盖文化产业、新闻传播、电影娱乐、文学艺术、群众文化、图书情报等 18 个重点研究领域，聚焦文化传媒领域发展前沿、热点话题、行业实践，服务用户的教学科研、文化投资、企业规划等需要。

世界经济与国际关系数据库（下设 6 个专题子库）

整合世界经济、国际政治、世界文化与科技、全球性问题、国际组织与国际法、区域研究 6 大领域研究成果，对世界经济形势、国际形势进行连续性深度分析，对年度热点问题进行专题解读，为研判全球发展趋势提供事实和数据支持。

法律声明